위기의 징조들

금융위기는 반드시 다시 온다!

위기의 징조들

벤 버냉키
티머시 가이트너
헨리 폴슨 주니어 지음

마경환 옮김 · 감수

FIREFIGHTING

이레미디어

일러두기

1. 본문에 나오는 도서 가운데 국내에 출간되지 않은 책은 번역문 다음에 원래 제목을 넣었습니다.
2. 인명 및 지명 등의 표기는 현행 외래어 표기법을 따랐습니다.
3. 원서 《Firefighting》의 부록에만 있던 차트를 저작권사의 허락을 받아 국내 독자들을 위해 본문의 내용에 맞게 정리했습니다. 또한 각 차트를 폭넓게 이해할 수 있도록 역자의 해설을 넣었습니다.

글로벌 금융위기에 맞서 긴밀히 협력해준 수많은 공무원들(공화당과 민주당 양당의 의원들, 입법부, 행정부)에게 이 책을 바친다. 조지 W. 부시 대통령과 버락 오바마 대통령의 지도력에 찬사를 표하며, 연방준비제도, 재무부 및 기타 기관 소속 직원들의 창의력과 노고에도 감사의 뜻을 전한다.

차례

제4장   공황, 현실화하다

제5장   보이지 않는 신의 손

결론   대화재가 지나간 이후

위기는 반드시 다시 온다 :
2008년을 돌아보는 이유

2008년 경제위기는
전형적인 금융 공황이자 신뢰 위기

당연한 말이지만, 대공황 같은 금융위기는 자주 발생하지 않는다. 일반적으로 금융시장에서 발생하는 혼란들은 자체적인 메커니즘에 의해 해소된다. 기업이 파산하더라도 금융시장은 평소와 같은 일상이 지속되도록 금세 상황을 조정한다. 그러나 때로는 심각한 금융위기가 닥쳐 문제를 해결하기 위해 정책 입안자들이 나서야 하는 경우가 있다. 이런 상황에 정부는 기업이 유동성을 필요로 할 때 대출을 해준다거나, 문제가 발생한 기업들이 그 문제를 해결할 수 있는 안전한 방법을 찾아줌으로써 일상적인 삶이 유지되도록 한다.

극심한 혼란과 손실이 나타나고 금융 시스템과 전체 경제 시스템을 위협할 정도로 통제 불가능한 심각한 위기가 빚어지는 것은 그리 흔한 일이 아니다. 미국의 경우, 그러한 참사는 대공황 이후 75년 동안 한 번도 일어나지 않았다. 그런데 2008년, 그 같은 참사가 발생했다. 연속으로 재임한 두 대통령 및 의회, 연방준비제도이사회, 재무부, 부처별 공무원 등 수천 명의 관계자가 최악의 금융위기에 대처해야만 했다. 당시 우리 셋은 금융위기에 맞서 싸우는 정부 관계자들의 총괄책임자였다. 벤 버냉키 Ben S. Bernanke 는 연방준비제도이사회 의장이었고, 헨리 폴슨 Henry M. Paulson Jr. 은 조지 W. 부시 대통령 재임 당시 재무부 장관이었다. 티머시 가이트너 Timothy F. Geithner 는 부시 대통령 재임 기간에는 뉴욕 연방준비은행 총재를 지냈고, 이어서 버락 오바마 대통령 재임 기간에는 재무부 장관을 역임했다.

2008년 금융위기는 구제 대상 및 빈민이 넘쳐났던 1930년대 대공황 때처럼 미국 경제를 유례없이 심각한 불황에 몰아넣었을 뿐만 아니라, 세계 신용을 마비시키고, 세계 금융을 초토화시켰다. 우리는 이런 대규모 금융 참사에 맞서 미국을 포함한 세계 각국의 국제적 대응이 이루어지도록 노력했다. 또한 금융위기를 극복하기 위해 연방준비제도 Fed, 재무부, 기타 기관의 관료들과 함께 엄청난 물량의 자금을 투입하면서 긴급구제에 나섰다. 그 과정에서 정책 당국은 초기에는 전통적인 방식으로 대처하였으나, 상황이 점점 더 악화되자 비전통적인 방식까지 동원하기에 이르렀다. 이렇듯 다양한 방식으로 가용 가능한 자금을 모두 조달하여 주요 기업들을 위해 구제금융과 중요한 대출 시장에 대한 정부 보증을 실시했지만, 그럼에도 불구하고 문제는 점점 더 심각해졌다.

이에 우리는 의회를 설득해 수천억 달러의 자본을 민간 금융기관에 직접 투입하는 것을 포함한 보다 강력한 조치를 취하도록 했다. 미국과 전 세계의 우수한 공무원들이 헌신적으로 노력한 끝에 신용시장의 경색과 자산 가치의 붕괴로 인해 경제 전체가 금세기 들어 두 번째 대공황에 진입하기 직전에 금융 시스템을 안정시킬 수 있었다. 그럼에도 불구하고 미국 경제는 심각한 경기 하락을 겪었으며, 경기를 회복시키기 위해 전례 없는 통화 부양책과 재정 부양책을 동원해야만 했다.

2008년 경제위기는 전형적인 금융 공황이라고 할 수 있다. 금융 공황은 지난 수백 년 동안 금융시장을 괴롭혀온 위기와 대규모 환매 사태를 떠올리게 한다. 비록 금융 분야의 피해를 막기 위해 전략적으로 이 같은 지원책이 동원되었지만, 금융 공황의 피해가 비단 금융 분야에만 국한되지 않는다는 사실을 우리는 오랜 경험을 통해 알고 있다. 은행가나 투자자가 아닌 평범한 미국인들도 신용대출 제도를 활용해 차와 주택을 구매하고, 학자금 대출을 받고, 사업을 성장시킨다. 따라서 신용 제도를 훼손시키는 금융위기는 금융 엘리트뿐만 아니라 일반 가정에도 피해를 주는 심각한 경기 침체를 초래할 수밖에 없다.

○ 금융 공황의 연쇄 효과

손실 증가, 추가 손실에 대한 우려, 금융 시스템의 유동성 압력이 금융자산 가격을 하락하게 만들고, 이는 금융 시스템의 지불 능력에 대한 의심을 확대시켰다.

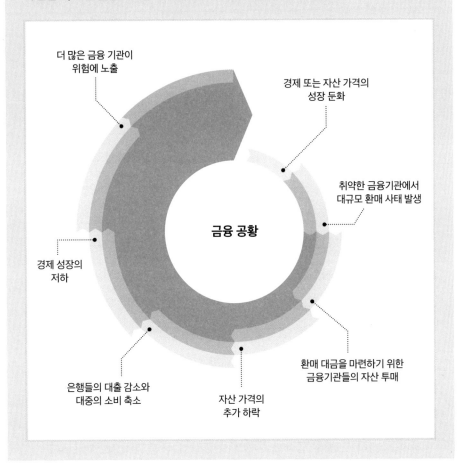

오늘날 미국 국민들은 금융위기 당시 미국 정부가 개입한 것에 대해 월가를 위한 구제금융이라고 기억하고 있지만, 정부의 목표는 줄

곧 금융 붕괴의 여파로부터 미국 중산층을 보호하는 것이었다. 설령 금융위기를 촉발한 사람을 도와주는 것 말고 다른 방법이 없더라도 위기 상황을 우선적으로 해결하는 것이 금융위기로 인한 경제적 손실을 최소화하는 유일한 방법이라고 본 것이다.

금융위기를 겪은 지 10년이 지난 지금, 그러한 위기가 어떻게 전개되었는지 되돌아보고 향후 일어날 위기에 대비해서 피해를 줄이는 데 도움이 될 만한 교훈은 무엇인지 깊이 생각해볼 필요가 있다. 우리 모두는 당시의 경험을 이미 회고록으로 남겼지만, 함께 해결한 일들과 그를 통해 배운 점들, 그리고 금융위기 해결 지침을 마련하는 데 바탕이 된 이론과 이를 실행한 과정에 관해 이야기하고 싶었다. 우리는 서로 배경도 다르고 성격도 전혀 다르다. 심지어 금융위기 전에는 잘 모르는 사이였다. 하지만 문제를 해결하면서 효과적으로 협력할 방법을 찾아냈고, 금융 분야에서 발생하는 문제들을 해결하는 데 있어서 몇 가지 기본 원칙을 적용해볼 수 있었다.

금융위기가 재발하는 것은 이에 대한 사람들의 기억이 희미해지기 때문이다. 이런 이유로 당시의 상황을 자료로 남겨 우리가 경험을 통해 알게 된 중요한 교훈을 전달하고자 한다. 그때 일어난 일을 계속해서 상기하고, 향후 금융위기가 발생했을 때 금융 전문가들이 그 폐해로부터 경제를 지켜내는 데 도움이 되기를 바란다.

2008년 경제위기는 왜 발생했으며, 어째서 그토록 피해가 컸던 것일까? 다시 말하자면, 2008년 경제위기는 전형적인 금융 공황인 동시에 주택담보대출유동화증권MBS, 즉 모기지 대출에 대한 신뢰 위기에서 촉발된 대규모 환매 사태였다. 금융위기는 대부분의 경우 신용 버블, 즉, 과도한 차입 때문에 촉발된다. 2008년 금융위기 당시 금융기관들뿐만 아니라 많은 가계가 위험하게도 과도한 레버리지를 사용해서 필요 자금을 대부분 대출로 조달했다.

게다가 다음 두 가지 이유 때문에 위험은 더욱 증폭됐다. 첫째, 기존 은행 시스템의 규제와 보호감독이 미치지 못하는 금융기관들에게 너무 많은 위험이 전가되었다는 점이다. 둘째, 작은 위기에도 쉽게 흔들릴 수밖에 없는 불안정한 단기 대출(금융) 형태로 너무 많은 대출이 이루어졌다는 점이다. 이런 취약성들은 다음과 같은 요인들 때문에 더 심각한 상황을 초래했다. 바로 미국 금융 규제 기관들의 권한이 지나치게 나뉘어 있는 점, 규제 당국과 기관들이 뒤엉켜 있는 점, 그리고 변화하는 시장과 급격한 금융 혁신에 발맞추는데 실패한 규제 등이다. 그리고 금융 혁신 중 하나로 꼽히는 유동화증권Securitization이 기초자산인 모기지 자산에 내재된 위험에 대한 공포가 금융 시스템 전체의 안정성에 대한 공포로 전이되는 데 큰 역할을 했다. 다시 말해, 월가가 모기지론을 다양한 방식으로 분해하고 재구성해 복잡은행의 대출 손실이 상대적으로 매우 낮은 "안정적 기간quiet period"이 70년 이상 지속되면서, 미국 경제에 대한 과도한 자신감을 만들었다. 금융기관들이 장기간에 걸쳐 매우 낮은 대출 손실을 기록하면서 은행 시스템의 위험관리 체계는 매우 느슨해졌다. 또한, 상업은행들의 대출 손실이 증가세를 보였음에도 불구하고 과거 오랜 기간 큰 문제 없이 해결되었기 때문에 문제의 심각성이 지나치게 과소평가됐다.

2년차 과거 대출 손실률

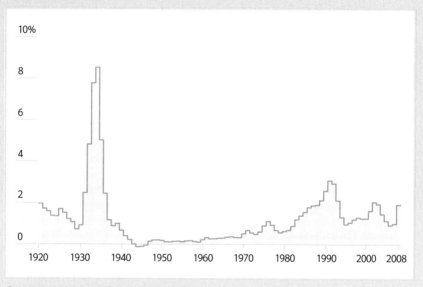

출처 : 연방예금보험공사, 연방준비위원회, 국제통화기금

한 금융 상품에 편입시켰는데, 현대 금융 산업 전반에 확산되어 있던 이 금융 상품들이 위기를 더욱 부추긴 측면이 있다.

금융 시스템이 비정상적으로 장기간 안정세를 보여왔고, 주택 가

○ 장기간의 안정적인 경제 성장

1985년부터 2000년대 중반까지 경기 침체는 짧고 심하지 않게 겪고 인플레이션이 안정적으로 유지되는 "장기간 안정적인 성장 구간Great Moderation"이 이어지면서 경제에 대한 자만심이 만들어졌다. 이처럼 심각한 경기 침체 없이 꾸준히 성장세를 보이면서 경제 주체들은 경제위기에 대한 준비를 제대로 갖추지 못했다.

분기별 실질 GDP 성장률, 전기 대비 변동폭

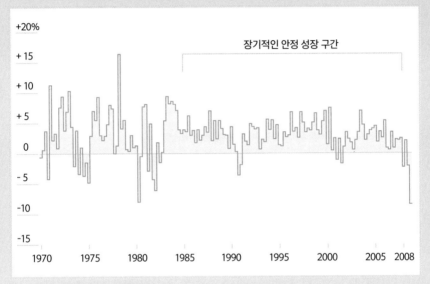

출처 : FRED 자료를 활용한 경제분석국 분석

격이 무한정 계속 오를 것이라는 시각이 일반적 통념으로 자리 잡고 있었으며, 월가와 워싱턴 정가, 그리고 학계의 전문가들마저 심각한 금융위기는 과거의 일일 뿐이라고 치부했던 경기 호황기에는 이러한 문제들이 그리 중요해 보이지 않았다. 그러나 주택 가격 버블이 터지자 손실에 대한 두려움으로 투자자와 채권자들이 MBS와 관련된 모든 부문에 대한 투자 비중을 급격하게 줄이면서 투매*가 발생했다. 이는 마진콜**로 이어졌으며, 이런 상황은 또 다른 투매와 마진콜을 촉발했다. 금융 공황은 신용시장을 얼어붙게 했고, 경제 전반에 대한 자신감을 상실하게 만들었다. 그에 따른 실직과 부동산 담보 압류로 금융 제도는 결국 극심한 공황 상태에 빠졌다.

10년이 지난 지금, 금융 공포와 경제적 고통의 악순환은 대중의 기억에서 희미해지기 시작했다. 그러나 혼란과 공포에 휩싸였던 당시 상황은 과장해서 말할 필요가 없을 정도로 심각했다. 2008년 9월 한 달 동안 다음과 같은 일이 한꺼번에 일어났다.

- 1930년대 대공황 이후 가장 크고 놀라운 정부 개입인 거대 모기지 기업 패니메이Fannie Mae와 프레디맥Freddie Mac의 갑작스러운 국유화
- 미국 역사상 가장 큰 규모의 리먼브러더스Lehman Brothers 파산
- 메릴린치증권Merrill Lynch의 몰락과 뱅크오브아메리카Bank of America, BOA로 인수합병
- 리먼브러더스보다 더 큰 규모의 파산이 될 수 있었던 보험 회사 AIG를 구제하기 위한 850억 달러의 정부 구제금융

---

* 긴급하게 현금이 필요한 투자자들이 가격 불문하고 자산의 자산을 매각하는 상황.
** margin call. 신용으로 자산을 매입한 투자자들이 추가증거금으로 현금을 투입하여야 하는 경우.

- 미국 역사상 연방정부가 보증하는 은행들 중 가장 큰 규모의 두 은행 와코비아Wachovia와 워싱턴뮤추얼은행Washington Mutual 파산
- 현대 월가와 동일시되는 투자은행 비즈니스 모델의 멸종
- 머니마켓펀드MMF에 대해 3조 달러에 달하는 사상 최초의 정부 보증
- 기업어음에 대한 1조 달러의 추가 보증(안전장치)
- 전체 금융 시스템 안정을 위한 7000억 달러 규모의 정부 지원 법안이 거부되고 나서 시장이 급락한 후 의회 승인

이 모든 일이 대통령 선거 기간에 일어났다. 블라디미르 레닌Vladimir Lenin이 살아 있었다면, 이렇게 말했을 것이다. "수십 년 동안 아무 일도 발생하지 않았다. 단지 몇 주 사이 수십 년에 걸쳐 일어나야 했을 일들이 한꺼번에 일어났다." 이것이 바로 우리가 금융위기를 겪으면서 느꼈던 감정이다.

초기에 연준의 힘은 이 같은 공황 상태를 멈추기에 역부족이었다. 그 이유 중 일부는 연준이 일반 상업은행에 대해서는 감독권이 있었지만, 실제 문제가 발생한 비은행권 금융기관에 대한 권한은 매우 제한적이었기 때문이다. 그러나 우리는 의회를 설득해 결국 연준이 금융 시스템에 대한 신뢰를 회복시키는 데 필요한 권한을 갖게 만들어 공황에 사로잡혀 무차별적인 환매에 나선 사람들을 진정시킬 수 있었다. 덕분에 양당의 당파 싸움이 치열했고 정부 정책에 대한 의심이 큰 상황에서도 공화당과 민주당 집행부는 공무원들, 양당 지도부와

함께 적극적으로 초당파적 공조에 나서 수 세대 만에 맞닥뜨린 자본주의에 대한 가장 심각한 위협을 극복해냈다.

우리는 모두 자유시장의 힘을 믿었지만 본인들의 무책임한 실수로 인해 어려움을 겪고 있는 은행가와 투자자까지 구제해주고 싶지는 않았다. 미국 정부는 금융 지원을 받는 회사에 강력한 조건을 내걸었다. 금융 시스템을 강화하고 시장의 신뢰를 회복하기 위해서 때로는 부실한 금융기관뿐만 아니라 우량한 금융기관까지 참여하도록 설득하는 것이 필수적인데, 프로그램이 요구하는 자격이 너무 엄격하면 우량 금융기관의 참여를 유도하기가 어렵다. 그러나 규제 완화와 시장의 자율 기능에 모든 것을 맡기는 것은 그리 합리적인 선택이 아니라는 것을 우리는 알고 있었다. 자본주의의 보이지 않는 손은 전면적인 금융 붕괴를 막을 수 없다. 오로지 정부의 직접적인 개입만이 이를 막을 수 있다. 그리고 전면적인 금융 붕괴가 발생하면 불황의 악순환이 만들어진다. 즉 기업이 도산하여 일자리가 줄어들면 사람들은 꿈을 펼칠 수 없게 된다.

사실, 2008년 금융 쇼크는 여러 가지 측면에서 대공황 이전에 있었던 금융 쇼크들보다 피해가 심각했다. 금융위기 초기에 발생한 경제 충격도 마찬가지로 심각했다. 금융시장에 대한 매우 적극적인 일련의 시장 개입에도 불구하고 그해 연말까지 미국에선 매월 75만 개의 일자리가 없어졌고, 연간 경제 성장률이 마이너스 8퍼센트를 기록했다. 그러나 대공황으로 일컬어질 만큼의 경제 위축은 2009년 6월

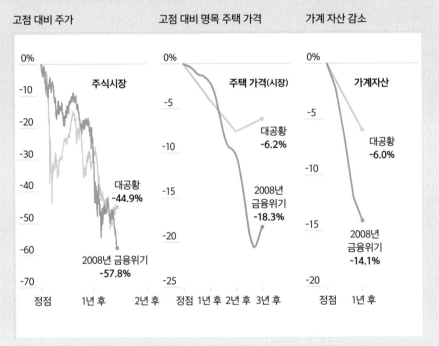

○ 대공황과 2008년 금융위기

2008년 금융위기는 1930년대 대공황보다 주식시장, 주택 가격, 그리고 가계의 자산 감소 면에서 훨씬 더 심각한 상황이었다.

고점 대비 주가

주식시장

대공황
-44.9%

2008년 금융위기
-57.8%

정점　1년 후　2년 후

고점 대비 명목 주택 가격

주택 가격(시장)

대공황
-6.2%

2008년
금융위기
-18.3%

정점　1년 후　2년 후　3년 후

가계 자산 감소

가계자산

대공황
-6.0%

2008년
금융위기
-14.1%

정점　1년 후

출처 : 주식가격연구센터, 와튼리서치데이터서비스

에 끝났다. 이후 이어진 경기 회복은 10년째 지속되고 있다. 이런 빠른 경제 회복 속도는 미국에서 이전에 나타난 금융위기들과 2008년 금융위기 이후 다른 선진국들의 회복세와 비교해볼 때 상당히 인상적이다. 미국 주식시장과 노동시장, 주택시장 모두 밑바닥에서 반등

◉ 2008년 금융위기 이후 미국 및 기타 선진국의 회복세

금융위기 상황에서 미국 경제는 과거의 경기 침체와 비교하면 매우 느리게 회복했지만, 상대적으로 적극적인 정책 대응을 보인 덕분에 유럽 대다수의 국가보다는 빠른 회복 속도를 보였다. 즉, 유럽 국가들은 금융위기 대응 조치가 미흡해 미국에 비해 매우 느리게 경제가 회복됐다.

실질 GDP, 2007년 4분기 대비 비율 변화

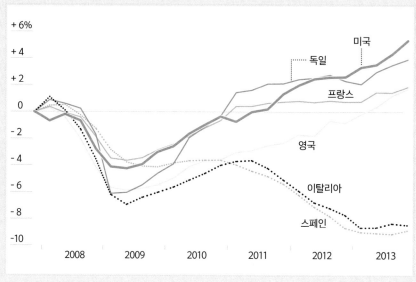

출처 : 경제협력개발기구

해 최고치를 기록했다.

　　많은 전문가가 당시 우리가 도입한 전략이 종국에는 초인플레이션, 경기 침체와 재정 파탄으로 끝날 것으로 전망했다. 부실한 은행들과 금융 시스템 전체를 구제하겠다는 정부의 노력은 궁극적으로 근

● 금융 안정 프로그램의 수익과 비용

정부와 연준의 구제책으로 투입된 유동성 관련 프로그램은 국민의 세금으로 자금이 충당되었기에 투입 당시에는 논란이 많았으나, 경기가 회복되면서 대다수 조치들이 정부에 상당한 수익을 안겨준 것으로 나타났다. 구제금융으로 지출된 자금이 최종적으로 미국 납세자들에게 이익으로 돌아온 것이다.

자본 투자들	십억 달러		유동성/신용시장	십억 달러
GSEs	+$88.2		GSE 부채매입	+$17.6
AIG	22.7		CPFF	6.1
CPP	21.9		TAF	4.1
시티그룹	6.6		PPIP	3.9
뱅크오브아메리카	3.1		TALF	2.3
GMAC/Ally	2.4		TSLF	0.8
CDCI	0.0		메이든 레인	0.8
크라이슬러금융	0.0		PDCF	0.6
크라이슬러	-1.2		AMLF	0.5
GM	-10.5		섹션 7A	0.0

연방예금보험공사 조치	십억 달러		보증 프로그램	십억 달러
누적수익 (2008 - 10)	+$45.4		DGP	+$10.2
			MMF 보증	1.2
DIF 손실 (2008 - 10)	-60.0		TAGP	-0.3

출처 : 연방예금보험공사, 연방주택금융청
주 : 모든 수치는 명목 기준으로 보고됐다. 2017년 12월 31일 기준 GSE 채무 매입 데이터

본적인 문제를 해결하지 못한 채 수조 달러의 혈세만 낭비하는 결과를 낳을 것이라고 예측하는 전문가도 많았다. 그러나 이 같은 예측과 달리 상대적으로 단기간 내에 경제가 플러스 성장으로 돌아서고 금융 분야가 제대로 작동하기 시작했다. 금융위기에 대처하기 위해 동

금융위기에서 회복되는 데는 상당한 비용과 시간이 소요되었지만, 적절한 위기 대응 조치들로 인해 미국은 과거 선진국에서 발생한 경기 침체에 비해 충격을 덜 받고 빠르게 회복됐다.

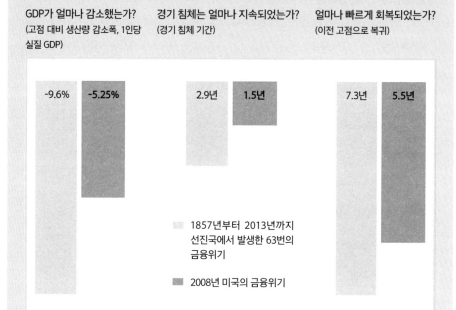

GDP가 얼마나 감소했는가?
(고점 대비 생산량 감소폭, 1인당 실질 GDP)

경기 침체는 얼마나 지속되었는가?
(경기 침체 기간)

얼마나 빠르게 회복되었는가?
(이전 고점으로 복귀)

-9.6% -5.25%   2.9년 1.5년   7.3년 5.5년

　　　1857년부터 2013년까지
　　　선진국에서 발생한 63번의
　　　금융위기

　　　2008년 미국의 금융위기

출처 : 라인하르트와 라고프(2009), 경제분석국, FRED

원한 다양한 금융 정책들은 결과적으로 미국 납세자들에게 상당한 이익을 가져다주었다. 그러나 금융위기는 미국 가계들, 광범위한 미국 경제, 그리고 미국 정치 시스템에 치명적이고 깊고 오래 지속되는 상처를 남겼다. 미국 정부가 동원할 수 있는 모든 수단을 사용해 통

합적이고 강력한 구조 노력을 펼치지 않았으면 금융위기로 인한 피해는 훨씬 더 커졌을 것이다.

다가오는 위협, 과거의 교훈으로 위기의 징후를 찾아라

그럼 이제 우리는 더 안전해진 걸까?

미국 정부 및 세계 각국은 가까운 미래에 발생할 수 있는 새로운 금융위기 재앙의 가능성을 줄이기 위해 대대적인 금융 개혁안을 입법화했다. 이러한 개혁으로 금융기관은 더 많은 자본을 확충하고, 부채비율은 더 적어지고, 더 많은 유동성을 확보해서 취약한 단기 자금에 대한 의존도를 줄일 수 있었다. 요약하면, 현재 금융위기에 대처하는 시스템과 법규는 과거보다 훨씬 더 강화되었다. 하지만, 불이 나지 않는 건물이 없는 것처럼 금융위기에 대한 완벽한 예방책은 없다.

특히 미국은 민간 금융시장에 정부가 개입하는 것에 대해 국민의 반발이 심하다. 이에 정치권은 향후 구제금융을 동원해야 할 상황이 없기를 바라면서 정부의 금융위기 관리 기능을 상당 부분 축소해왔다. 현실적으로 정책 당국자의 권한 제한은 아무리 선의의 의도에서 시도되었더라도 다음에 금융위기가 발생할 때 상황을 더욱 악화시킬 가능성이 높고, 그로 인해 발생할 경제적 피해는 당연히 더욱 심각해질 수밖에 없다. 구제금융을 금지한다는 입법이 모든 시나리오에서 실제로 구제금융 상황을 막을 거라는 믿음은 강력하지만 위험한 착각이다.

구제금융에 대한 반발은 불가피하고 이해할 만하다. 비록 수백만 명의 사람이 일자리 또는 집을 잃게 되는 상황을 막지는 못했지만, 공황을 멈추게 하고 무너진 금융 제도를 수습하려는 정부의 조치는 궁극적으로 성공했다. 그러나 정부는 결과적으로 금융 시스템 붕괴에 일조한 사람들에게도 혜택을 줄 수밖에 없었다. 우리는 미국이 다양한 정책 도구들을 갖춰서 이전보다는 위기 상황에 더 잘 대처할 수 있는 체계를 갖추기 바랄 뿐이다. 2008년 금융위기의 피해가 컸던 이유 중 하나는 정부에 금융위기 초기부터 사용할 수 있는 강력한 정책 도구들이 부족했기 때문이다. 정치권에서 의미 있는 변화가 나타나지 않는 한, 금융위기 초기에 대응할 수 있는 정책들이 과거에 비해 적고, 부여된 권한도 과거에 비해 약해진 상황에서 또 다른 금융위기를 맞이할 수도 있다는 점이 우려된다. 이 경우 과거 우리가 그랬던 것처럼 금융 정책 당국은 위기가 이미 시작되어 확산되는 와중에 위기 해결 수단들을 보강하기 위해 정치인들에게 로비를 해야 할지도 모른다.

미국이 다음 위기에 대한 준비를 잘 갖추어놓기를 바란다. 제임스 볼드윈James Baldwin의 표현을 빌리자면, 위기는 결국 다시 올 것이기 때문이다. 그것이 바로 우리가 이전의 금융위기를 재조명하고 이해하는 것이 매우 중요하다고 생각하는 이유다. 위기가 어떻게 시작되었으며, 어떻게 확산되었고, 그 피해가 왜 그렇게 심각해졌으며, 위기에 어떻게 대응했는지, 어떤 정책들이 잘 작동했는지, 어떤 정책들이 잘 작동하지 않았는지 등에 대해서 말이다.

금융위기로 인한 시스템 붕괴에서 얻은 교훈을 이해하지 못하는 나라는 미래의 금융위기에 직면했을 때 더 심각한 상황에 처할 수 있다. 대부분의 위기는 비슷한 패턴을 나타낸다. 그렇기에 미리 경고의 징후를 찾아내는 것이 가능하다. 예를 들면, 연준의 직접적인 관할권 밖에 있는 금융기관이 특히 단기 금융을 이용해 과도하게 차입하는 것이 있다. 금융위기를 예측하는 인간의 능력에 겸손함을 갖는 것도 중요하다. 복잡한 시스템에서 상호작용하는 다른 사람의 행동을 내다봐야 한다는 면에서 금융위기를 정확히 예측하는 것을 결코 쉬운 일이 아니기 때문이다.

금융 시스템은 본질적으로 불안정하다. 게다가 금융위기는 강물이 바위를 돌아서 흐르듯 규제 장벽을 피해 옮겨 다니는 경향이 있다. 금융 공황을 피할 수 있는 확실한 방법은 없다. 시장에 대한 과신이나 혼란을 피할 확실한 방법이 없기 때문이다. 즉, 금융위기가 언제, 어떤 방식으로 발생할지는 모르지만, 사람은 누구나 결국 한 번은 죽는 것처럼 금융위기도 반드시 발생하게 되어 있다.

또한, 금융위기는 위기에 대처하는 예술과 과학에 다양한 경험을 줄 수 있다. 금융위기를 사전에 예측하는 것만큼이나 위기 초기에 그

크기가 어느 정도일지 가늠하는 것 역시 어려운 일이다. 시장에서 부실 기업이 부도가 나도록 그냥 두는 것은 일반적으로 시장이 건강하다는 증거다. 정책 입안자들은 시장에서 돌출 상황이 발생할 때마다 과민 반응을 보이거나 대형 은행이 문제 상황에 처한 것이 대재앙의 전조인 것인 것처럼 그들을 막아서려고 들어서는 안 된다. 너무 빨리 대응하면 공격적 성향의 투자자들에게 자신들이 위험한 투자에 나섰더라도 그 결과 절대로 나쁜 상황에 봉착하지 않을 것이라는 믿음을 주게 된다. 이는 훨씬 더 무책임한 투기를 조장하고 미래에 발생할 위기에 대한 단초를 제공하는 '도덕적 해이'를 야기할 수 있다.

그러나 금융 시스템 전반에 걸쳐 위기가 발생할 것이 확실해진다면, 소극적 대처는 과잉 대응보다 훨씬 위험하고, 늑장 대응은 신속한 조기 대응과 비교할 때 상당히 많은 문제를 야기하며, 어정쩡한 대처는 단순히 불에 기름을 붓는 꼴이 될 수도 있다. 사상 초유의 금융위기 상황에서 정책의 최우선 순위는 특정 대책을 수행하는 과정에서 설령 도덕적 해이를 초래하는 일이 있더라도 위기를 종식시키는 것이다. 현재의 금융 시스템을 붕괴시키는 것보다 규제하지 않아서 발생하는 미래의 위험을 감수하는 것이 더 나을 수 있다는 얘기다. 공황 상태에 빠지면 정책 입안자들은 정치적 영향, 이념적 신념, 그들이 과거에 했던 말이나 약속에 얽매이지 말고 모두 힘을 모아 위기 상황을 해결하기 위해 최선을 다해야 한다. 구제금융은 정치적으로 해결하기 매우 어려운 문제이지만, 경제 침체는 그보다 더 참담한 일이다.

위기에 대처하는 손쉬운 해결책을 제시할 수는 없지만, 위기 상황에서 활용 가능한 정책들을 소개할 수는 있다. 향후 발생할 위기에 최초로 대응할 사람들을 위한 매뉴얼을 구축하는데 도움이 되기를 바란다. 또한 정부가 AIG는 구제하면서 리먼브러더스는 구제하지 못했던 이유와 위기가 종식된 뒤에 월가 대형 은행들을 해체하지 않은 이유 등 우리가 실행했던 결정에 대해 남아 있는 몇 가지 의문 사항들을 다룰 것이다. 아울러 전체 경제를 안정시키는 경기 부양 프로그램과 금융 시스템 안정책을 병행하는 것의 중요성, 그리고 기존 상업은행은 아니지만 금융 시스템에 유사한 위험을 초래할 수 있는 금융 회사들에 대한 정부 규제의 필요성 등 위기를 겪으면서 얻은 그 밖의 교훈들도 논의해볼 것이다.

금융 전쟁의 안개 속에서 우리가 직면한 여러 가지 난제에 대해 의사결정을 하는 데 있어 재무부, 연준, 연방예금보험공사FDIC 등에 경험 있고 헌신적이며 경쟁적이기보다는 협력적인 전문가들로 구성된 팀을 갖춰두는 것이 얼마나 중요한지에 대해서도 얘기할 것이다. 과거 금융 개혁의 한계와 능력을 검토하고, 그 제도들이 어떤 방향으로 개선되어야 할지 같이 생각해볼 것이다. 비록 우리 셋 중에 정치인은 없지만 금융위기를 겪으면서 정치권과 관련, 어떤 부분이 우리를 좌절시켰는지 또는 어떤 부분에서 도움을 받았는지 허심탄회하게 이야기할 것이다.

정책 결정에 관한 정치적 과정에서 가장 중요한 것은 당연히 대통령의 입장이다. 역사상 매우 위험한 순간에 부시 대통령과 오바마 대통령은 둘 다 대중에게는 인기를 얻기 어렵지만 매우 중요한 금융 제도에 대한 정부 개입을 지지하는 정치적 용기를 보여주었다. 우리는 의회에 불만이 있었지만, 공화당과 민주당 등 입법부의 리더들은 정치적으로 독이 될 수도 있는 사안임에도 불구하고 패니메이와 프레디맥을 국유화하려는 노력을 지지해야 할 때 한데 뭉쳤다. 이 조치는 금융 시스템 전체를 구하는 데 결정적 역할을 한 것으로, 양당의 적극적인 지지를 받아 통과된, 금융위기 마지막에 입법된 중요한 법안이다. 2008년 금융위기와 고통스러운 경기 침체는 공공기관의 신뢰에 막대한 손상을 입혔지만, 위기에 대처하는 정부의 태도는 정부 산하의 모든 공무원이 공익을 위해 극심한 스트레스를 받아가며 함께 일하면 그 어떤 위기라도 극복 가능하다는 것을 보여줬다고 생각한다.

물론 많은 미국인이 위기에 대한 정부의 대응을 성공적이라거나 합법적이라고 보지 않는 이유 역시 이해한다. 위기에 대한 정부의 대처가 일관성 없고 엉망으로 보였을 수도 있다. 왜냐하면 실제로 종종 그러했기 때문이다. 금융위기를 겪으면서 우리는 우리만의 방식으로 금융 시스템 내에서 실행할 수 있는 해법을 모색했다. 처음에는 전통적인 매뉴얼을 따랐지만, 현대 금융 제도는 과거보다 훨씬 복잡해졌기 때문에 많은 실험과 확장된 해석을 적용해야만 했다. 초기에 미흡한 정책 수단들을 동원해 금융위기와 맞서면서 다양한 어려움을 겪은 뒤 더 강력한 정책 도구들을 확보하기 위해 정치인들을 설득하는 데 힘을 써야만 했다. 또한 대중이 은행에 대한 구제금융이나 다른 논란이 많은 정책들을 받아들이도록 설득할 수 있는 마법의 단어는 없었지만, 우리가 무엇을 하고 있고 왜 하고 있는지 끊임없이 소통하고자 노력했다.

미래에 닥쳐올 금융위기는 더 잘 헤쳐 나갈 수 있기를 바란다. 금융위기에 어떻게 대처했는가 하는 것은 고통의 시간들을 고백하는 일이지만, 한편으로는 희망적인 이야기이기도 하다. 또한 우리 모두에게 도움이 될 수 있는 이야기라고 생각한다.

제1장

FIREFIGHTING

일촉즉발의
시장 상황

2008년 금융위기가 현실화되기 이전 나타난 암울한 신호들을
설명했다. 이 신호들이 서로 영향을 주고받으며 미국 경제는
미궁 속으로 빠져들었다.

금 융 위 기 는
반 드 시
다시 온다!

금융 시스템은 왜 취약하고, 취약했으며, 취약할 것인가?

2008년 금융위기의 불씨는 미국 서브프라임 모기지 부문의 무분별한 대출에서 시작됐다. 금융 시스템 전반에 걸쳐 금융위기에 취약한 요소들이 축적되어 있어 신용시장에서 상대적으로 적은 부분인 서브프라임 모기지 시장의 혼란이 글로벌 금융시장의 공황으로 발전된 것이다.

서브프라임 모기지 붕괴가 금융위기의 직접적인 원인이긴 하지만, 보다 근본적인 원인들이 있었기 때문에 금융 시스템이 취약해져서 금융위기 같은 재난을 견뎌내지 못했던 것이다. 위기의 근원을 이해하기 위해서는 어떤 요인이 금융위기를 촉발시켰는지, 어떤 이유로 이렇게 쉽게 금융 시스템 전체로 위기가 확산되었는지 알아야 한다. 위기의 근원을 이해하는 것은 앞으로 또 다른 위기가 발생할 가능성을 낮추고 설령 위기가 발생하더라도 그 강도를 줄이는 방법을 알아내기 위해서 매우 중요한 과정이다.

마크 트웨인의 말처럼 역사는 정확히 같은 형태로 반복되지 않지만 그 패턴은 반복된다. 2008년 금융위기 역시 과거 금융 공황의 전형적인 모습을 따라갔다. 전개 방식은 경제 역사학자 찰스 킨들버거가 언급한 대로, 일시적인 큰 충격으로 전체 금융시장이 공황에 빠지고, 이는 다시 시장을 비이성적으로 만들어 전형적인 금융위기로 번지는 식이었다. 여기에 복잡한 현대 금융 상품과 상황이 더해지면서 시장의 공황을 예상하고 제어하는 것이 더욱 어려워졌다.

모든 주요 위기가 그렇듯이, 2008년 금융위기도 무차별적인 대출에서 시작됐다. 시장에 대한 자신감이 과도했던 시기에 만들어진 신용 버블은 시장의 신뢰가 무너지면 당연히 붕괴되게 마련이다. 경기 호황에 대한 과도한 자신감은 금융 시스템에도 반영되었다. 당시 금융 회사들은 위험한 레버리지를 너무 많이 사용하고 있었다. 금융기관이 안고 있던 대부분의 레버리지는 채권자들이 불안해할 때마다 너무 쉽게 환매될 수 있는 단기 대출 형태였다. 대부분의 리스크가 기존 은행 시스템의 규제와 관리감독을 받지 않는 비은행권 금융기관으로 전가되었다. 그러나 감독기관의 규제와 감독이 은행권에 집

○ 비은행권 금융기관의 신용위험 증가

1980년 1분기와 2008년 1분기를 비교해보면 크게 두 가지 문제점을 발견할 수 있다. 첫째, 1980년에는 총부채 규모가 GDP 수준에 머물렀으나, 2008년에는 총부채 규모가 GDP의 2배 이상으로 증가했다. 둘째, 1980년대 전체 부채 중 정부의 규제를 받지 않는 비은행권 금융기관의 대출은 31% 수준이었으나, 2008년에는 비은행권 금융기관의 대출이 64%로 증가해 미국 금융 당국의 대출 위험관리가 어려워졌다. 정부의 규제를 받지 않는 은행권 이외의 금융기관으로 신용위험이 전가된 것이다.

보유 기관별 회사채 규모, 명목GDP 대비 비중(%)

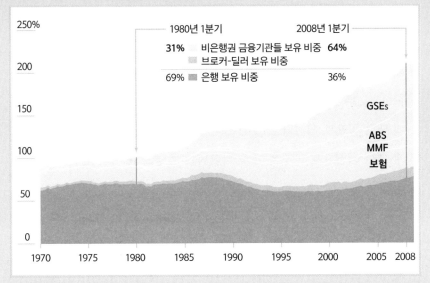

출처 : 연준
GSEs : 정부 지원 기업(패니메이와 프레디맥 포함)
ABS : 자산담보부증권
MMF : 머니마켓펀드

중되어 있어 비은행권 금융기관에 대한 충분한 규제와 감독이 이루어지지 않았다. 게다가 기존 시스템은 위기 상황에서 은행들을 보호하는 데만 집중되어 있었다. 따라서 비은행권 금융기관은 정책 당국의 보호장치의 혜택을 볼 수 없었다.

또한 다양한 금융기관들이 직간접적인 경로로 모기지 대출 위험에 너무 많이 노출되어 있었다. 그중에는 일반인들이 쉽게 접할 수 있는 주택담보대출 유동화증권MBS도 있었다. 부동산 버블이 터지기 전에 MBS는 안전한 것으로 간주되었지만, 부동산 버블이 터지자 매우 위험한 투자처가 되었다. MBS는 투자자들에게 공황을 퍼트리는 데 일조했다. 초기에 부실한 서브프라임 모기지를 담보로 한 유가증권에 대한 의심에서부터 이후 모든 종류의 주택담보대출에 대한 공포로 확산되었다. 그런 다음 MBS를 보유하고 있을 것으로 추정되는 기관에 대한 공포로 확산되었고, 심지어 이런 기관과 연결되어 있는 회사에 대한 의심으로 공황은 계속 확산되었다. 공포는 마치 전염병처럼 퍼져 나갔다.

10여 년이 지난 지금은 이러한 문제들이 뚜렷이 보이지만, 당시에는 좀처럼 이해하기 힘들었다. 모든 금융위기가 신용 버블에서 시작되지만, 모든 신용 버블의 종착점이 금융위기는 아니다. 당시 금융 시스템은 21세기 초반 그 어느 때보다 안정된 것처럼 보였다. 2005년은 대공황 이후 미국에서 도산한 은행이 없었던 첫 번째 해였다. 경기 호황은 악화되는 소득 불균형, 장기간 증가하지 않는 임금, 느린 생산성 증가, 노동 가능 연령층의 노동시장 참여율 감소 등 미국을 오랫동안 심각하게 괴롭혀온 경제 과제들을 가려놓았다. 그러나, 미

○ 소득 불균형 가속화

가계소득 상위 1%의 소득 증가율이 급격히 높아지면서 1920년대 이후 가장 큰 소득 불균형이 발생했다. 소득 양극화 현상은 내수 부진, 고용 구조의 악화로 인한 소득 재분배 기능의 부실, 중소기업의 성장 기반 약화 등으로 장기적으로 볼 때 경제를 악화시키는 요인이다. 이처럼 소득 불균형이 심화되는 것은 미국의 장기적인 성장 모멘텀에 부정적인 영향을 미친다.

1979년 이후 소득 그룹별, 이전 및 세금 이전(소득분배율) 평균 소득의 누적 증가율

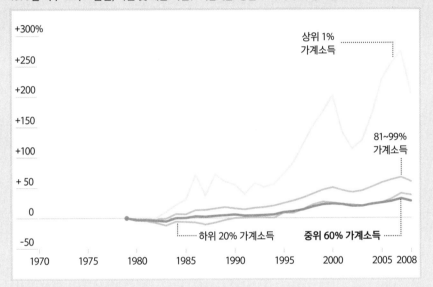

출처 : 의회 예산처, 〈가구소득분포, 2014〉

국 경제는 전반적으로 튼튼해 보였다. 설혹 경제에 문제가 발생하더라도 금융 시스템 자체에 회복력이 있어 별문제 없을 거라는 확신 또한 만연했다. 지난 수십 년 동안 심각하지 않은 경기 침체와 다양한

◉ 잠재GDP 성장률 감소

잠재GDP 성장률은 생산성 증가와 노동인구 증가로 측정하는데, 2000년 초반부터 잠재GDP 성장률의 두 축이 모두 감소세를 보이면서 미국의 성장 잠재력은 지속적으로 감소하는 모습을 보였다.

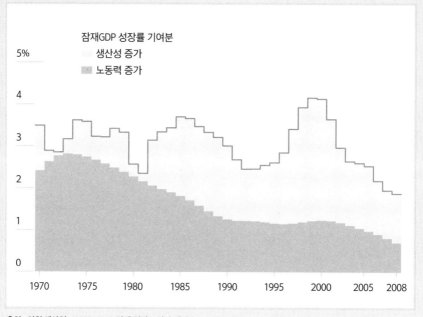

출처 : 의회 예산처, 〈2018~2028 경제 전망〉, 저자 계산

경제적 어려움들에 제법 잘 대처하면서 생긴 이 같은 믿음으로 은행들은 경기 침체에 대비해 손실을 감당할 만큼 충분한 자본을 가지고 있는 것처럼 보였다. 당시 몇몇 경제학자는 파생상품 같은 금융 혁신 상품들이 시장의 위험을 더 잘 분산시키는 역할을 하기 때문에 금융위기가 재발할 가능성은 낮다고 주장했다.

그러나 금융위기는 결코 과거의 것이 아니다. 즉, 언젠가는 반드시 발생한다. 경제학자 하이먼 민스키Hyman Minsky가 발견한 바와 같이 장기간의 시장 안정은 과도한 자신감을 유발시키는데, 이는 오히려 시장의 불안정성을 초래하는 단초가 된다. 이런 상황들은 주로 경기 호황기 때 발생한다. 유동성이 무제한 공급될 것으로 예상되고, 자산 가격은 지속적으로 상승할 것처럼 보이는 호황기에 투자자들은 자신이 감내할 수 있는 수준을 넘어서는 과도한 위험을 감수하는 경향이 있다.

2008년 금융위기 이전에는 우리 중 누구도 금융 시스템에 내재되어 있는 취약성을 완전하게 인식하지 못했다. 하지만 금융위기가 언제든 재발할 수 있다는 것은 알고 있었다. 왜냐하면 우리는 평생에 걸쳐 금융위기에 대해 고민해왔기 때문이다. 벤Ben(벤 버냉키, 이하 벤)은 학계에서, 팀Tim(티머시 가이트너, 이하 팀)은 정부기관에서, 그리고 행크Hank(헨리 폴슨, 이하 행크)는 민간 금융기관에서 근무했다. 프린스턴대학 경제학 교수인 벤은 금융시장의 불안정이 경제를 침몰시킨 대표적인 사건인 대공황The Great Depression을 연구한 학자였다. 팀은 미국 재무부에 이어 국제통화기금에서 공무원으로 일하면서 멕시코, 아시아 및 전 세계 금융위기를 처리하는 등 여러 어려움들을 경험했다. 골드만삭스Goldman Sachs의 CEO 행크는 헤지펀드 롱텀캐피털매니지먼트LTCM의 몰락과 러시아 채무 불이행 같은 사건들을 겪었다. 우리 모두 과열된 시장이 얼마나 빨리 붕괴될 수 있는지 배웠다. 그리고 그 누구도 금융위기에 대해 충분히 걱정해야 했으나 그러지 못했

◐ 노동시장 참여율 감소

1990년 이후 미국 노동시장에 가장 큰 활력을 제공했던 여성의 노동시장 참여율 증가세가 둔화되고 남성의 노동시장 참여율이 10년간 지속적으로 감소하는 등 주요 연령대의 노동시장 참여율이 전체적으로 감소했다. 생산성 증가와 함께 잠재GDP 성장률의 한 축인 노동시장 성장이 2000년 이후 지속적으로 둔화되는 등 미국 경제는 침체의 길을 걷기 시작했다.

25~54세 노동시장 참여율, 1990년 1월=100

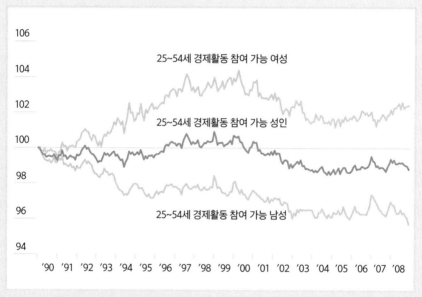

출처 : 헤이버 애널리틱스 데이터를 활용한 노동통계국 분석

지만, 금융 혁신이나 현대 금융의 정교함이 금융위기로부터 우리를 자유롭게 해줄 거라고는 생각하지 않았다.

금융 시스템은 경제에 반드시 필요하다. 그러나 금융은 현대 경제에서 체계화되었기 때문에 역사가 짧아 본질적으로 취약하다. 10년 전 금융 시스템이 공황에 비정상적으로 취약한 모습을 보인 이유를 알아보기 전에 금융 시스템이 왜 공황에 빠질 만큼 취약하고, 취약했으며, 늘 취약할 것인지에 대해 알아볼 필요가 있다.

무너진 신뢰 게임

금융 시스템의 본질적인 취약성은 은행이 두 가지 중요한 경제 기능을 제공하는데, 때때로 그 두 기능이 상충한다는 사실에 기인한다. 은행은 사람들이 돈을 쉽게 보관할 수 있는 장소를 제공하며, 동시에 집 안에 두는 것보다 더 안전하며 더 높은 이자율을 제공한다. 은행은 그 돈을 좀 더 위험한 투자에 대출로 제공한다. 이 대출은 주택, 자동차 구매 자금, 그리고 사업자금 등으로 활용되어 생활 수준을 향상시키고 경제를 활성화시킨다. 다시 말해, 은행은 장기적으로 돈을 빌려주기 위해 단기적으로 돈을 빌려온다. 이른바 '만기 전환maturity transformation' 과정이다. 생산적인 용도에 자본을 할당하는 효율적인 방법으로, 사회 전체적으로 번영과 발전을 하는데 필요하지만 장기적으로 유동성이 낮은 투자에도 자원을 배분하는 역할을 한다. 또한, 사회 구성원 개개인이 필요할 때 자금을 융통해주기도 한다.

그러나 만기 전환에는 일정한 위험들이 따른다. 영화 〈멋진 인생〉의 배경인 베일리 브로스 주택대출 전문 금융 회사에서 일어난 유명

일반적으로 국채 금리는 인플레이션과 실질경제 성장률로 구성되는데, 인플레이션 둔화와 노동인구의 노령화로 잠재 성장률이 감소해 국채 금리는 감소세를 보였다. 이는 성장 모멘텀이 전반적으로 둔화되고 있다는 신호다.

벤치마크 금리, 월간

출처 : 연방준비제도이사회 및 프레디맥 분석

한 장면처럼, 단기간에 자금을 조달해서 장기간 빌려주는 모든 금융기관은 "급격한 예금 환매 사태"에 취약하다. 극중 제임스 스튜어트가 돈을 내놓으라고 아우성치는 베드포드 폴 주민들에게 설명한 대로, 예금자 및 단기 채권자들이 은행에 빌려준 현금은 실제로 은행에 거의 남아 있지 않다. 따라서, 많은 채권자가 은행에 대한 신뢰를 잃어서 동시에 환매하는 상황이 빚어질 경우, 문제가 될 수 있다. 이런 상황은 매우 드문 경우이지만, 발생한다면 매우 심각한 문제가 된다. 그 이유는 은행이 채권자들이 맡긴 돈을 대부분 이미 대출해주어서 채권자에게 지급해줄 돈이 없기 때문이다. 심지어 자산이 부채보다 더 많은, 즉 지불 능력이 있는 은행이라도 그 자산이 현금화가 쉽지 않은 유동성 낮은 자산이라면 채권자들의 즉각적인 현금화 요구를 감당하지 못해 무너질 수도 있다.

대부분의 다른 나라와 마찬가지로 미국도 은행들이 부담하는 위험 한도를 정하는 법령을 마련하는 동시에 은행들이 불안정할 때 예금 인출 필요성을 느끼지 않도록 정부가 보장하는 예금보험 government-provided insurance 을 마련하는 등 예금 환매 사태의 위험을 줄이고자 노력해왔다. 그러나 예금을 수신하는 대다수 은행이 여전히 안전하지 않고 대규모 환매 사태에 취약한 다른 형태들의 자금 조달에 의존하고 있었다. 현대에는 대규모 환매 사태가 반드시 채권자들이 실제로 은행을 찾아와야만 발생하는 것이 아니라 마우스를 몇 번 클릭하는 것만으로도 발생할 수 있다. 이런 환경에서 은행과 자금 중개기관들은 시장에 공포가 퍼지는데 민감해질 수밖에 없다. 은행이 만기전환을 사업 목적으로 추구하고 본질적으로 개인과 기업에 위험한 대출을 해주는 한, 아무리 신중한 규제 장치라도 대규모 환매 사태의 위험을 줄일 수는 있지만, 완전히 제거하는 것은 불가능하다.

금융업과 다른 제조업의 가장 큰 차이점은 다른 기업들은 제품 원가와 품질에 사업 성공 여부가 좌우되는 반면, 금융기관의 성공 여부는 시장의 신뢰에 의존한다는 점이다. '신용credit'은 라틴어 '믿음cre-do'에서 유래한 단어다. 우리가 진실이라고 알고 있는 것에 '예금'할 수 있다고 말하는 이유, 즉 일부 금융기관을 '신탁trust'이라고 부르는 이유가 바로 거기에 있다. 금융의 취약성을 감추면서 은행의 안전성과 영속성을 보여주기 위해 전통적인 은행 건축물이 화강암으로 외벽과 기둥을 세우는데 치중하는 것도 바로 이런 이유 때문이다. 모든 금융기관은 신뢰를 바탕으로 작동한다. 그러나 신뢰는 쉽게 사라진다. 신뢰는 이성적이거나 비이성적인 이유로 언제든지 흔들릴 수 있다. 신뢰는 대개 별것 아닌 이유로 쉽게 흔들리지만, 한 번 흔들린 신뢰를 회복하는 데는 상당한 시간이 걸린다.

금융위기는 엄연한 예금 환매 사태이며, 금융 시스템 전반에 걸친 신뢰의 위기다. 이런 상황이 발생하면 사람들은 겁을 먹고 예금을 환매하기 원하며, 이렇게 되면 환매하지 않고 금융 시스템 안에 돈을 남겨둔 사람들은 점점 더 불안해진다. 결국 더 많은 사람이 예금을 환매하고 싶어진다. 시장에 대한 공포는 투매를 유발하고, 이는 다시 투자증거금을 부족하게 만들고, 결국 마진콜에 봉착하게 된다. 이렇게 촉발된 신용 수축은 결국 금융시장에서 탈출하려는 대규모 환매 사태를 일으키는, 마치 뫼비우스의 띠같이 끝없이 반복되는 악순환의 연결고리를 만들어낸다. 일단 대규모 환매 사태가 시작되면 최대한 신속하게 금융기관에서 자신의 예금을 환매하는 것이 합리적인 행동으로 받아들여진다. 이런 상황에서 환매할지 여부를 놓고 주저하는 행동은 치명적인 결과를 초래한다. 투자자 스스로 다급하게 환매할 합리적 이유가 없다고 생각하고, 동시에 다른 사람들도 더 이상 무차별적으로 환매하지 않을 거라는 시장에 대한 신뢰감이 형성되어야 대규모 환매가 멈춘다. 달리 표현하면, 이 두 가지 조건이 충족될 때까지 환매 러시는 계속된다. 두려움은 인간의 마음속에서 강화되는 법이다. 게다가 군중심리는 너무나도 강력하기 때문에 대규모 환매 사태를 예측하기도, 이를 막기도 어렵게 만든다. 따라서 금융 공황의 가능성을 완전히 제거하는 것은 불가능하다.

다시 말하면, 위험을 감수하는 투자와 은행의 핵심 비즈니스 구조인 만기 전환이 금융 시스템의 중심에 있고, 두려움에 너무 쉽게 노출되는 인간 본성이 변하지 않는 한 세계는 계속 금융위기의 위협에 노출될 것이다. 불행하게도 금융위기는 언제든 다시 발생할 수 있다.

그렇다면 어떤 요인들 때문에 2008년 사태가 단순한 금융위기가 아닌 금융 공황으로 이어진 것일까?

위기의 징조, 부동산 불패신화

금융위기가 발생하기 이전 몇 년간 부채는 급증했다. 일반 가계의 부채 역시 위험할 정도로 과도하게 늘어났다. GDP 대비 가계 부채 비

● 가계 부채 급증

10년간 형성된 주택 시장 버블의 주된 배경은 주택담보대출 증가에 기인한다. 일반 가계에서 가처분소득 대비 주택담보대출 비중이 급격하게 증가하면서 미국 경제는 부동산 가격 급락에 따른 금융위기에 매우 취약한 상황이 되었다.

가처분 개인소득 몫으로서의 가계 부채 총액

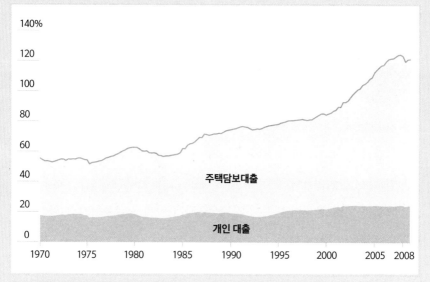

출처 : 연준 금융계정 기준(2018)

율이 너무 급증해 팀은 이 비율을 추적할 때 참고한 차트를 '후지산'이라고 불렀을 정도다. 상업은행, 투자은행, 보험 회사, 담보대출 회사, 금융 회사, 연기금, 그리고 미국과 전 세계 뮤추얼펀드가 이러한 대출을 제공했다. 게다가 금융기관들이 대출 재원을 마련하기 위해 불안정한 방법으로 조달한 부채가 36조 달러에 이르렀다.

미국은 다른 나라들의 저축 덕택에 매우 과분한 수준의 생활을 영위하고 있었다. 당시에는 외국에서 미국으로 자금이 쏟아져 들어오고 있었다. 자국의 저금리와 부족한 투자 기회에 불만을 느낀 글로벌 투자자들이 좀 더 나은 투자 기회와 상대적으로 안전한 이자 수익을 노리고 해외, 즉 미국으로 유입됐다. 당시 글로벌 시장에는 적당한 수익을 제공하는 자산에 대한 엄청난 투자 수요가 끊임없이 있었는데 벤은 이런 현상을 "세계적인 저축 과잉"이라고 지칭했다. 바로 이것이 금융위기란 불에 기름을 붓는 역할을 했다.

가장 큰 신용 버블은 미국 주택담보대출 시장에서 만들어졌다. 미국 가구당 주택담보대출액은 2001년부터 2007년까지 63퍼센트 급증했다. 가계소득 증가율보다 훨씬 빠른 속도였다. 이렇게 늘어난 가계 대출 중 일부는 집을 사거나 집을 담보로 대출 받아 현금을 마련해서 좀 더 필요한 곳에 활용되는 순기능을 발휘했다. 그러나 신규 증가한 가계 부채 중 일부는 위험하면서도 아직 검증되지 않은 영역인 서브프라임 모기지에 투자됐다. 당시 서브프라임 모기지는 저소득층을 대상으로 이뤄지는 위험한 대출임에도 불구하고 투자 상품에서 모기지 대출 인수 조건을 급격하게 완화해 투자가 이루어졌다. 상당수의 대출기관이 신청자들의 직업 유무, 소득 증명 서류 제시 여부, 현실적인 월 상환금 충당 방법 등 신용 이력과 관계없이 거의 모든 신청자에게 주택 가격 전액 대출을 승인해주었다. 당시에 주로 문제가 되었던 대출은 다음과 같다. 소득, 직업, 자산 증명 없는 대출자를 위한 '닌자론No Income, No Job or Assets Loan'•폭발적인 증가세를 보인 변동금리 모기지 대출ARMs, Adjustable-rate mortgages 등이다. 특히 후자는 대출 시점에는 금리가 매우 낮게 책정되지만 2~3년이 경과하면 금리가 큰 폭으로 상승하는 구조여서 대출 마케팅에 적극 이용되었다.

보통 대출기관들은 빌려준 돈을 잘 돌려받아야 하기 때문에 얼마나 많은 금액을 대출해주었는지, 그리고 누구에게 대출해주었는지에 주의를 기울이게 마련이다. 그러나 금융위기가 시작되기 전 몇 년 동안, 월가의 금융기관들은 안전자산에 대한 글로벌 시장의 엄청난 수요에 부응하기 위해 주택담보대출채권을 좀 더 정교한 MBS 상품으로 포장해서 금융기관들이 좀 더 높은 수익을 추구하는 투자자들에게 매각할 수 있게 했다.

이런 투자자들의 수요로 유동화증권 상품의 기초자산 역할을 하는 주택담보대출채권에 대한 월가 금융기관의 수요도 폭발적으로 늘어났다. 자신들이 보유한 대출채권의 부도 위험을 모기지 상품으로 고객에게 판매함으로써 부도 위험을 고객에게 전가할 수 있었기 때문에 월가 금융기관들은 상환 능력이 좋은 대출자를 선별하느라 노력을 기울일 이유가 없었다. 심지어 이들 중 상당수는 대출채권의 안전성이 어떻든 간에 대출채권 규모에 따라 성과급을 받기까지 했다. 이

• 자신의 연봉을 부풀리거나 자산에 대해 거짓으로 언급한 사람들에게 나간 '거짓말쟁이 대출Liar Loan.

러한 대출은 금융기관들의 좋은 돈벌이 수단이 됐다. 금융기관들은 위험 수준에 따라 주택담보대출의 상환 현금 흐름을 나눠 그것들을 다시 복잡한 유가증권에 편입시켜 재포장했다. 주택담보대출의 위험을 매우 정교하게 분산시켜 상품을 설계했기 때문에 겉으로는 위험이 사라진 것처럼 보였다. 물론 위험은 없어지지 않았다. 주택담보대출의 위험은 단지 숨겨져서 희석되고, 전 세계적으로 퍼졌을 뿐이다.

OTD Originate-To-Distribute 주택담보대출유동화증권 모델은 주택담보대출 발행자에게 부정적인 동기를 심어주었는데, 일부 분석가는 이런 현상을 금융위기의 원인으로 지목했다. 이러한 관점에서, 대출기관에 그들이 만든 대출을 더 많이 보유하도록 요구했더라면 재앙을 피할 수 있었을지도 모른다. 만약 대출기관들이 모기지에 적극적으로 관심을 가졌다면, 그렇게 무모하게 행동하지는 않았을 것이다. 비록 OTD 주택담보대출유동화증권 모델이 명확한 문제를 가지고 있지만, 이것이 금융위기를 일으킨 모든 원인이라고 할 순 없다. 왜냐하면 많은 대출기관과 모회사들이 실제로 대출뿐만 아니라 그들의 대출을 기초자산으로 한 MBS를 보유하고, 단기 대출 시장에서 주택담보대출을 안전한 담보물로 인정해주었기 때문이다. 미국에서 규모가 가장 크면서도 공격적인 주택담보대출업체인 컨트리와이드 파이낸셜 Countrywide Financial 같은 기업도 주택담보대출을 상당수 보유하고 있었지만, 그들이 만들어낸 위험한 주택담보대출을 제3자에게 충분히 떠넘기지 못했기 때문에 어려움을 겪었다. 그들은 마치 자기가 파

○ 주택 가격 버블

경제는 상승과 하락을 반복하면서 건전한 자체 조정을 거쳐 버블 없는 안정적인 장기 성장을 도모한다. 미국 주택시장은 1970년대 이후 상승과 하락을 반복하면서 온건한 상승세를 보였으나, 1990년대 후반 이후 거의 10년간 특별한 조정 없이 급격하게 상승하면서 상당한 버블을 양산했다.

실질주택 가격지수

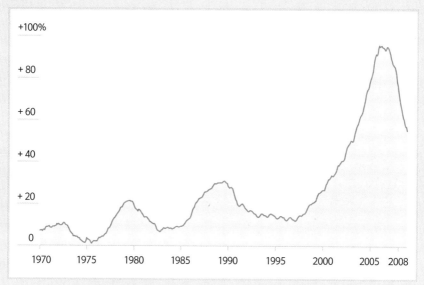

출처 : 미국 주택 가격 및 관련 데이터, 로버트 실러

는 마약에 스스로 취한 마약 거래상 같았다.

대출기관들은 부동산 가격이 무한정 올라갈 것이라고 믿었다. 주택담보대출 붐을 일으킨 근본 요인은 결국 부동산 시장에 대한 지나친 낙관론이다. 부동산 가격 상승은 대출 조건을 완화시켰으며, 이는 부동산 가격을 재차 상승시키는 요인으로 상호작용했다. 대출 받는 사람들 사이에는 큰 위험을 감수하지 않고도 대출을 활용해 그들 스스로 감당할 수 있는 능력 이상의 부동산을 살 수 있다는 인식이 널리 퍼져 있었다. 대출을 상환하는 게 어려워지면 추가 대출을 받거나 차익을 남기고 집을 팔아치우면 그만이었기 때문이다. 실제로 몇 년 동안은 그런 장밋빛 가정이 대부분 맞아떨어졌다. 2014년 〈아메리칸 이코노믹 리뷰〉에 따르면, 주택담보대출 중개인과 월가의 은행가들조차 호황기 내내 자신들의 돈을 부동산에 투자했다. 이들은 MBS에 투자한 사람들만큼이나 광증에 빠졌다. 150년 역사를 자랑하는 투자은행 리먼브러더스 임원들도 비슷한 착각에 빠졌는데, 대형 주택 회사인 아치스톤 스미스 트러스트Archstone Smith Trust가 이미 파산의 길에 들어섰을 때 이 회사를 220억 달러에 매입하는 우를 범한 것이다. 모기지 투자의 광기는 넓고 깊게 뻗어갔다.

어쨌든 부실에 취약할 수밖에 없는 신규 주택담보대출은 금융 시스템의 안전성에 큰 영향을 미쳤다. 주택담보대출의 직접적인 손실은 그 자체적으로는 문제가 될지 몰라도, 그래도 감당할 만한 수준이었다. 그러나 이를 기초로 하는 유가증권 상품을 만드는 유동화증권은 통화와 담보물의 일반적인 형태가 될 정도로 호황을 누리면서 금융 시스템 전반에 걸쳐 막대한 영향을 미쳤다. 유동화증권은 여러 신용평가 회사로부터 가장 안전한 신용등급인 'AAA'를 부여받기도 했다. 흥미로운 점은 독립적으로 신용평가를 해야 하는 신용평가 회사들 대다수가 유동화증권 발행사들의 신용평가 수수료 수입에 의존하고 있었다는 점이다. 덕분에 시장에서 유동화증권은 미국 국채와 비슷하게 취급 받았다.

MBS에 최고 신용등급을 부여하는 것이 논란의 소지가 있었지만 다음과 같은 시장의 믿음이 있었기에 가능했다. 바로 미국 일부 지역에서 부동산 가격이 하락하더라도 전국적으로 동시에 급락하지 않을 것이라는 믿음이었다. 부동산 가격이 장기적으로 상승할 것이라는 믿음은 주택 소유를 촉진시키고 권장하기 위한 세금 정책과 정부 프로그램 때문에 제2차 세계대전 이후 현실화된 게 사실이다. 그러나 지리적으로 다양한 주택담보대출로 구성된 유동화증권이 대량 부도 위험을 계속 피할 수 있을 것이라는 낙관적인 가정은 틀린 것으로 판명됐다. 결국 부동산 가격은 전국적으로 30퍼센트 이상 폭락했고, 서브프라임 모기지의 채무 불이행 비율도 6퍼센트에서 30퍼센트 이상까지 치솟았다. 부동산 가격 폭락의 대참사는 플로리다, 네바다 등 가장 높은 집값 상승률을 보인 '사막 주州'에서는 완전 최악의 상태로 치달았다. 이 외에 거의 모든 지역에서도 상황은 심각했다.

다시 말하지만, 금융 시스템의 위험은 단지 MBS가 보기보다 덜 안전하다는 인식이 생겨나는 것만으로 국한되지 않았다. 좀 더 심각한 문제는 주택담보대출의 기초자산인 MBS가 현대 금융의 상당 부분을 떠받치고 있다는 점이었다. 따라서 전체 금융 시스템의 안전성은 주택담보대출 시장에 영향을 받을 수밖에 없었다. 그러나 당시 MBS

○ 주택 가격 하락

2008년 3월 기준으로 주택 가격은 정점 대비 9.0% 하락했다. 특히 주택 버블이 심각한 7개 대도시는 20% 이상 하락했다. 가계의 가처분소득 대비 부채비율이 매우 높은 상황에서 주택 가격이 하락하면서 주택담보대출, 즉 모기지 채권을 기초자산으로 한 파생상품들에 문제가 발생하기 시작했다.

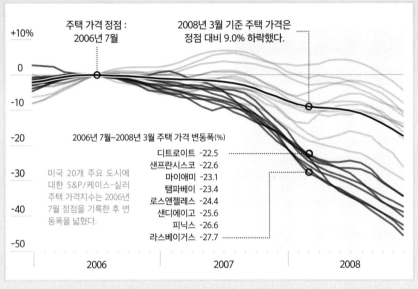

출처 : S&P 코어로직 케이스-실러 주택가격지수와 20개 각 도시 인덱스, 주택가격지수FRED

에 대해 정확하게 알고 있는 사람은 거의 없었다. 만약 MBS가 복잡하지 않고 투명하며 공공시장에서 거래되고 있었더라도 금융 시스템이 주택담보대출 상품에 과도하게 의존하고 있었기 때문에 위험한 것은 마찬가지였을 것이다. 그러나 '부채담보부증권CDO, Collateralized Debt Obligation', 'CDO 스퀘드', 그리고 기타 금융 공학을 통해 만들어진 신상품들은 상품 구조가 복잡하고 투자 내용이 불투명한 데다 레버리지를 내포하고 있었다. 원래 이런 상품들은 주택담보대출을 분산투자시키고 투자자의 필요에 맞춰 설계할 수 있어서 위험을 감소시키는 데 도움이 될 것으로 기대됐다. 그러나 장기간의 신용 버블이 끝나는 시점에 이르러 위험이 분산되는 게 아니라 오히려 모든 위험이 모기지 상품, 즉 유동화증권에 집중되기 시작했다. 따라서 모기지를 기초자산으로 활용하는 복잡한 금융 공학 상품들은 전체 금융 시스템을 더 취약하게 만들었고, 금융위기가 발생한 이후에는 이런 상품들 때문에 금융 시스템을 안정시키는 것이 더 어려워졌다. 모기지 시장이 악화되면서 이를 기초자산으로 활용한 복잡한 상품들은 더욱 위험해 보이기 시작했다. 이에 투자자들은 복잡한 상품에서 투자된 개별 모기지들이 얼마나 위험한가를 파악하려고 노력하기보다는 상품을 매도하는 것이 더 편하고 쉬운 일이라고 생각했다.

한편, 개별 자산의 가치가 다른 자산의 가치와 복잡한 방식으로 묶여 있는 금융 상품을 거래하는 파생상품시장은 수천에 이르는 거래 상대방 사이에 이뤄지는 수백만 건의 계약들이 연결되어 있었다. 따라서 파생상품시장에서 거래되는 복합 금융 상품 구조에서 누가 무엇을 가지고 있고, 누가 누구에게 무엇을 빚졌는지 파악하는 것은 거의 불가능해 보였다. 이것은 위기 상황에서 투자자와 채권자가 그들이 어떤 위험에 노출되어 있는지 또는 상대편에 무슨 일이 일어나고 있는지 파악하기 어렵다는 것을 의미했다. 이런 불확실성은 금융 공황이라는 불 앞에 놓인 휘발유나 마찬가지였다.

당시 서브프라임 모기지 시장은 금융 시스템을 무너뜨릴 위협으로 보이지 않았다. 서브프라임 모기지는 미국 주택담보대출 시장의 7분의 1도 채 차지하지 않았다. 위기를 촉발시킨 채무 불이행과 연체는 주로 주택담보대출의 12분의 1 정도를 차지하는 변동금리 서브프라임 모기지에 집중됐다. 단순계산했을 때, 모든 서브프라임 모기지 소유자가 채무를 불이행하더라도 그에 따른 손실은 그리 큰 규모가 아니어서 주요 은행과 기타 채권자들이 대부분의 손실을 완충자본으로 쉽게 소화할 수 있을 게 분명했다. 그러나 대다수의 사람이 위의 계산 방식은 모기지가 금융 시스템 전반에 걸쳐 금융 공황의 매개체가 될 수 있다는 것을 간과하고 있었다.

위험은 방법을 찾아낸다. 그림자 금융과 분산된 금융 시스템

2006년 7월, 행크가 골드만삭스를 떠나 워싱턴 D.C.로 갔을 때, 골드만삭스는 가상금고virtual lockbox에 600억 달러 상당의 미국 국채를 보유하고 있었다. 이 자산은 담보로도 사용될 수 없고, 거래에서 위험 요인이 되어서도 안 됐다. 골드만삭스가 이렇게 많은 양의 미국 국채를 보유하고 있었던 이유는 다음과 같다. 첫째는 경기 호황이 영원히 지속되지 않는다는 것, 둘째는 공황이 발생하면 무분별하게 투자한 CEO가 책임지고 그만두어야 된다는 것, 그리고 마지막으로 위기 상황에서는 유동성이 최고의 투자 전략liquidity is king이라는 것을 경험을 통해 이미 알고 있었기 때문이다.

골드만삭스처럼 위기에 앞서 미리 준비하는 것은 21세기 초 월가의 지배적인 사고방식이 아니었다. 금융기관들은 단기신용시장, 특히 '3자간 초단기 환매조건부채권tri-party repo'과 '자산담보부 기업어음asset-backed commercial paper'에 과도하게 의존해 위험과 레버리지 투자에 열중하고 있었다. 이렇게 조달된 자금들을 모기지와 관련된 자산들이나 다른 형태의 민간 대출 자산들에 투자했다. 일부 경영진은 위험관리 시스템의 붕괴를 우려했지만, 호황기에 그런 염려는 사치였다. 2007년 시티그룹의 최고경영자CEO 척 프린스Chuck Prince 는 "음악이 연주되는 한 일어나서 춤을 추어야 한다", 즉 경기 호황이 지속되는 동안 그런 상황을 즐기라고 말하였다.

모든 경기 버블이 금융 시스템을 위협하는 것은 아니다. 1990년대 후반 닷컴 버블이 터졌을 때, 펫츠닷컴Pets.com 같은 도산한 인터넷 주식에 투자한 투자자들이 돈을 잃었지만, 파급 효과는 별로 없었고 단지 가벼운 불황으로 끝났다. 진짜 문제는 대규모 환매 사태에 쉽게 노출되는 자금으로 만들어지는 버블이다. 레버리지 투자는 매력적이다. 레버리지 투자는 이익을 최고로 극대화하는 수단이기 때문이다. 레버리지 없이 자산을 사기 위해 100달러를 쓰고 그 자산을 다시 120달

○ 초단기 대출의 급증

기업에서 장기 대출보다 단기 대출이 급증했다는 것은 기업들의 재무 상황이 점진적으로 악화되고 있다는 반증이다. 금융시장의 입장에서 보면, 단기 대출이 급증하면 대규모 환매 위험에 금융기관이 노출될 가능성이 높아진다. 단기 부채로 조달되는 금융자산 규모가 급격하게 증가하면서 미국 금융 시스템은 대규모 환매 사태에 취약해질 수밖에 없었다.

초단기 환매조건부채권 RP 규모

2008년 담보부 초단기대출 형태인 RP 규모는 직전 10년 대비 3배 증가했다.

출처 : 연방준비제도이사회 FRB 금융계정

러에 팔면 20퍼센트의 이익이 남는다. 만약 100달러 중 자기 돈 5달러를 투자하고 나머지 95달러는 빌려서 같은 자산을 사 들인 다음 120달러에 팔면 400퍼센트의 이익이 난다. 레버리지의 기적이다.

단점은 레버리지가 손실에 대해서도 동일한 승수 효과 multiplying

effect를 발생시켜 '전액 손실'이 발생할 가능성 역시 급격하게 증가한다는 것이다. 예를 들어, 위와 동일한 레버리지로 동일한 100달러의 자산을 구입했는데 그 가치가 95달러 이하로 떨어진다면, 투자금을 전부 날리게 된다. 이런 상황에서 채권자가 갑자기 대출금 상환을 요구하거나 추가 담보물을 강요할 경우, 현실적인 문제가 발생한다. 특히, 위기 상황에 사용할 수 있는 여유 자산을 충분히 보유하지 못한 경우에는 어려움이 더욱 커진다. 부도 위험을 피하기 위해 보유한 자산을 즉각 매각해야 할 수도 있다. 만약 비슷한 자산을 가진 다른 사람들이 유사한 상황에 처해 투매에 나선다면 해당 자산의 가격은 더 떨어진다. 이는 다시 더 많은 투매와 마진콜, 채무 불이행 등을 유발시키고, 결국 파산으로 이어진다.

당신이 금융 회사를 가지고 있는데 채권자들이 당신 회사의 기업어음에 관심을 끊거나, 초단기 환매조건부채권 대출을 갱신하지 않거나, 대규모 환매 사태 상황에서와 비슷하게 담보를 더 내놓도록 강요할 수도 있다. 주택 버블이 터진 후 이런 식으로 공황이 확산됐다.

2008년 금융위기 이전, 수많은 대형 금융기관들의 레버리지가 지속적으로 증가했다. 어떤 경우에는 부채가 자기자본의 30배가 넘는 등 위기 상황에서 발생하는 잠재적 손실에 대비할 수 있는 여력이 너무 작았다. 특히 예금 보호가 되지 않는 예금 같은 단기 부채의 레버리지가 크게 증가했다. 이런 단기 부채는 불안한 채권자들이 위험을 조금이라도 인지한 순간, 환매될 가능성이 높다. 그리고 초단기 시장에서 주로 자금을 조달하는, 부채 비율이 높은 대다수 금융기관들은 너무 크고 서로 긴밀하게 연결되어 있었다. 레버리지 비율이 높은 금융기관들은 현대 금융 구조와 밀접하게 연결되어 있어서 만약 그 연결고리가 풀려버리면 금융 시스템에 큰 위험을 초래할 수밖에 없었다.

이 모든 것이 금융 시스템을 쉽게 위기에 빠질 단초를 제공했다. 상황을 더욱 폭발적으로 만들고 예측 또는 방어를 훨씬 어렵게 만든 것은 엄밀히 말해 '은행'이 아닌 금융기관들이었다. 이들은 은행들처럼 자금을 단기적으로 조달해 장기적으로 대출해줬지만, 이런 금융기관들은 상업은행 시스템에서만 가능한 일이었다. 또한 이러한 금융기관은 감독기관의 관리감독도 받지 않았고, 은행에 제공되는 위기 안전망의 혜택도 받을 수 없었다. 이렇게 금융기관들의 위험한 운용에 대한 관리감독이 느슨하거나 아예 없는 경우도 있었다. 이런 금융기관들은 예금보험기금을 받지 못했으며, 시중 은행들이 필요할 때 긴급대출을 받을 수 있도록 만든 연준리의 재할인 창구에 접근할 권한도 없었다.

금융위기 전 미국 금융의 레버리지 중 절반 이상이 '그림자 금융shadow banking' 또는 '비은행권 금융기관'에서 창출됐다. 이를테면 베어스턴스Bear Stearns와 리먼브러더스 같은 투자은행, 패니메이와 프레디맥 같은 대규모 모기지 대출 회사, AIG 같은 보험 회사, MMF, GE캐피털과 GMAC 같은 법인 금융 부문, 그리고 기존 상업은행의 비은행권 계열사가 이에 해당한다. 이들 비은행권 금융기관들은 모두 만기 전환이라는 위기에 취약한 구조를 갖고 있었다. 그러나 이들 금융기관은 대규모 환매 사태를 예방할 수 있는 예금 보호 안전장치도 없고, 효과적인 레버리지 규제도 받지 않았으며, 필요 자금을 조달할 수 없는 상황에서 연준의 도움을 받을 수도 없었다.

이렇게 비은행권 금융기관에 대한 감시가 부족한 것은 매우 위험한 사안이었지만, 미국 금융기관에 대한 전반적인 관리감독 체계는 감독기관별로 너무 분산되어 있고, 서로 경쟁 관계인 기관이 중복돼 있는 관료주의가 존재했다. 상업은행들은 공식적으로 가장 많은 관리감독을 받는 금융기관이었다. 은행들을 관리감독하는 기능은 연준, 미국통화감독청 OCC, 연방예금보험공사, 미국저축은행감독기관OTS, 해외 은행의 미국 지점을 감독하는 외국 규제기관들, 그리고 다양한 수준의 모니터링 권한을 가진 여러 주의 금융위원회로 나뉘어 있었다.

이를 악용해 일부 은행은 의도적으로 법적 지위를 변경해서 자신들에게 도움이 되는 감독기관을 선택했다. 대표적인 경우가 컨트리와이드Countrywide 다. 컨트리와이드는 당시에 금융기관의 관리감독이 느슨하기로 유명한 저축은행감독기관의 관리를 받기 위해 법률적 지위를 저축은행 형태로 변경했다. 일부 은행은 권한 범위가 불명확한 여러 감독기관의 관리감독을 받기도 했다. 이처럼 비은행권 금융기관의 관리감독은 상대적으로 허술했다. 일례로 정부가 보증하는 기업GSEs, Government-sponsored enterprises으로 알려진 거대 주택담보대출 회

○ 미국 금융 감독기관의 정책 수단

금융위기 초기에 정부에 부여된 권한은 매우 제한적이었다. 사태를 해결할 만한 실질적인 권한이 충분히 부여되지 않았다. 이런 이유로 위기에 대한 미국 정부의 초기 대응은 점진적으로 이루어졌으며, 정책 수단들은 제한적이고 시대에 뒤떨어질 수밖에 없었다. 왜냐하면 모든 정책이 전통적인 은행 위주로 설계되어 있었기 때문이다.

활용 가능한 정책 수단들	권한이 부여되지 않은 정책 수단들
연방예금보험공사 FDIC • 은행에 대한 해결 권한, 시스템 위험에 예외를 둬 좀 더 광범위한 보증협정을 허용 • 은행의 예금 보호 기능 **연방준비은행** Federal Reserve • 연준리가 단기 유동성이 필요한 시중 은행과 극단적인 상황에 봉착한 기타 금융기관에 대출 • 해외 중앙은행들과 스와프 협정 → 유사시 서로간 유동성을 제공하는 방법	• 비은행권 금융기관의 붕괴를 막기 위해 개입하는 것, 그리고 비은행권 금융기관들의 국유화 • 비은행권 금융기관을 포함한 금융시스템의 광범위한 채무 보증 • 비은행권 금융기관을 포함한 금융시스템에 공적자금 투입 • 연준이 국채, 정부기관 채권, 정부기관 모기지를 제외한 자산 매수 • 정부보증금융기관(GSE, 페니메이와 프레디맥)에 대한 공적자금 투입

기관은 미국 연방기관 또는 정부보증금융기관이 발행 또는 보증하는 채무 증권이며, 기관 MBS는 미국 연방기관 또는 정부보증금융기관이 발행 또는 보증하는 담보부 증권이다.

사인 패니메이와 프레디맥은 관리감독할 만한 능력이 없는 워싱턴 감독기관의 관리를 받고 있었다.

증권거래위원회 SEC는 투자은행들을 관리감독했지만, 그들이 과도한 레버리지를 사용하거나 대규모 환매 위험이 있는 단기 자금에 너무 의존하는 행태를 제한하지 않았다. SEC는 주로 투자자 보호에 초점을 맞췄다. 다양한 파생상품시장들을 관리하는 상품선물거래위원회CFTC도 마찬가지로 발행 금융기관보다는 투자자 보호에 관심이 집중되어 있었다. 연방거래위원회, 연준, 그리고 수많은 다른 연방 및 주 기관들이 다양한 금융 소비자 보호 책임을 가지고 있었지만, 금융 소비자에 대한 보호 책임이 이들 감독 당국의 최우선 순위는 아니었다.

또 다른 중요한 문제점은 금융 시스템의 위험을 체계적으로 분석하고 이에 대비하는 책임을 가진 감독기관이 없었다는 것이다. 개별 기관의 안전과 건전성이 아니라 전체적인 금융 시스템의 안전성과 건전성을 보호하거나 감시하는 책임이 있는 규제기관이 단 하나도 없었다. 또한, 비은행 및 은행 등 전체 금융 시스템을 포괄하는 폭넓은 시야를 갖춘 감독기관 역시 없었다. 금융 시스템의 안전성에 영향을 미치는 파생상품, 초단기 자금시장, 그리고 다른 잠재적 위협들을 정확하게 평가하는 곳이 그 어느 곳도 없었다. 연방예금보험공사는 파산한 상업은행들을 신속하고 질서 있게 정리할 긴급 권한을 가지고 있었지만, 위기 상황에서 비은행권 금융기관들의 혼란스러운 붕괴를 막기 위해 개입할 수 있는 권한은 없었다.

우리 세 사람은 이 사실이 불편했다. 그래서 우리 셋은 새로운 금융위기가 발생하기 이전에 기관 내에 새로운 위기관리위원회와 대책위원회를 만들어 금융 시스템 위기에 대처하려고 노력을 집중했다.

우리는 금융위기가 과거의 흔적일 뿐이라는 관념에 반박하며, 테일 리스크Tail Risk(발생 가능성은 적으나 한번 발생하면 시장에 엄청난 충격을 줄 수 있는 위험)에 대비해 보다 강력한 위기관리 능력 및 겸허함을 갖춰야 하며, 금융시장에 만연해 있는 시장에 대한 과도한 자신감은 위험하다고 강조했다. 그러나 우리는 그런 위험을 제한하기 위해 창조적이거나 적극적으로 행동하지는 못했다. 우리 중 어느 누구도 어떻게 했을 때 그런 위험들이 통제 불능 상태가 되는지 알지 못했다. 그 결과, 우리는 과거 여러 번 위기를 경험했음에도 불구하고 사상 최악의 위기를 예상하는데 실패했다. 후일 연준 의장인 벤은 그를 가장 놀라게 한 위기 경험은 "2008년 금융위기"라고 답했다.

우리 모두는 엉망이고 복잡한 금융 시스템과 관련, 안전성과 건전성을 명확하게 분석하지 못한 정부의 무능력을 걱정했지만, 금융 공황이 임박했다고 미처 생각하지 못했다. 끔찍한 일이 일어날 수도 있다고 우려는 했지만, 그 일이 발생하기 몇 달 전까지도 위기가 어떻게 전개될지 예측조차 하지 못했다. 우리뿐만 아니라 대부분의 사람이 금융기관 사이에 거래가 이뤄지는 초단기자금시장에 갑자기 대규모 환매 사태가 발생할 것이라고는 전혀 예상하지 못했다. 왜냐하면 그렇게 조달되는 자금은 대부분 담보가 있어서 부도가 나더라도 투자자들을 보호할 수 있는 장치들이 제공되기 때문이다.

시장이 공황에 빠져들면서 투자자들은 충분한 담보를 가지고 있는 우량 담보대출조차 의심하기 시작했다. 이런 상황으로 치닫는데도 우리는 투자자들이 급격하게 악화된 시장에서 투매하게 되는 상황을 전혀 예상하지 못했다.

이렇게 예측에 실패한 원인을 살펴보면 일부는 상상력 부재 때문이었고, 일부는 정부 내 조직의 실패 때문이었다. 금융 시스템의 위험을 감시하고 다루는 책임과 의무를 갖는 포괄적인 정부 조직이 없었다. 조각조각 끼워 맞춰놓은 규제 시스템은 권한이 너무 분산되어 있어서 금융시장에서 발생하는 상당수의 일들이 감독당국의 관리 범위 밖에 있거나, 다른 감독기관의 일들로 치부됐다. 2008년 금융위기는 특히 예측하기가 어려웠다. 단지 한두 가지 명확한 요인 때문에 발생한 것이 아니라, 여러 가지 요인이 복잡하게 상호작용해서 발생했기 때문이다. 레버리지의 폭발적 증가, 대규모 환매 사태에 쉽게 노출되는 초단기 자금에 대한 과도한 의존, 그림자 금융으로의 리스크 이전, '대마불사大馬不死' 기관들에 대한 우려, 그리고 도처에 널려 있던 엉터리 모기지를 담보로 한 불투명한 파생상품들 등이 2008년 금융위기의 원인으로 꼽히는 것들이다.

이러한 요소들은 대개 독립적으로 움직이지만, 서로 얽혀서 상호작용하면 아주 위험한 상황을 초래한다. 물론 2008년 금융위기를 사전에 예측하는 데 실패한 것이 우리뿐만은 아니다. 2008년 금융위기는 대다수의 사람이 예상하지 못한 상황에서 불시에 찾아왔다. 우리 모두가 이 일에서 금융위기를 사전에 예측하는 것은 대단히 어렵다는 중요한 교훈을 얻었다. 어떤 일에 선견지명을 발휘하는 사람들이 있을 수도 있지만, 실질적인 위기 회피 전략으로 이런 예지력에 의존할 수는 없다. 다시 한 번 강조하지만, 금융위기가 발생하기 전에는 문제점을 해결하기 어렵다.

금융 시스템은 본디 취약하기 마련이지만, 국회의원을 포함한 정책 입안자들이 어떻게 하느냐에 따라 더 취약해질 수도 있고 반대로 더 강해질 수도 있다. 때늦은 깨달음이긴 하지만, 위기를 촉발하는데 한몫한 시장의 과잉된 움직임을 정부가 통제하는 데 실패한 것만은 분명하다. 예를 들어, 정부가 주요 금융기관들에 충분한 자본금 설정을 요구하기는커녕 금융기관들이 너무 많은 레버리지를 활용하도록 방치한 것은 명확하다. 금융기관이 부채로 많은 자금을 조달할수록 자기자본비율이 적어지는데, 이는 외부 충격에 그만큼 많이 노출된다는 의미다. 자본금은 충격 완충 장치 역할을 한다. 즉, 위기 상황에서 금융기관이 손실을 견뎌내고, 시장의 신뢰를 잃지 않게 도와주며, 지불 상환 능력을 유지하게 해준다.

돌이켜보면, 2008년 금융위기 당시 미국의 금융기관들은 더 많은 자본금이 필요했다. 물론 이는 지나간 이야기일 뿐이다. 당시 은행들은 법적으로 의무화된 자기자본금 요건을 쉽게 초과했고, 규제 당국은 필요자기자본금을 추가적으로 늘릴 필요가 없다고 생각했다. 뉴욕 연준은 그들이 관리감독하는 은행들에 경기 침체 및 기타 충격의 잠재적 영향을 판단할 수 있는 스트레스 테스트를 실시하도록 요구했다. 그러나 당시는 유례없는 장기간 호황을 누리던 때라 부정적인 경기가 침체되는 가운데도 전문가들은 계속 긍정적인 전망을 내놓았다. 당시 전문가들은 경제 성장이 둔화되겠지만, 플러스 성장은 유지할 것이라고 전망했다. 그러나 실제로 2008년 4분기 경제성장률은 마이너스 9%를 기록했다. 대다수 전문가가 경제 상황의 심각성을 제대로 인지하지 못한 것이다. 결과적으로 그들의 전망은 잘못된 것으로 판명 났다.

실질 GDP, 전분기 대비 변화율(%)

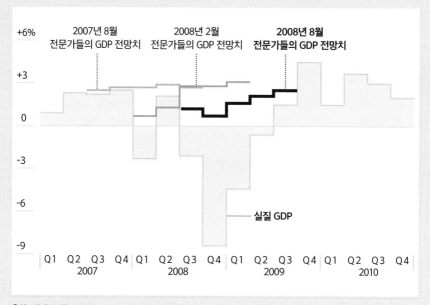

출처 : 경제분석국, FRED(2018년 8월 29일 업데이트 데이터, 필라델피아 연준 전문가 예측 조사 2007년 3분기와 2008년 1, 3분기)

결과는 상상조차 할 수 없었다. 그 어떤 은행도 자기자본 완충 장치가 크게 손상될 만한 시나리오를 예상하지 못했다. 이는 장기간 호황에 따른 부작용으로, 금융기관들이 시장의 위험에 너무 안일한 태도를 갖도록 만든 원인이 되었다.

상대적으로 심각하지 않았던 최근의 경기 침체기에 발생한 정도의 손실을 감당하도록 설계된 은행의 자본 구조는, 보수적으로 볼 때 다양한 위기 상황에 대응하기에 불충분한 것으로 보였다. 경제가 조금만 더 출렁여도 감당하지 못할 위험에 빠질 게 분명했다. 이에 감독당국은 손실의 완충판으로 자본을 보통주로 조달하도록 요구하는 엄격한 규정을 적용하기보다 상대적으로 자산가치가 낮은 자본도 조달이 용이할 수 있도록 허용해 요구자본비율을 맞추도록 유연하게 대처했다. 또한 감독기관들은 은행들이 복잡한 파생상품 및 장부에 표시되지 않는 부외금융Off-balance-sheet 상품에 얼마나 많은 레버리지를 숨기고 있는지 정확하게 파악하지 못했다. 이렇게 숨겨진 레버리지들은 은행들의 자본 조달을 실제보다 충실한 것처럼 보이게 만들었다. 그렇다고 해서 은행들이 고의적으로 속인 것은 아니다. 일부 은행은 스스로 위험에 어느 정도 노출되어 있는지 종합적으로 판단하지 못했다. 그리고 대부분의 은행은 그들의 고객만큼이나 부동산 시장을 과신하며 위험을 과소평가했다.

기존 은행들의 자본 요건은 너무 취약한 반면, 은행에 적용되는 자본 요건에 종속되지 않는 비은행권 금융기관들에는 수조 달러 상당의 레버리지가 제공될 만큼 유리한 환경이었다. 은행의 자본비율 수준, 즉 은행의 유동성 수준 또는 단기 자금에 대한 은행의 의존도 등에 대한 감시가 강화될수록 감독기관의 관할권과 연준의 안전망 범위 밖의, 충분한 자본을 갖고 있지 못한 그림자 금융 시스템, 즉 비은행권 금융기관은 레버리지가 커지는 결과가 초래됐다. 사랑과 마찬가지로 위험도 방법을 찾아내는 경향이 있다. 그것은 스스로를 "은행"이라고 부르는 비은행권 금융기관, 그리고 다른 이름으로 불리는 비은행권 금융기관에 서로 다른 기준을 적용하도록 하는 분산된 규제 시스템의 역설이자 본질적인 위험이었다.

2008년 금융위기 당시 가장 취약한 모습을 보였던 금융기관들은 비록 여러 가지 측면에서 은행과 비슷한 비즈니스 모델을 갖고 있었지만 엄밀하게 보면 '은행'이 아니었다. 미국 금융기관의 자본금 규정이 가지고 있는 가장 큰 문제는 규제가 너무 약하다는 것이 아니라 규제 대상이 너무 좁게 적용된다는 것이었다. 가장 무분별한 모기지 투자와 불안정한 자금 조달 기반을 가지고 있는 금융기관들이 가장 적은 완충자본buffer capital을 가지고 있었지만, 이런 금융기관들 대부분이 규제의 사각지대에 놓여 있었다. 이상적으로는 보다 강력하고 포괄적인 감독 시스템뿐만 아니라 보다 적극적이고 능동적인 감독기관이 있어야 했지만, 호황기에는 이런 형태의 강력한 감독기관에 대한 정치적 필요가 크게 나타나지 않았다.

연방예금공사에서 2003년 발표한 연례 보고서에는 연방 규제 당국과 은행 로비스트들이 체인톱과 전지가위를 가지고 레드 테이프red tape(불필요한 관료주의)를 자르는 사진이 포함되어 있다. 이 사진은 관료들의 시장 간섭을 경멸하는 태도를 상징적으로 보여준다. 당시 전반적인 분위기가 은행에 집중되어 있던 기존 규제들을 더 엄격하게 시행하는 것을 불편해했다면, 이런 규제들을 비은행권 금융기관으로 확대하거나 해당 규제들을 개선하는 것에는 완전히 적대적이었다. 당시 엄청난 흑자를 기록하던 금융 산업은 그 어느 때보다 많은 돈을 워싱턴 정가에 대한 로비와 대통령 선거 진영에 대한 기부금으로 쓰면서 기득권을 유지하려고 했다. 의회는 1999년 글래스 스티걸 법Glass-Steagall Act을 대체하는 금융 규제 완화 법안인 그램-리치-브라일리 법Gramm-Leach-Bliley Act을 통과시켰는데, 이후 금융위기가 일어나기 전까지 시장의 주요 화두는 기존에 완화된 규제의 강화가 아니라 추가적인 규제 완화 여부였다.

우리 셋은 전임자들이 그랬듯, 위기가 발생하지 않은 상황에서는 개혁을 실행하기가 대단히 어렵다는 것을 깨닫게 되었다. 가장 확실한 예로, 패니메이와 프레디맥에 대한 규제 개혁을 들 수 있다. 이 두 기업은 미국의 주거용 모기지 대출의 절반 정도를 보유하거나 보증했다. 금융위기가 발생하기 전부터 우리는 이 두 기업의 자본이 심각할 정도로 부족한 상황이며, 그럼에도 불구하고 불충분한 규제를 받고 있다고 우려를 표명했다. 시장은 이들 기업에 문제가 발생하면 당연히 정부가 구제해줄 것이라고 생각했다. 이런 분위기 속에서 이들 회사는 레버리지를 확대하면서도 당연히 불안해하지 않았다. 이는 전형적인 도덕적 해이다.

벤은 2005년 부시 행정부에서 경제자문회의 의장으로 재직하는 동안 양대 모기지 대출 회사에 대한 감독을 강화하고, 그들의 위험자산에 대한 공격적인 투자Risk-taking를 억제하기 위한 개혁을 추진했다. 그러나 패니메이와 프레디맥은 국회에 강력한 조력자들이 있어서 벤이 추진한 개혁은 전혀 이루어지지 않았다. 2006년, 행크가 워싱턴에 입성하면서 벤이 추진하다가 실패한 개혁을 다시 추진했다. 행크는 결국 민주당 의원인 바니 프랭크Barney Frank 함께 양당의 협의를 도출해냈다. 이 협의안은 패니메이와 프레디맥의 투기를 제한하면서 두 회사에 보다 강력한 규제와 엄격한 기준을 적용하는 내용이었다. 이 법안은 하원에서는 통과됐지만, 상원에서 제동이 걸렸다. 개혁 법안은 그 회사들이 붕괴 직전에 놓일 때까지 기다려야만 했다.

경제 호황기에 금융 시스템의 안정성을 향상시키려는 시도는 어려움이 따르기 마련이다. 호황기의 금융 시스템은 매우 건전해 보이기 때문이다. 행크는 또한 재무부의 금융 규제 시스템 개편을 주도했다. 이 계획은 금융위기 이후에는 개혁의 청사진 역할을 했으나, 당시에는 개혁 법안이 대부분 무시됐다. 벤은 워싱턴 연준에 금융안정기구를 신설해 상업용 부동산 및 기타 위험에 노출된 은행을 제한하기 위해 보다 엄격히 감독하도록 했다. 그리고 팀은 미국의 다른 규제기관 및 해외의 규제기관과 함께 리스크 관리를 향상시키고, 금융위기의 위험성에 경각심을 갖도록 하는 다양한 조치를 실행했다.

2005년에 뉴욕 연준은 다른 규제기관들과 함께 월가의 대형 파생상품 딜러들에게 그들의 노후된 백오피스 인프라를 개선하도록 압박을 가했다. 특히 파생상품 거래 시스템을 개선시키려고 노력했다. 당시 파생상품은 주문을 관리하는 사람 없이 팩스로만 거래가 이뤄지는 데다 주문이 몇 달 동안 확인되지 않는 일도 비일비재하는 등 전근대적인 시스템으로 운영되고 있었다.

이런 변화가 금융 시스템의 혼란과 공황의 잠재적 원인을 줄이기는 했지만, 금융 시스템 내 전반적으로 자리 잡은 레버리지를 감소시키지는 못했다. 금융기관들은 위험한 파생상품 비중을 줄이려고 하지 않았다. 왜냐하면, 그들은 시장점유율을 유지하고 싶어 했기 때문이다. 즉, 광범위한 낙관론이 지배하고 있는 상황에서 투자자의 권고는 큰 역할을 하지 못했다.

금융 시스템을 책임감 있게 바꾸고자 했던 우리의 노력은 소 잃고 외양간 고치는 격이 되고 말았다. 벤이 연준 의장으로 취임한 이후, 연준은 마침내 서류 없이 진행되는 대출과 그 밖의 터무니없는 모기지 대출 남용을 단속하기 위해 움직였다. 하지만 새로운 규정이 법제화되려고 하던 때, 금융위기는 이미 시작 단계에 접어들었다. 또한 연방 규제 당국의 경우, 무책임한 대출을 억제하기 위해 관여할 수 있는 범위가 그들이 원하는 것보다 한참 작았다. 이를테면, 2005년 전체 서브프라임 모기지 시장에서 연방정부의 감독하에 있는 은행과 저축은행들이 발행하는 규모는 20퍼센트에 불과하였다. 그리고 일단 의심스러운 대출이 실행되고 이 대출이 유동화되고 나면, 규제 당국에서 이 대출을 철회하거나 증권 해제할 방법이 없었다. 쉽게 말해,

규제 당국에는 이런 모기지에 대한 두려움이 금융 시스템에 전반적으로 확산되는 것을 제어할 방법이 없었다.

더 빨리, 그리고 더 열심히 개혁을 추진했어야 했지만 모기지 시장에 대한 강력한 규제는 미국 부동산 시장에 엄청난 충격을 줄 뿐만 아니라 미국 정치의 오랜 전통과도 배치되는 것이었다. 주택을 보유하는 것은 아메리칸 드림American dream의 중요한 부분이라는 데 오랫동안 양당의 정치적 공감대가 형성돼 있었다. 주택담보대출 붐은 좀 더 많은 미국인이 이 꿈을 실현하는 데 도움을 주는 것으로 받아들여져 호황이 절정에 이르렀을 때는 주택 소유비율이 사상 최고 수준인 69퍼센트까지 올라가기도 했다. 특히 서브프라임 모기지는 대출을 일반화해서 저소득층 가정이나 주택 소유라는 꿈과 거리가 멀었던 소수자에게도 혜택을 준다는 이유로 칭송 받았다. 부실한 인수계약을 통해 세입자들이 주택을 보유하게 되었으며, 이런 부실한 인수 계약을 악용해 새로운 주택을 구매하는 경우도 발생했으나 워싱턴 정치권에서는 이런 계약들을 엄격하게 규제하는 것을 지지하지 않았다.

일반적으로 1930년대 대공황 이후 수십 년 동안 금융 시스템과 함께 발전해온 규제 제도는 금융 레버리지, 단기 자금 조달, 그림자 금융, 심지어 금융 시스템 전체에 공황을 퍼트리는 불투명한 모기지를 기초로 만들어진 파생상품들이 동시 폭발하는 것을 막을 수 있었을지도 모른다. 그러나 실제로 규제 제도는 그런 폭탄을 제거하지 못했고, 호황기에 정치는 금융 시스템을 개혁하는 데 도움이 되지 않았다.

여전히 멀게만 보였던 금융위기의 위험을 줄이려는 입법적인 노력 또는 규제적인 시도들은 동력을 얻지 못했다. 비록 정책 입안자들이 위험에 대한 통찰력이 있었더라도, 광적인 투자에 몰입되어 있는 사람들에게 위험하지만 합법적인 이런 행동을 바꾸라고 설득하는 것은 매우 어려운 일이었다.

금융기관의 레버리지가 만든 위협 ●

어쨌든, 우리에겐 예지력이 없었다. 2007년 봄이 되면서 주택 버블은 끝났고 서브프라임 모기지 시장도 실패한 것이 명확해졌다. 그러나 노동시장은 여전히 양호했으며, 은행의 자기자본 수준도 여전히 괜찮아 보였다. 주택 버블이 꺼지더라도 부동산 시장 밖으로 그 여파가 확대되어 전반적인 금융 또는 경제에까지 큰 영향을 미칠 거라고는 생각되지 않았다. 2007년 3월 벤은 의회에 출석해 "서브프라임 시장의 문제가 전반적인 경제와 금융시장에 주는 영향은 제한적일 것"이라고 증언했다. 행크 역시 그해 봄에 서브프라임 문제가 대부분 통제되고 있다고 밝혔다. 당시 경제는 양호해 보였고, 경제 성장세도 1년 내내 안정적이었다.

2007년 3월, 샬럿에서 팀은 "불리한 테일 리스크, 즉 부정적인 극단"을 경고하는 메시지를 던졌다. 그는 서브프라임 시장이 붕괴되면

"정(+)의 피드백 역학관계", 즉 악순환이 발생할 것이라고 경고했다. 부도에 두려움이 만연하고 관련 자산을 계속 보유할 수 있을지 여부가 불확실한 경우, 투매가 촉발된다. 이 경우, 모기지의 담보 가치가 떨어지고 거래 상대방에 대한 신뢰도가 하락하면서 마진콜이 발생한다. 이는 다시 추가적인 투매로 연결된다. 당시에 발생한 상황은 정확히 이런 것이었다. 그러나 팀은 이런 시나리오는 현실화될 가능성이 낮다고 결론지었다. "현재로서, 한 섹터의 붕괴가 전체 신용시장에 지속적인 영향을 미칠 조짐은 거의 없다."

2007년 여름, 그가 설명했던 악순환이 그대로 나타나기 시작했다. 서브프라임 모기지 대부업체인 컨트리와이드의 현금이 바닥나기 시작했고, 최대 규모의 경쟁사는 파산했다. 일부 헤지펀드가 투자한 모기지 포트폴리오에서 문제가 발생하면서 베어스턴스가 자금을 지원한 두 개 헤지펀드가 파산했다. 당시 인핸스드 레버리지Enhanced leverage•가 선진금융기법으로 불리던 시점에 인핸스드 레버리지 펀드Enhanced Leverage Fund라고 명명된 헤지펀드도 포함되어 있었다.

우리가 당시 알고 있던 것들을 종합적으로 고려해볼 때, 서브프라임 시장의 붕괴는 전체적으로 큰 충격 없이 신용시장의 일부에 혼란을 주는 정도로 마무리될 것으로 판단했다. 그러나 그 가정은 지나치게 이성적인 것이었다. 왜냐하면 계량화하기 어려운 두려움이라는

• 헤지펀드의 차익거래 전략 중 하나의 전략.

변수를 배제한 채 서브프라임의 규모와 범위를 분석했기 때문이다. MBS의 복잡성과 불투명성 때문에 채권자와 투자자들이 서브프라임 모기지뿐만 아니라 전체 MBS와 관련된 모든 것과 관련된 모든 사람들에게 어떻게 반응할지 우리는 정확하게 예측할 수 없었다. 우리는 주택시장의 일부분에서 발생한 나쁜 소식들이 경제학자 게리 고튼Gary Gorton이 'E. 콜리 효과'라고 명명한 것을 만들어낼 거라고는 예상하지 못했다. E. 콜리 효과란, 상한 햄버거에 관한 소문만으로 소비자들은 겁에 질려 실제로 어느 지역 어떤 가게의 어떤 고기가 문제였는지 알아내기보다는 고기 자체를 아예 먹지 않는다는 것이다.

서브프라임이 문제였다. 만약 서브프라임이 금융 공황을 촉발시키지 않았다면 단순히 서브프라임 대출자들과 서브프라임 대출기관만의 문제로 끝났을 것이다. 미국 주택 관련 손실의 절반 이상이 파산, 그리고 파산 직전까지 갔던 2008년 9월 이후에 발생했다. 금융 공황이 없었다면, 서브프라임 시장에서 독립적으로 발생한 이슈들은 잘 통제되었을 것이다. 그러나 두려움 때문에 이런 독립된 이슈들이 전체 시스템에 걸쳐 나타난 금융위기를 촉발하게 한 것이다. 금융위기의 심리적 근거들을 개별적으로 보면 그리 위험해 보이지 않았다. 그렇게 우리는 금융위기를 막는 데 실패했다. 금융 시스템의 운명은 정책 당국이 어떻게 대처하는가에 달려 있었다.

제2장

FIREFIGHTING

화마의 습격을
당하다

2007년 8월부터 2008년 3월까지 미국 경제 상황을 이야기했다. 금융위기가 어떻게 현실화되기 시작했는지 그 과정을 들여다보자.

금융위기는
반드시
다시 온다!

현실화된 위험, 충격의 파장과 심도를 파악하라

2007년 8월, 프랑스 최대 은행인 BNP파리바에서 미국 서브프라임 모기지를 기초자산으로 하는 유동화증권에 투자하는 세 가지 펀드의 환매를 동결한다고 발표했다. BNP파리바는 서브프라임 모기지 시장의 유동성이 완전히 사라졌다고 주장하면서 환매 동결 조치를 취했다. 과거의 여러 금융위기 사례에 대해 익히 알고 있었던 우리는 이 사건 역시 또 하나의 금융위기일 뿐이라고 느꼈지만, 이것이 금세기 들어 최악의 금융위기가 될 줄은 예상하지 못했다.

이 뉴스가 우리를 더욱 불안하게 만든 것은 단지 서브프라임 모기지의 가치가 떨어지고 있다는 사실보다는 해당 유동화증권의 실제

● 금융시장의 위기 고조

금융시장 경색은 일반적으로 대규모 환매로 시작된다. 갑작스러운 대규모 환매가 발생하면 유동성이 떨어지는 자산과 펀드는 단기간에 자산을 유동화해 환매에 대처할 수 없기 때문에 환매가 중단되고, 이는 투자자들의 심리에 상당한 충격을 준다. 2007년 8월에 BNP파리바은행의 3개 자산유동화증권 펀드가 환매에 대응하지 못하면서 자산을 동결했는데, 이것이 금융시장의 위기를 본격적으로 고조시키는 계기가 됐다. 주택담보대출 문제와 경기 침체에 대한 우려가 커지면서 금융 시스템의 위기가 불거진 것이다.

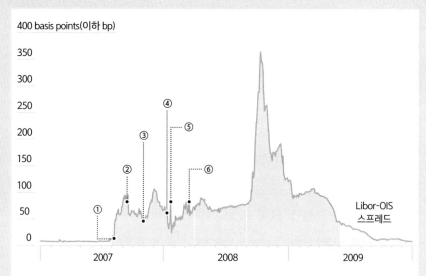

① 2007년 8월 9일 : BNP파리바은행이 유동성이 취약한 자산유동화 기업어음 시장의 3개 펀드 자산을 동결했다.
② 2007년 9월 14일 : 영국중앙은행BOE이 모기지론으로 위기에 빠진 노던 록Northern Rock에 긴급자금을 투입했다.
③ 2007년 11월 : 은행과 정부 보증 기업GSE들이 수조 달러에 달하는 손실을 발표하기 시작했다. 이에 배당금 삭감과 추가적인 자본 투입의 필요성이 제기되면서 해당 주식의 가격이 폭락했다.
④ 2008년 1월 11일 : 뱅크오브아메리카는 어려움을 겪고 있는 주택담보대출채권 대부기업인 컨트리 파이낸셜Country Financials을 인수하겠다고 발표했다.
⑤ 2008년 1월 21일 : 경제 침체에 대한 우려가 커지는 상황에서 주식시장이 큰 폭 하락했다.
⑥ 2008년 3월 14일 : JP모건은 연준 긴급지원의 도움을 받아 어려움에 처한 베어스턴스를 구제했다.

출처 : 블룸버그

가치와 관계없이 사려고 하는 사람이 아무도 없어 그 가치를 측정할 수 없다는 BNP파리바의 코멘트였다. 공포는 이런 초기 단계의 불안과 불확실성으로 인해 만들어졌다. 은행들이 현금을 비축하기 시작하면서 은행간 대출 금리는 급등하기 시작했다. 이런 변화에 민감한 투자자들은 본인들의 자금이 동결되는 것을 막기 위해 다른 펀드에서도 자금을 환매하는 데 나섰다.

모든 위기의 초기 단계에서 정책 당국자들은 현재 위기 상황을 정확하게 파악하지 못한 채 위기 대처 강도를 결정해야 하는 상황에 처한다. 금융위기 초기 단계에 정부가 일반적인 방법으로 구제금융을 실시할 경우, 자칫 심각한 도덕적 해이를 초래할 수도 있다. 이런 도덕적 해이는 무분별한 투기를 조장하고, 회생 가능성 없는 '좀비 은행들'을 도와주게 되어 미래에 발생할 더 큰 위기 때 금융 시스템에 돌이킬 수 없는 상황이 빚어질 수 있다. 그렇다고 미온적으로 대처하면 결과적으로 과잉 대응보다 훨씬 더 위험성이 커지고 피해가 막대해질 수 있다.

벤은 학술연구논문을 통해 소심한 연준 담당자들의 무대응이 어떻게 대공황을 더 확대했는지 설명한 바 있다. 그리고 팀은 라틴아메리카와 아시아에서 금융위기가 발생한 상황에서 정부의 어정쩡하고 뒤늦은 대응이 어떻게 금융 공황을 가속화시켰는지 경험을 통해 잘 알고 있었다. 하지만 위기 상황이 발생하더라도 그것이 단순히 개별적인 위기 상황이어서 자체적인 메커니즘으로 해결 가능한 정도인지 아니면 금융 시스템 전체에 엄청난 충격을 줄 가능성이 있는 정도인지 파악하는 것은 결코 쉬운 일이 아니다. 따라서 정책 당국자들은 금융위기를 예의 주시해서 해당 위기가 일반적인 위기인지 아니면 금융 시스템 전체에 영향을 미칠 만한 위기인지 판단해야 한다.

일반적으로 금융위기 초기 상황에 대해선 잘 알려져 있지 않다. 오늘날 대다수의 미국인은 베어스턴스, 패니메이, 프레디맥, AIG, 그리고 결국 전체 금융 시스템을 구제하기 위해 정부가 개입한 것으로 알고 있지만, 사실 금융위기 초기 단계에서는 해당 회사들의 도움 요청을 조용하게 거절했다. 초기에 연준은 전통적인 방식으로 위기에 대응하고자 했으며, 이후 금융 시스템의 유동성을 복원하기 위한 조치로 기존 중앙은행의 대출 방식보다는 좀 더 다양한 방식으로 대처하고자 노력했다. 금융위기 상황이 심각해지자 더 적극적으로 시장에 개입했다. 대부분의 가계에서 대공황의 여파를 느끼기 오래전부터 금융 시스템의 안정성은 약화되고 있었다. 그러나 초기에 나타난 낮은 수준의 정부 개입마저도 무분별한 투자자들을 구제해 점진적으로 도덕적 해이를 조장하는 과잉 대응이라는 비판을 받았다.

우리 세 사람은 금융위기의 조짐이 나타난 이후 하나의 팀으로 일하면서 매일 수시로 회의를 열었다. 초기의 문제는 주로 유동성 부족 이슈에서 비롯됐으며, 또한 금융 산업에 대한 재무부의 권한이 너무 제한적이었기 때문에 금융위기 초기의 대응책은 주로 연준에서 진행했다.

배꺼트 대응 매뉴얼,
자본주의의 성공은 창조적 파괴에 달려 있다

일상적인 상황에서 중앙은행의 주요 역할은 금리 인하를 통해 경제 성장을 도모하거나, 반대로 금리 인상을 통해 인플레이션을 통제하는 것이다. 그러나 시장의 신뢰가 무너져내리고 대출 시장이 경색되어 금융기관들의 대출 능력에 심각한 문제가 발생했을 때, 중앙은행은 '최후의 대출기관'으로 민간 상환 능력이 있는 회사에 유동성을 제공한다.

'재할인 창구discount window'로 알려진 연준의 '최종 대출기관' 역할은 신용 경색에 봉착한 모든 시중 은행들에 비상 시 유동성을 공급해주는 것이다. 이는 은행들이 재할인 창구를 이용해 예금자들의 환매 요구가 불거질 때 은행의 자산을 투매하지 않고도 대량 환매에 적절히 대응할 수 있게 하기 위한 제도다. 이처럼 지급 불능 상황에 처한 금융기관들의 질서 있는 파산을 관리하는 연방예금보험공사의 다양한 대응 장치들과 예금보험제도와 함께 연방정부는 기존 은행 시스템의 강력한 보호자 역할을 해왔다.

하지만 불행히도 기존 은행 시스템은 더 이상 금융 산업에 대해 지배력을 갖고 있지 않았으며, 은행들은 더 이상 금융 문제의 진원지도 아니었다. 그러나 금융위기 초기에는 연준의 재할인 창구 제도가 위기 대응책의 시발점 역할을 했다.

1873년 영국 저널리스트 월터 배저트Walter Bagehot는 중앙은행 역할에 대한 바이블 같은 책《롬바르드 거리Lombard Street》를 저술했다. 이 책은 금융위기 대응 매뉴얼 같은 중요한 역할을 했다. 배저트는 대규모 환매 사태를 막는 유일한 방법은 공포가 진정될 때까지 지급 능력이 되는 회사들에 충분한 유동성을 공급해줌으로써 대중에게 대규모 환매에 동참할 필요가 없다는 사실을 보여주는 것이라고 했다. 배저트는 다음과 같이 밝혔다. "자유롭고 대담하게 자금을 빌려주면 대중은 계속 대출 받을 수 있다고 느낄 것이다." 위기가 지속되는 한 여전히 매력적일 정도로 대출 금리는 충분히 높아야 한다. 이와 관련, 배저트는 "징벌적 금리penalty rate"를 권고했다. 그리고 대출받은 금융기관에 부도가 발생할 경우, 중앙은행의 안전을 위해 확실한 담보가 보증되어야 한다. 이 정책의 목표는 민간 금융기관의 자금이 부족할 때 공적자금을 언제든 사용할 수 있도록 해서 시장의 공포를 진정시키고 신용시장을 안정시키는 것이다.

1930년대 대공황을 분석한 벤의 보고서에 따르면, 대출 채널들이 막히면 경제에 엄청난 충격이 미치며, 시장의 유동성 공급에 연준이 미온적인 태도를 보이면 대공황을 더 악화시키는 결과를 초래한다.

한편, BNP파리파 관련 뉴스는 전형적인 유동성 위기를 초래했다. 불안해하는 채권자와 금융기관들이 담보 조건을 더 까다롭게 하고 대출 기간도 줄이려고 하자 돈은 안전자산으로 쏠렸다. 유럽중앙은행ECB은 즉각적으로 공개시장에서 유동화증권을 매입하는 데 나서 경색된 대출 시장에 1300억 달러를 투입했다. 연준은 국채를 매입하는 방식으로 추가적으로 620억 달러 상당의 유동성을 공급하고, 시중 은행들이 중앙은행의 재할인 창구를 활용해 대출하도록 독려하는 성명을 발표했다.

이러한 교과서적인 초기 단계들조차도 너무 성급한 조치라고 비판을 받았다. 영국중앙은행 총재 머빈 킹Mervyn King은 시장에서 발생하는 일시적인 문제에 ECB와 연준이 너무 과잉 반응한다고 비판했다. 그러나 한 달 뒤에는 150년 만에 영국에서 처음 발생한 대규모 환매 사태에 대처하기 위하여 영국중앙은행도 그들이 비난했던 방식으로 시중에 유동성을 공급했다. 연준 내부에서는 일부 연방공개시장위원회FOMC 위원들이 도덕적 해이를 피하기 위해 재할인 창구 제도에 가혹한 조건을 붙이기를 원했다. 그러나 벤과 팀은 이미 연준의 대출과 연관되어 있다는 오명을 두려워하는 은행들에 추가적으로 부담을 주고 싶지 않았다. 우리는 은행들이 재할인 창구 제도를 적극적으로 활용하기를 바랐다. 즉, 우리는 시중 은행들이 연준의 자금을 다시 대출(유동성 공급)에 활용하길 원했다.

일반적으로 유동성을 투입하면 시장이 안정되는데 도움이 되기 마련이다. 그러나 부담스러운 조건이 없음에도 불구하고, 연준의 "재할인 창구에서 대출 받기come-and-get-it"라는 메시지는 은행들이 재할인 창구 제도를 활용하는데 전혀 도움이 되지 않았다. 오히려 은행들은 재할인 창구 제도를 활용하게 되어 징벌적 금리를 지불했다는 것이 시장에 알려지면 은행들이 그만큼 취약하고 절망적인 상황에 처해 있다고 판단 받을 것이라고 두려워했다. 정부의 도움이 전체 금융 시스템의 안전성을 위해 필요한 상황인데도 낙인 효과Stigma로 인해 금융기관들이 정부의 도움을 꺼리게 된 것이다. 연준은 징벌적 금리를 낮추고 대출 기간을 연장함으로써 재할인 창구 대출이 은행들에 더욱 쉽게 받아들여지게 만들려고 했다.

재할인 창구 대출로 손실을 본 적 없었던 연준은 이를 매우 부드러운 완화 조치라고 생각했다. 그러나 연준 내외부의 인플레이션을 경계하는 많은 매파와 기타 회의론자들은 중앙은행이 디레버리징(부채 감소) 과정에 개입하기보다는 시장의 자율 기능에 맡겨두어야 한다고 생각했다. 왜냐하면 시장의 자율적인 디레버리지 과정은 건강하고 시장에 반드시 필요한 과정이라고 생각했기 때문이다. 리치먼드 연준 의장인 제프리 래커Jeffrey Lacker는 "무언가를 하고 싶은 충동 또는 최소한 무언가 하는 것을 보겠다는 욕구를 참기 어렵다는 것을 알고 있다. 하지만 우리는 해결사Mr. Fix-It 역할을 하고 싶은 충동을 참아야 한다"고 말했다.

대출 시장이 경색되면 연준이 행동에 나서야 한다. 왜냐하면 사람들이 주택이나 자동차 구입 자금, 학자금, 그리고 사업자금 등을 대출받을 수 없으면 경제 전체가 위축될 수밖에 없기 때문이다. 그러나 매파는 인플레이션이 더 심각한 위험이라고 믿었다. 심지어 금융위기가 확산되는 와중에도 계속 그렇게 믿고 있었다. 하지만 벤은 신용 경색이 계속되는 가운데 인플레이션과 도덕적 해이에 대한 연준의 집착이 하나의 경기 불황을 만들어냈다고 생각했다. 그는 그런 대처 방식이 또 다른 금융위기를 만들어내도록 내버려둘 생각이 없었다.

이런 논쟁은 금융위기에 대한 혼란스러운 정치 역할들을 보여주는 초기 신호였다. 프랑스 대통령 니콜라 사르코지 Nicolas Sarkozy 는 행크에게 불가피한 대중의 비난을 피할 수 있는 손쉬운 해결책을 찾아내라고 조언했다. 예를 들어, 부실한 유가증권에 AAA 등급을 매긴 신용평가 회사에 책임을 전가하라고 제안했다. 사르코지는 "당신에게는 단순한 스토리가 필요하다. 당신이 은행가들을 비난하고 싶어 하지 않는다는 것을 안다"며 행크를 조롱했다. 그러나 우리는 누군가에게 금융위기의 책임을 떠넘기는 것이 우리의 임무라고 생각하지 않았다. 우리는 단지 그 위기를 해결하고 싶었을 뿐이다.

배저트 매뉴얼은 유동성 위기에 대한 필수 조치였다. 우리는 배저트 매뉴얼로 인위적인 경기 호황을 지속시키려고 시도하지 않고도 공황에 빠진 시장을 진정시키고 상황을 안정시킬 수 있기를 바랐다. 우리는 경제 전반을 보호하는 데 필요한 것 이상으로 금융 시스템에 더 많은 정부의 지원을 쏟아부을 생각은 없었다.

자본주의 Capitalism 의 성공 여부는 창조적인 파괴에 달려 있다. 기존에 상품을 만들던 사람들은 누군가가 계속해서 더 좋은 상품을 만들어내기 때문에 신상품에 적응하지 못하면 도태된다. 자동차 회사들이 시대에 뒤떨어지는 제조 회사를 퇴출시키자마자 시장이 자동차 회사가 계속 생존할 수 있을지 여부를 시험했던 것처럼 말이다. 이런 시장 원리가 금융 회사에도 동일하게 적용된다. 강하고 민첩하며 신뢰할 수 있는 금융기관들은 번창하는 반면, 경솔하고 관리가 허술한 금융기관들은 잡아먹힌다. 실패는 생존한 기업들에 좋은 교훈을 주기에 바람직한 시장 현상이다.

위기 초기에 부도는 민간 기업이 저지른 실수의 대가를 해당 기업이 치러야 한다는 전제조건에 따라 발생했다. 따라서 기업들이 종종 정부에 도움을 요청하거나, 심지어 정책 당국자들이 그런 요청들에 행동을 취하라는 압력을 받는 상황에서도 부도 처리는 당연시됐다. 모든 버블이나 시장의 충격이 재앙으로 끝나는 것은 아니다. 피해를 감내할 수만 있다면 한동안 금융위기가 지속되도록 내버려두는 것도 괜찮다. 왜냐하면 금융위기는 부실 기업이 퇴출되고 금융시장의 안전성을 높일 수 있는 계기가 되기도 하기 때문이다. 자산 버블이 터진 이후에는 어느 정도 금융 손실을 입는 것이 불가피하다. 모든 디레버리징을 막거나 또는 지속 불가능한 좀비 기업을 유지하려는 노력은 오히려 역효과를 낳을 뿐이다.

그러나 심각한 금융 공황은 대부분 자체적으로 해결되기 어렵다. 두려움과 불확실성이 지나치게 커지면 위기가 통제할 수 없는 상태에 이를 수도 있다. 정책 입안자들이 그다지 크지 않은 위험이라고 판단하거나, 도덕적 해이를 막는 것에 너무 신경 쓰거나, 정치적 악영향에 지나치게 신경 쓰는 바람에 너무 늦게 위기에 대응하면 부작용은 더욱 심각해진다. 이런 늑장 대처로 불거진 시장의 공황은 무분별하고 부실한 기업뿐만 아니라 신중하고 강한 기업에까지 부정적 영향을 주게 되고, 과도한 레버리지 투기 세력뿐만 아니라 무고한 일반인들까지 위험에 처하게 만든다. 이같이 금융 공황은 전염성이 있다. 1990년대 멕시코 부채 문제로 인해 주변의 신흥 라틴아메리카 국가에서 발행된 채권에도 악영향을 준 테킬라 효과Tequila Effect처럼, 2007년 서브프라임 채무 불이행 사태는 상대적으로 더 안전한 Alt-A 모기지들과 심지어 가장 안전한 프라임 모기지Prime Martgages까지 의심받는 상황을 초래했다.

위기가 단순히 무책임한 기업들에만 고통을 주는 건강한 시장 조정인지, 아니면 금융 시스템 전체에 무차별적으로 엄청난 피해를 주는 금융 공황인지 구별하기는 어려운 일이다. 금융 시스템의 위기는 단순히 자유시장의 절대주의나 도덕적 해이 자체만을 언급하지 않는다. 이런 심각한 위기는 대출, 일자리, 소득에 너무 많은 영향을 초래한다. 또한, 이런 시스템적 위기는 민간 자금시장을 대체하기 위해 정부가 자금을 동원하거나, 이로 인해 일부 공적자금이 위험에 처하게 되는 상황 없이 해결되기는 어렵다. 결과적으로 이 방식은 어느 정도 도덕적 해이를 야기한다. 정부의 공적자금 투입은 복잡하고 많은 시행착오를 겪게 마련이지만, 금융시장의 붕괴로 인해 경제 전반에 걸쳐 급격한 충격을 주는 것보다는 낫다.

투자자들은 항상 중앙은행이 시장을 부양하도록 압박하고, 정치권은 투기 세력에 교훈을 주기 위해 계속해서 중앙은행에 시장 개입을 최소화하라고 압력을 가한다. 벤은 어려움을 겪는 금융시장을 위해 중앙은행이 무제한 지원하겠다는 메시지를 보내면서 "버냉키 풋_{Bernanke put}(시장 하락을 막아주는 중앙은행의 조치들)"을 만드는 것을 원하지 않았다. 또한 신용시장을 경색시키고 1930년대 대공황과 비슷한 상황을 초래할 수 있는 금융 혼란도 확실히 원하지 않았다. 우리가 풀어야 할 과제는 금융 시스템에 지원하기를 원하는 정도가 아니라 실제로 필요한 지원 규모를 정확하게 판단하는 것이었다.

물론 정책 당국자로서 시장 참여자들이 하는 말을 모두 신뢰하기는 어려운 일이다. 가장 신뢰할 수 있는 사람조차도 의도치 않게 "자신이 쓴 책을 인용해서 말하는" 경향이 있다. 우리가 가지고 있는 블룸버그 터미널이 시장에서 커지고 있는 위험들을 이해하는 데 필요한 모든 정보를 제공하는 것은 아니다. 우리는 다른 기관 및 해외 전문가들과 지속적으로 전화 통화를 했다. 그리고 뉴욕을 포함한 미국 전역의 크고 작은 금융 회사 CEO들과도 정기적으로 만났다. 이런 자리를 통해 그들은 고객과 은행들이 무슨 생각을 하고 있는지 시장의 상황을 전달해주었다. 또한 금융기관 관계자들과 대화하면서 위기에 대해 그들이 체감하는 두려움이 어느 정도인지 알아보고자 했다. 상황에 따라 그들은 자신감을 보여주기도 했고, 반대로 간절히 도움을 요청하기도 했다. 하지만 회의에 참석한 대다수의 금융기관 CEO들은 금융위기의 위험이 코앞에 닥쳤다는 사실을 제대로 인지하지 못했다. 우리는 혼란으로 인해 빚어지는 다양한 상황과 금융기관들의 사리사욕 때문에 빚어지는 일들을 꼼꼼히 구분하고, 공익을 위해 어떤 행동을 취해야 할지 결정해야 했다.

연준에 처음으로 직접적인 도움을 요청한 회사는 컨트리와이드 파이낸셜Countrywide Financial이었다. 이 금융기관은 부동산 붐을 조성하는데 큰 역할을 한 2000억 달러 규모의 대표적인 담보 대출 회사다. 컨트리와이드는 2006년 기준으로 미국 전체 주택담보대출의 20퍼센트 정도 담당했으나, 금융위기가 시작되면서 신용 부도 스와프CDS, Credit Default Swap 스프레드가 한 달 사이에 800퍼센트 증가했다. 컨트리와이드의 CEO 안젤로 모질로Angelo Mozilo는 자신의 회사는 여전히 양호하다고 주장하면서, 회사의 유동성이 감소하고 있다고 경고한 애널리스트들에게 마치 복잡한 극장에서 불이 났다고 소리치는 것 같은 행위라고 비난했다. 그러나 배저트가 이전에 "모든 은행가가 자신의 신용을 입증해야 하는 상황이라면 논거가 아무리 좋다 한들 실제로 신용이 무너졌다는 사실을 알아야 한다."라고 했던 것처럼 허세만으로는 시장의 신뢰를 회복할 수 없다.

컨트리와이드는 금융 시스템의 모든 취약점을 보여주는 사례다. 낮은 등급의 모기지에 과도하게 의존했고, 규제를 자의적으로 해석했으며, 특히 대규모 환매 사태에 쉽게 노출될 수 있는 단기 금융을 이용했다. 처음에 일부 채권자들이 컨트리와이드의 기업어음을 "만기 연장" 해주지 않으면서 회사는 대출을 상환하기 위해 자산을 매각

● 은행 CDS 스프레드 및 Libor-OIS 스프레드

은행 CDS 스프레드와 Libor-OIS 스프레드는 금융시장의 위험을 보여주는 지표로, Libor-OIS 스프레드는 거래 상대방의 신용위험이 커질수록 달러의 유동성이 부족해질수록 그 폭이 커지므로 달러 자금 시장의 신용 경색을 나타내는 지표이며, 은행 CDS 스프레드는 부도 위험을 보여준다. 리먼브러더스 사태가 발생하기 1년 전인 2007년 중반부터 이 두 지표는 이미 큰 폭으로 상승했다. 금융위기 징후를 점검할 때 이 두 가지 지표는 매우 중요한 체크 사항이다. 두 지표 모두 2008년 말 최고치를 기록했으나 미국 정부와 연준에서 일련의 대응 조치가 진행되면서 2009년 중반 이후 급격히 안정되는 모습을 보였다.

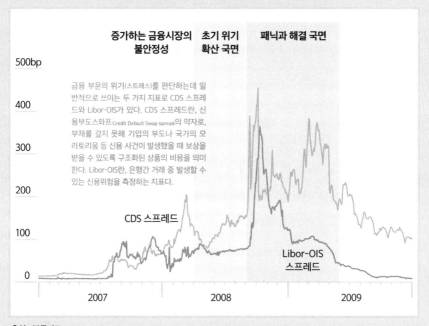

출처 : 블룸버그
신용부도스와프CDS는 JP 모건체이스, 시티그룹, 웰스파고, 뱅크오브아메리카, 모건스탠리, 골드만삭스를 동일 비중으로 평균하여 계산했다.

하기 시작했다. 2008년 8월 15일 밤에 컨트리와이드의 결제 은행인 BNY멜론은행이 450억 달러 규모에 이르는 이 회사의 초단기 환매조건부채권RP에 대한 포지션 결제를 거부할 것처럼 보였다. 결제 은행의 역할은 새로운 대출기관이 나타날 때까지 컨트리와이드의 만기 채무를 일시적으로 책임지는 것이다. 결제 은행이 RP 포지션에 대한 결제를 거부하는 것은 컨트리와이드의 안전성을 보증할 의지가 없다고 표현한 것이나 마찬가지였다. (RP는 금융기관들이 주로 사용하는 단기대출 형태다. RP는 정부가 보증하지 않지만, 채무자들이 해당 금융의 자산을 담보로 제공하면서 이루어진다.) 결제 은행의 이런 태도는 컨트리와이드가 담보로 제공한 유동화증권의 투매 사태와 훨씬 더 심각한 컨트리와이드에 대한 대규모 환매 사태를 촉발하게 만들었다.

BNY멜론은행은 컨트리와이드에 대한 포지션으로 인해 장중 발생한 모든 손실을 연준이 보상해줄 때만 결제 업무를 하겠다고 말했다. 그러나 이것은 근본적으로 연준이 전체 초단기 RP 시장을 보증해줄 것을 요구하는 것이나 마찬가지였다. 왜냐하면 비슷한 곤경에 처한 기업들 또한 비슷한 대우를 기대할 것이 분명했기 때문이다. 한편 컨트리와이드 CEO인 모질로는 연준에 자금난으로 어려움을 겪는 컨트리와이드의 비은행권 계열사들이 재할인 창구를 활용해 대출 받을 수 있도록 해달라고 도움을 요청했다. 이는 "비정상적이고 긴급한 상황"에서 비상조치를 승인하는 연방준비제도법 제13조 3항을 발동할 것을 요구한 것이었다. 그러나 이 조항은 대공황 이래 발동된 적이 없었다. 다시 말해, 결과적으로 컨트리와이드의 신용한도는 여전히 115억 달러에 머물러 있었다.

그러나 벤과 팀은 개입하지 않기로 결정했다. 심사 초기 단계인 데다, 정부가 어려움을 겪고 있는 대기업을 지원해줄 것이라는 메시지를 보내고 싶지 않았기 때문이다. 그리고 연준은 최후의 대부자였기 때문에 아직 스스로 회생할 가능성이 있는 회사를 돕자는 의견에 동의할 수 없었다. 결국, 그날 밤 늦게 컨트리와이드가 신용한도를 낮추고 담보물을 상향 조정하기로 합의하면서 BNP멜론은행은 결제를 해주었다. 이어 뱅크오브아메리카는 컨트리와이드를 매수하고 해당 금융기관의 문제들을 뱅크오브아메리카의 재무제표로 이전 통합했다.

컨트리와이드 사건은 여전히 기존 은행 밖에서 어떤 문제들이 빚어지고 있는지 설명해준다. 이런 문제를 해결하는데 우리의 능력이 기대에 못 미친다는 사실 또한 알려주었다. 이렇게 금융기관들끼리 자금을 조달하는 것이 얼마나 위험한지 알려준 골치 아픈 사례였다. 격동의 한 주 동안, 시장의 위험지표인 국채금리 대비 자산담보부 기업어음ABCP 금리 스프레드는 35bp에서 280bp(또는 0.35%에서 2.80%)로 8배나 확대됐다. 이를 통해 1조 2000억 달러 규모의 기업어음 시장과 2조 3000억 달러 규모의 초단기 RP 시장이 얼마나 환매 사태(또는 상환 요구)에 취약한지 알 수 있었다.

TAF · 스와프 협정,
배저트 매뉴얼을 뛰어넘는 강력 대응에 나서다

연준의 재할인 창구 제도를 활용하는 '대출 장려come-and-get-it' 방법 은 결국 많은 은행들의 호응을 얻지 못한 채 그해 초가을에 막을 내 렸다. 이 방안이 크게 활용되지 못한 이유는 연준에서 대출을 받았다 는 데 따른 낙인 효과에 대한 우려와 금융 혼란이 다소 진정되고 있 다는 점 때문이었다. 미국 주식시장은 사상 최고치를 기록했고, 은행 간 대출 금리는 안정됐으며, 리먼브러더스는 부동산 회사인 아치스 톤-스미스 인수를 완료했다. 이후에 이 인수합병은 잘못된 결정으로 드러났다. 당시까지 상황은 대형 헤지펀드인 롱텀캐피털매니지먼트 파산으로 광범위한 불안감이 확산되었던 1998년의 상황이 재현되는 것처럼 보였지만, 다행스럽게도 연준의 적절한 개입으로 그 피해가 광범위하게 확산되지는 않았다.

이런 시장의 평온함은 그리 오래가지 않았다. 먼저, 메릴린치가 월 가 역사상 가장 큰 규모의 부실 자산 대손상각과 CEO 퇴출을 발표 했다. 그다음, 시티그룹이 메릴린치보다 규모가 큰 자산의 대손상각 을 기록하고, 역시 메릴린치처럼 CEO를 퇴출시켰다. 시티그룹의 CEO는 "음악이 흐르는 동안, 은행은 계속 춤을 추어야 한다"고 말 하면서 경기 호황을 즐길 것을 강조한 바 있다. 이들 금융기관의 손 실 규모도 걱정스러웠지만, 대형 금융기관들이 재무제표에 어떤 추악한 문제점들을 숨겨놓았는지 전혀 모르고 있었다는 사실이 심리적으로 우리를 더 두렵게 했다. 메릴린치의 대손상각 규모는 3주 전 예상한 것보다 두 배나 컸으며 시티그룹의 대손상각은 이전 기업이익 발표 시점에 전망한 것보다 무려 7배나 큰 규모였다. 두 회사 모두 이전에는 확실히 알지 못했던 새로운 대규모 서브프라임 노출을 공개했다. 그들은 의식하지 못한 듯하지만, 이 같은 조처는 전방위적으로 두 금융기관의 손실이 급증하고 있다는 인상을 주었다.

손실의 원인들도 우리를 불안하게 했다. 메릴린치의 손실은 대부분 최상위 선순위 CDO 채권에서 발생했다. 일반적으로 최상위 선순위 CDO 채권은 모기지 증권 중 상대적으로 안전하다고 간주된다. 그러나 이 역시 모기지 증권일 뿐이다. 심도 있는 분석 없이 최상위 선순위 CDO에 투자하거나 그것을 담보로 받아들인 투자자들이나 채권자들이 CDO를 매도하고 담보로 인정하는 것을 거부하기 시작했다. 최상위 선순위 CDO 채권의 열성적인 투자자들이 공황에 빠져들어 단순히 "모기지"라는 단어만 들어도 사람들이 두려워하게 된 것은 최상위 선순위 CDO 채권의 위험성을 알려주는 신호였다.

자산 규모 1조 2000억 달러 상당의 시티은행은 부외 Off-balance 금융으로 기타 자산을 숨겨뒀는데, 구조화투자기구 SIV 를 만들었다가 유사한 문제에 직면했다. 후원 은행들과 별도의 자금 조달처를 가진 SIV는 경기 호황기에는 매우 안전한 것으로 간주된다. 그러나 서브프라임에 투자 비중을 가지고 있는 일부 SIV가 망가지면서, 겁먹은 투자자들은 모든 SIV에 투자하지 않으려고 했다. 그러자 시티 같은 금융기관들은 그들의 브랜드 가치가 훼손되는 것을 막기 위해 문제되는 자산들을 재무제표에 반영하기 시작했다.

행크는 우량 SIV를 만들어 투매에 나선 투자자들을 안정시키고자 했다. 우량 SIV는 민간에서 조성된 투자기구로, 기존 SIV들을 매수하기 위해 만들어졌다. 대형 은행들은 문제가 너무 많아서 자체적으로 자금을 조달할 수 없었다. 정부의 지원 없이 그들 기관 자체적인 노력으로 문제를 해결하는 것은 불가능해 보였다. 연준은 시티그룹에 주주 배당금을 줄여 자본을 확충하도록 했다. 문제가 있는 다른 금융기관들에도 자본을 확충하도록 압력을 가했다. 시티은행은 이후 몇 개월 동안 200억 달러의 신규 자본금을 확충했는데, 대부분의 신규 자본은 중동과 아시아 국부펀드로 조달됐다. 모건스탠리와 메릴린치도 어려움을 겪고 있는 월가의 유명한 금융기관에 투자할 기회를 보고 있던 외국인 투자자들의 자금을 유치했다.

투자자와 채권자들은 서브프라임 투자 비중을 가지고 있는가 여부와 관계없이 투자를 회피하기 시작했다. 명확하게 E. 콜리 효과가 나타나기 시작한 것이다. 모든 금융자산을 무차별적으로 회피하는 현상은 결국 금융자산들의 가격을 하락하게 만들고, 금융자산들에 대한 투자를 더욱 위험하게 만들었다. 이런 상황은 문제의 원인을 찾기보다는 무조건 회피하려는 E. 콜리 효과가 확산되는 모습과 유사하다.

언제 또 다시 나쁜 소식이 불거져 다음번 투매가 일어날지 아무도 알 수 없었다. 이것이 바로 우리가 두려움을 느끼는 가장 큰 이유였다. 최악의 상황을 가정하고 이에 대한 방안을 준비하는 것이 이성적인 대처 같았다. 어려움을 겪고 있는 주택담보대출유동화증권MBS들도 언젠가는 제 가치를 인정받을 것이 분명했다. 모든 모기지 채권이 파산한 것은 아니었다. 채무 불이행 모기지 중에 담보 처분 과정에서 일부는 가치를 인정받았다. 그러나 아무도 모기지 채권을 원하지 않자 상품의 품질에 관계없이 가격은 급락하기 시작했다.

상황이 이렇게 악화되자 기존의 배저트 대응 매뉴얼로는 문제를 해결하기 어려워 보였다. 시중 은행들에 적용되는 일반적인 방식, 즉 담보를 제공하고 이에 대해 대출을 해주는 연준의 기존 대응 방식은 신용 시스템에 불거진 문제들을 해결하는 데 효과적이지 않다는 것이 확인됐다. 일부 시중 은행은 과감하게 연준의 재할인 창구 제도를 활용했으나 이렇게 마련한 자금을 다른 비은행권 금융기관들에 다시 대출해주지는 않았다. 그리고 어려움에 처해 있던 대다수 금융기관들은 상업은행이 아니었기 때문에 재할인 창구 제도를 활용할 수 없었다. 2007년 12월에 연준은 기본적인 배저트 대응 매뉴얼을 뛰어넘는 강력한 임시 조치를 취하면서 유동성을 부양하기 위한 두 가지 새로운 정책을 내놓았다.

첫 번째는 단기대출경매프로그램TAF으로, 재할인 창구를 활용해 대출 받았다는 낙인 효과를 극복하기 위한 목적으로 만들어진 대출 프로그램이다. 이 프로그램은 대출 기간이 길 뿐만 아니라, 고정금리

○ 연준의 초기 대책

리먼브러더스 사태 초기에 어려움을 겪고 있던 은행들이 낙인 효과를 두려워해서 연준을 통한 자금 조달을 꺼리자 TAF 방식을 도입, 낙인 효과에 대한 우려 없이 자금을 조달할 수 있게 해주었다. 이처럼 연준의 초기 대책들은 은행 시스템에 유동성을 공급해주는 전통적인 최종 대부자 역할에 주력했다.

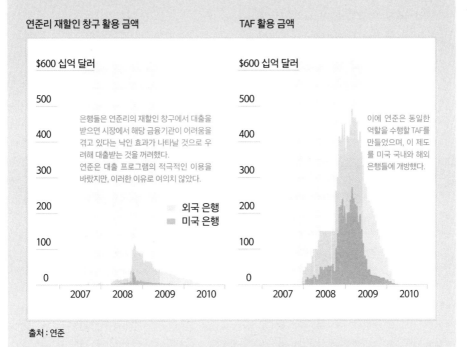

연준리 재할인 창구 활용 금액

$600 십억 달러

500

400   은행들은 연준리의 재할인 창구에서 대출을 받으면 시장에서 해당 금융기관이 어려움을 겪고 있다는 낙인 효과가 나타날 것으로 우

300   려해 대출받는 것을 꺼려했다. 연준은 대출 프로그램의 적극적인 이용을 바랐지만, 이러한 이유로 여의치 않았다.

200   ■ 외국 은행
    ■ 미국 은행

100

0

2007   2008   2009   2010

TAF 활용 금액

$600 십억 달러

500

400   이에 연준은 동일한 역할을 수행할 TAF를 만들었으며, 이 제도

300   를 미국 국내와 해외 은행들에 개방했다.

200

100

0

2007   2008   2009   2010

출처 : 연준

대출 방식이 아닌 경매 방식으로 적격 대출기관을 정하는 방식의 대출 프로그램이다. 대출 받은 기관은 패널티 금리가 아닌 경매 방식으로 결정되는 시장금리로 대출이자를 지불했다. 따라서 대출을 받았다는 정보가 시장에 알려져도 대출 받은 금융기관이 절망적인 상황

에 처한 것처럼 보이지는 않았다. 이후 1년간 연준은 TAF를 통해 재할인 창구 제도보다 5배나 많은 금액을 대출할 수 있었다.

○ 미국과 각국 중앙은행의 스와프 라인

연준리는 글로벌 시장에서 달러 유동성이 부족해 자금 조달이 어려워지는 것을 막기 위해 12개 이상 외국 중앙은행들과 스와프 라인을 구축했다.

중앙은행 유동성 스와프 규모

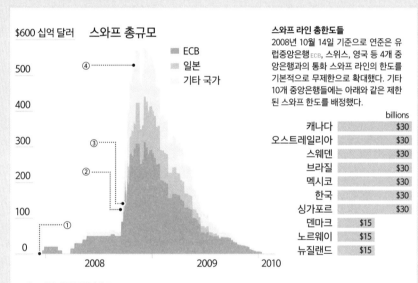

스와프 라인 총한도들
2008년 10월 14일 기준으로 연준은 유럽중앙은행ECB, 스위스, 영국 등 4개 중앙은행과의 통화 스와프 라인의 한도를 기본적으로 무제한으로 확대했다. 기타 10개 중앙은행들에는 아래와 같은 제한된 스와프 한도를 배정했다.

	billions
캐나다	$30
오스트레일리아	$30
스웨덴	$30
브라질	$30
멕시코	$30
한국	$30
싱가포르	$30
덴마크	$15
노르웨이	$15
뉴질랜드	$15

스와프 라인 제공 금액의 총규모
① 2007년 12월 12일 : 연준은 ECB 및 스위스와 스와프 라인 구축
② 2008년 9월 18일 : 캐나다, 영국, 일본 참여
③ 2008년 9월 24일 : 호주, 덴마크, 노르웨이, 스웨덴 참여
④ 2008년 10월 28~29일 : 브라질, 멕시코, 뉴질랜드, 한국, 싱가포르 참여

출처 : 총규모 : 연방준비제도이사회, 저자의 계산
　　　최대 약정 : 골드버그 외(2010)

두 번째는 연준이 ECB 및 기타 외국 중앙은행과 체결한 스와프Swap 협정이다. 그 결과, 각국 중앙은행들은 자국 민간 은행들에 달러를 빌려줄 수 있게 되었다. (연준은 달러를 빌려주는 대신에 외국 통화를 보유하게 되고, 정부기관인 외국 중앙은행들이 상환을 보증했기 때문에 스와프라고 불렸다.) 달러는 실질적으로 글로벌 기축통화이기 때문에 외국 중앙은행들이 달러를 사용할 수 있게 하는 것은 글로벌 금융시장을 안정시키는 데 있어 매우 중요한 조치였다. 1년 후, 연준의 스와프 잔고가 5000억 달러에 이르러 연준은 실질적으로 전 세계 경제의 최후 대출기관 역할을 맡게 되었다.

경매 대출과 스와프는 미국 금융 시스템의 유동성 위기를 완화시키는 데 도움이 되었지만, 근본적인 상황은 점점 더 악화되고 있었다. 주택시장 버블이 터지면서 야기된 스트레스로 신용시장의 엔진이 붕괴되면서 그 피해는 경제 전반으로 번지기 시작했다. 2007년 12월, 행크는 경제가 심각한 상황에 이르렀다고 백악관에 경고했다. (경기 순환 주기를 공식적으로 판정하는 전미경제연구소National Bureau of Economic Research는 사후적으로 2007년 12월 경기 침체가 시작되었다고 판단했다.) 월가의 공황과 투매의 부정적인 순환 고리는 월가와 제조업의 신용 위축과 경기 위축이라는 또 다른 순환 고리에 영향을 주었다. 금융 여건이 악화되면 경제 여건 역시 악화된다. 이는 다시 서브프라임 시장 붕괴와 시장의 공황으로 연결된다. 궁극적으로 경제가 안정되지 않으면 금융 시스템을 안정시킬 수 없다. 그 반대도 마찬가지다. 위기를 극복하려면 이 두 가지가 모두 해결되어야 했다.

2007년 연준은 단기 금리를 5.25퍼센트에서 4.25퍼센트로 인하하면서 일시적인 통화 부양책을 실시했으나, 그 성과는 그리 좋지 않았다. 벤은 연준 이사회가 한목소리를 내게 하기 위해 연준 구성원 사이의 원만한 합의를 바탕으로 연준을 이끌었다. 그러나 연준은 금융위기에 시의적절하게 대처하지 못했고, 2008년 벤은 연방공개시장위원회 FOMC의 인플레이션 매파의 반대를 무릅쓰고 보다 적극적인 통화 완화 정책을 추진했다. 연준은 침체된 경제를 살리기 위해 2008년 3월까지 금리를 2.25퍼센트로 인하했다.

금융위기가 이어지는 동안, 연준은 다른 나라 중앙은행들보다 선제적으로 금리를 인하했지만, 뒤돌아보면 그보다 더 일찍 금리를 인하했어야 했다. 위기 상황에서는 완화적인 통화 정책을 펼칠 수밖에 없다. 특히 은행 시스템과 일반인들이 과다한 부채를 지고 있고, 공황이 신용 시장을 제약하고 있는 상황에서는 더욱 완화적인 통화 정책이 필요해진다.

한편, 2008년 1월 행크는 백악관을 움직여 케인스 학파 방식의 확대 재정 부양책을 실시했다. 민간 수요의 위축을 상쇄하기 위해 임시적으로 세금 감면 패키지를 실시하는 내용이었다. 재무부 장관 행크는 부시 대통령이 제안한 대로, 낸시 펠로시 Nancy Pelosi 하원 의장과 존 베이너 John Boehner 하원 소수당 원내 총무와 함께 양당의 합의로 추가적인 정부의 지출 없이 1500억 달러 규모의 세금 감면안에 협의

● 연준과 각국 중앙은행의 금리 인하

통화 정책의 효과를 극대화하기 위해서는 국제적 공조가 필수적이다. 이에 따라 미국이 선제적으로 금리를 인하한 후 주요 국가들이 금리 인하에 동참했다. 연준과 각국 주요 중앙은행들은 상호 조율해가며 금리를 인하했다.

각국 중앙은행 목표금리(월말)

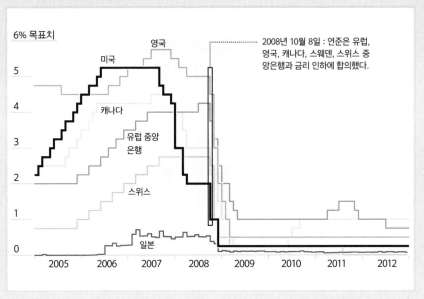

출처 : 블룸버그

했다. 소득세는 내지 않지만, 연방세금은 내고 있는 저소득 가구에게 세금 혜택을 주는 민주당의 요구 사항도 반영해 대다수 근로가구들에게 세금 감면 혜택을 부여하는 협상 타결안이 만들어졌다. 이 같은 내용의 합의 사항은 2008년 2월 초 순조롭게 의회를 통과해 부시 대통령의 결재를 받아 4월 시행됐다. 비록 이 대책의 효과가 GDP의 1퍼센트에 불과한 규모로 경기 둔화에 대한 제한적 대응책이었지만, 이 대책은 의회가 승인한 가장 빠른 대응책이었다는 점에서 의미가 있다. 또한, 이 대책은 행크가 추후 미국 의회와 신뢰 관계를 돈독히 할 수 있는 기회였고, 입법 절차가 순조롭게 진행되고 있다는 증거였다.

그렇지만 금융위기는 여전히 계속 확산되고 있었다. 그중에서도 가장 위기감을 느끼는 곳을 모노라인 채권보증보험 회사monoline insurers였다. 이 회사는 주정부가 발행한 채권에 대한 보증 업무를 주로 했으나, 수수료 수익 증대를 위해 서브프라임 모기지와 CDS까지 보증 업무를 확대했다. 채권보증보험회사인 모노라인이 손실을 기록하자 투자자들은 주정부 채권을 포함해 그 회사가 보증하고 있던 다른 채권 자산들에 대해서도 의심을 갖기 시작했다. 연준은 모기지 채권을 가지고 있는 모든 회사들을 도와주어야 하는 상황에 봉착했다. 손버그 모기지Thornburg Mortgage의 CEO 래리 골드스톤Larry Goldstone은 RP 대출을 위해 제공한 담보가 RP 대출 회사에서 거절당한 뒤 긴급 대출을 제공하기 위해 연준이 연방준비법 제13조 3항의 권한을 적용해주길 벤에게 개인적으로 요청했다. 연준은 이런 요청들을 거절했지만 벤과 팀은 단순하게 은행에 대출을 제공하는 방식을 뛰어넘는 새로운 방식으로 금융 시스템에 대한 압력을 완화하기 위한 새로운 방법들을 적극적으로 모색하기 시작했다.

2008년 3월, 연준은 이런 문제들을 해결하기 위해 매우 혁신적인

○ 연준의 자금 지원책

연준은 자금 중개기관과 자금 시장을 지원하기 위한 대책들을 확대했다.

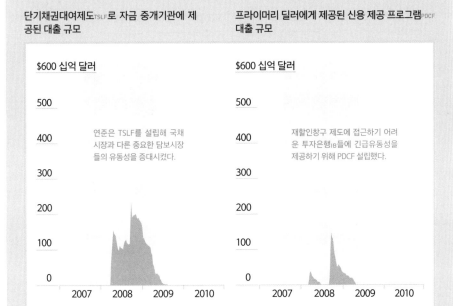

단기채권대여제도TSLF로 자금 중개기관에 제공된 대출 규모

프라이머리 딜러에게 제공된 신용 제공 프로그램PDCF 대출 규모

$600 십억 달러

500

400   연준은 TSLF를 설립해 국채 시장과 다른 중요한 담보시장들의 유동성을 증대시켰다.

300

200

100

0

2007   2008   2009   2010

$600 십억 달러

500

400   재할인창구 제도에 접근하기 어려운 투자은행IB들에 긴급유동성을 제공하기 위해 PDCF 설립했다.

300

200

100

0

2007   2008   2009   2010

출처 : 연준, FRED.
주 : PDCF는 선정된 브로커-딜러들의 대출 연장을 포함한다.

새로운 프로그램인 단기채권대여제도TSLF를 발표했다. 이 제도를 통해 마침내 5개 대형 투자은행을 포함한 비은행권 금융기관을 대상으로 연준의 유동성 제공이 이뤄져 비은행권 금융기관들이 유동성이 떨어지는 담보를 좀 더 유동성이 좋은 담보로 맞교환(스와프Swap)할 수 있게 만들었다. 이 제도는 연준에 1936년 이래 처음으로 연방준비법 제13조 3항의 긴급대출 권한을 요구할 만큼 이례적인 조치였으나, 벤은 현재 가장 중요한 것은 그림자 금융의 신용 경색을 해결하는 것이라고 연준 위원회에 말했다. "이번 조치가 이례적이지만, 시장의 상황도 이례적이긴 마찬가지다." 연준은 이 정책을 3월 10일에 승인했지만, 준비가 갖춰지지 않아 2주 반이 지나서야 도입할 수 있었다.

그때쯤 시장 상황은 훨씬 더 심상치 않아졌다.

제3장

FIREFIGHTING

불길의 확산,
대재앙의
기로에 서다

2008년 3월부터 2008년 9월까지 미국 경제 상황을 다뤘다.
베어스턴스 · 패니메이 · 프레디맥 사태로 미국 경제는 최악의
상태로 치닫기 시작했다.

금융위기는
반 드 시
다시 온다!

변곡점을 넘어선 금융위기, 대재앙의 기로에 서다

행크는 2008년 3월 중순경 발표할 예정인 부시 대통령의 대국민 경제 담화문 초안을 검토했다. 행크는 초안의 내용을 전반적으로 마음에 들어 했다. 행크는 국민들에게 금융위기를 종식시키기 위한 정부의 의지를 보여주는 것이 중요하다고 생각했다. 다만, 초안 내용 중 한 가지는 변경하기를 권고했다. 그것은 '구제금융은 앞으로 없을 것이다'라는 내용이었다. 대통령은 이 같은 권고에 의아해했다.

"우리가 구제금융을 하려는 건 아니죠? 그렇죠?"라고 부시 대통령이 물었다. 행크는 구제금융을 하고 싶지 않았고, 그럴 필요가 없기를 바랐지만, 시장의 혼란은 나날이 악화되고 있었다. 행크는 "대통령

님, 사실 모든 금융 시스템이 너무 취약해져 금융기관이 붕괴될 상황에 처할 수도 있으며, 우리가 무엇을 해야 할지 알 수 없는 상황입니다"라고 답했다.

실제로, 주요 금융기관 중 일부는 이미 위기에 봉착해 있었다. 대표적인 예가 바로 85년 전통을 지닌 베어스턴스였다. 자산 규모 4000억 달러의 베어스턴스는 이전의 컨트리와이드처럼 보유 중인 모기지 채권 때문에 신뢰 위기에 봉착한 상태였다. 채권자들은 기업어음의 만기를 연장해달라는 베어스턴스의 요청을 거절했으며, 초단기 환매조건부채권RP 기관들은 베어스턴스에 더 많은 담보물을 요구했고, 헤지펀드들은 베어스턴스 거래 계좌를 잇달아 폐쇄했다.

이때까지 연준과 재무부는 모두 베어스턴스를 감독하고 있지 않았으며, 증권거래위원회SEC가 베어스턴스의 감독을 담당하고 있었다. 그러나 알다시피 SEC는 금융기관의 안전성과 건실함을 관리하기보다는 투자자를 보호하는 데 초점을 둔 기관이다. 베어스턴스는 금융 시스템과 너무 복잡하게 연결되어 있어서 베어스턴스가 붕괴될 경우, 그 여파가 금융 시스템 전체에 미칠 우려가 있었다. 따라서 단순히 연준과 재무부의 관리감독 범위 밖에서 벌어지는 상황이라는 이유로 이런 위협을 무시할 순 없었다.

3월 14일, 베어스턴스 파산은 금융위기의 변곡점이 되었다. 이 사건으로 1930년대 대공황 이후 금융 시스템은 가장 큰 위험에 봉착하게 되었으며, 미국 경제는 심각한 비상사태에 빠져들었다. 이에 연준은 비은행권 금융기관의 도산을 막기 위해 직접 개입에 나섰다. 리먼 브러더스가 붕괴된 이후 알게 된 사실이지만, 베어스턴스에 대한 지원은 금융기관들의 부도와 이에 따른 연쇄적인 경제 충격을 회피하는 데 도움이 되었다. 연준의 베어스턴스에 대한 구제금융 덕분에 이후 6개월 동안 시장은 상대적으로 안정적인 모습을 보였다. 그렇다고 해서 그 조치로 큰 효과를 본 것은 아니었다. 만약 JP모건체이스JP Morgan Chase가 베어스턴스를 인수해서 막대한 부채를 보증해주지 않았다면, 이 혼란스러운 실패를 막을 수 없었을 것이다.

우리는 과도한 부채와 대규모 환매 위험에 처한 금융기관이 베어스턴스 말고도 여럿 있다는 것을 알고 있었다. 금융위기 상황이 7개월째에 접어들면서 베어스턴스 붕괴는 머지않은 미래에 대재앙이 발생할 가능성, 금융 시스템의 취약성, 그리고 감독당국이 발휘할 수 있는 능력의 한계를 객관적이고 현실적으로 점검해보는 계기가 되었다.

베어스턴스: 파산하기에는 너무 복잡한 금융기관 간 연결 관계

시중 은행들에 적용되는 자본금 규정과 기타 규제에 제한을 받지 않던 베어스턴스는 경기 호황기 동안 과도한 부채를 공격적으로 활용해 5년간 기록적인 이익을 냈다. 그러나 2008년 3월 10일 이후 베어스턴스에 대한 대규모 환매 사태가 진행되면서 베어스턴스가 자체적으로 대규모 환매 사태에 대처하는 것이 거의 어려운 지경에 이르렀다. 고객 또는 시장의 신뢰를 얻지 못하는 투자은행은 스스로 아무것도 할 수 없는 법이다.

시장의 관점에서 베어스턴스는 단순히 취약한 사업과 위험한 자산이 모여 있는 집합체에 불과했다. 베어스턴스의 주된 사업 영업인 트레이딩 비즈니스는 사업의 특성상 고객의 신용에 크게 의존했다. 베어스턴스가 채무를 확실히 이행할 수 있을지 여부를 의심하기 시작한 투자자들이 그들의 거래를 서둘러 다른 금융기관으로 이전하기 시작하자 베어스턴스의 신뢰는 크게 하락했다.

베어스턴스는 미국에서 17번째로 큰 금융기관이며, 계열사가 없는 독립 투자은행 5곳 중 가장 작은 규모였다. 컨트리와이드보다 규모가 2배 컸으며, 5000개 거래처 및 다양한 상대방과 75만 개의 파생상품 계약을 맺고 있어 금융 시스템과 긴밀히 얽혀 있었다. 또한 은행, 증권사, 헤지펀드, 연금펀드, 정부 및 기업과 거래를 했다.

베어스턴스의 거래 상대방들은 베어스턴스와 관계 있을 것으로 예상되는 금융기관들을 추측해가며 베어스턴스에 대한 노출을 최소화하고자 안간힘 썼다. 이후 7개월 동안 위기의 여파가 상대적으로 느리게 확산되는 가운데도 금융 시스템은 이미 상당히 취약해져 있었기 때문에 베어스턴스가 부채를 상환하지 못하고 파산할 때 일어날 후폭풍에 대한 공포감은 날로 커졌다. 담보자산의 투매, 광적인 파생상품 포지션 청산, 초단기 조달 창구인 RP 시장 붕괴, 베어스턴스 다음으로 취약한 투자은행인 리먼브러더스의 대규모 환매 가능성, 모기지 대형 기업 패니메이와 프레디맥의 몰락도 예상해볼 수 있었다.

3월 13일 목요일 밤, 베어스턴스는 파산 직전이었다. 4일 만에 회사의 여유현금이 180억 달러에서 20억 달러로 줄어들면서 그날 아침 파산 신청을 계획할 정도였다. 우리는 처음에 베어스턴스의 파산을 막을 수 없을 거라고 생각했다. 문제가 있는 금융기관의 부채를 보증해주면서 유동성이 부족한 은행들의 문제에 질서 있는 방식으로 대처할 수 있는 권한은 연방예금보호공사에 있었다. 연방정부에는 비은행권 금융기관의 부도에 따른 혼란을 피할 수 있는 질서정연한 해결 체계가 없었다. 우리가 생각하기에, 연준의 대책은 피할 수 없는 금융기관의 붕괴로 인한 충격이 확산되지 않도록 시장에 더 많은 유동성을 제공하는 역할에 한정되어 있었다. 팀은 이 상황을 베어스턴스가 붕괴된 이후 번지고 있는 불을 막으려고 "활주로에 소화기를" 뿌리는 격이라고 말했다.

중앙은행 대출에 관한 배저트 대응 매뉴얼은 취약한 기관에서 일어나는 대규모 환매 사태를 막는 데 한계가 있었으며, 정부의 비상조치 권한은 사람들이 생각하는 것만큼 대안이 많지 않았다. 재무부는 의회의 승인 없이 할 수 있는 것이 별로 없었다. 연준은 확실한 담보에 대해서만 대출해줄 수 있었다. 특정 은행의 대규모 환매 사태를 막기 위해 부채를 보증해주거나, 자본을 투자해주거나, 유동성이 떨어지는 자산들을 매수하는 것은 연준과 재무부 모두 불가능했다. 즉, 권한 밖의 일이었다. 단기채권대여제도TSLF가 아직 완전히 자리 잡지 못한 상황에서 베어스턴스 같은 투자은행들에 대출해줄 수 있는 권한이 연준에는 없었다. 다만 연준은 연방준비제도법 제13조 3항을 적용할 수 있었는데, 이에 따르면 "비정상적이고 급박한 상황"에만 비은행권 금융기관에 자금을 지원해줄 수 있었다. 그러나 연방준비제도법 제13조 3항으로 모든 것을 해결할 수 있었던 것은 아니다. 지급 불능 상태의 회사를 회생시킬 수도, 망가진 브랜드를 되살아나게 만들 수도, 악성 자산을 가치 있게 만들 수도 없었다.

금융 공황 상태에서는 어려움을 겪고 있는 금융기관이 실제로 지급 불능 상태인지 파악하기조차 어려울 수 있다. 시장은 항상 옳지도 항상 이성적이지도 않다. 두려움의 소용돌이에 갇혀 있는 동안에는 아무도 대출을 원하지 않지만, 신뢰가 회복되면 유가증권이 그 가치를 되찾게 마련이다. 따라서, 재무적으로 회생 가능성 있는 금융기관에 정부의 대출과 유동성을 지원해 지급 불능 상태에서 벗어나도록 도와주면 부실한 기업들과 함께 몰락하는 상황을 피할 수 있다. 베어스턴스의 몰락은 유사 기업들의 몰락에 비해 훨씬 빠르고 급격하게 진행됐다. 이는 회사의 부실 정도가 실제로 매우 심각했음을 보여주는 증거다. 연준은 베어스턴스의 재무제표를 감사한 적이 없었기 때문에 정상적인 상환 능력을 갖추고 있는 회사인데 단순히 대규모 환매 사태의 피해를 입은 것인지 가늠할 수 없었다. 베어스턴스의 재무제표에 접근할 권한이 있었던 SEC도 같은 결론을 내렸다. 우리는 가치가 급락하는 베어스턴스의 자산에 대한 대출을 실행해봤자 이 회사를 위기에서 구해낼 수 있을 것이라는 판단이 들지 않았다. 대규모 환매 사태가 급격히 악화되는 가운데 연준의 긴급대출자금 지원이 베어스턴스의 최종적인 파산과 그에 따른 혼란을 막지 못하면서, 제공된 자금이 단지 미처 환매하지 못한 소수의 단기 채권자들을 위한 출구로 활용될 것이 우려됐다.

3월 14일 이른 새벽, 뉴욕 연준 직원이 연방준비제도법 제13조 3항을 시행해 주말까지 베어스턴스의 파산을 막을 수 있는 임시방편 계획을 가지고 왔다. 그 계획은 연준이 베어스턴스의 결제 은행인 JP모건에 대출을 해주고, 다시 JP모건이 베어스턴스에 자금을 지원해주는 내용이었다. 이렇게 해서 초단기 RP 대출 시장에서 그동안 담보로 인정해주지 않던 회사의 자산을 담보로 해서 자금을 조달해줬다. 즉, 연준이 하루 동안 베어스턴스에 초단기 RP 자금 대출자 역할을 했다. 이를 두고 많은 동료들이 도산 위기에 놓인 비은행권 금융기관의 부채를 연준이 보장해주는 것처럼 보일까 봐 걱정했지만, 이런 방법을 통해 최소한 주말까지 재난에 대한 대안을 찾을 시간을 버는 데는 동의했다. 행크는 "담화문에서 '구제금융은 없다'라는 문장은 빼도 괜찮을 것 같습니다"라고 대통령에게 보고했다.

연준이 베어스턴스의 담보가 부실해서 해당 금융기관이 회생할 만큼 자금을 충분히 대출해주기는 어려울 것이라 판단했기 때문에, 우리는 베어스턴스의 붕괴를 막기 위해 월요일 장이 열리기 전까지 인수자를 찾아야 했다. JP모건이 베어스턴스의 거래를 담보해줄 신뢰성 있는 유일한 구원자로 등장했다. JP모건의 CEO 제이미 다이먼Jamie Dimon은 베어스턴스의 주택담보대출 자산 위험을 연준이 일부 부담해주면 거래를 하겠다고 제안했다. 그래서 일요일 밤, 연준리는 담보대출에 관한 연준리의 권한을 창조적으로 해석해 다시 연방준비제도법 제13조 3항을 발동했다.

JP모건은 주당 2달러에 베어스턴스를 인수하는 데 합의했다. 이후 JP모건의 CEO 다이먼은 베어스턴스 주주들에게 주가를 나중에 10달러까지 올려주겠다고 제안해 주주들의 반대로 합병이 무산되어 금융 시스템이 혼란에 빠지는 일을 막으려고 했다. 이는 성공적인 인수합병을 위해 매우 중요한 조치였다. 왜냐하면 합병 작업이 종료될 때까지 JP모건이 베어스턴스의 자산과 부채에 대한 보증 위험을 감수하겠다고 동의한 것은 시장의 공황을 경감시키는 데 중요한 방어벽 역할을 해주었기 때문이다. 연준으로서는 불가능한 조처였다. 연준은 메이든 레인Maiden Lane이라고 명명된 새로운 기구에 300억 달러를 빌려주었고, 이 기구는 JP모건으로부터 300억 달러 상당의 베어스턴스 유가증권을 다시 매입해주었다. 연방준비제도법 제13조 3항에 따라 연준은 약간 모호한 기준이긴 하지만, 연준이 "만족할 만큼의 담보"를 받을 경우에 한해서만 대출을 해줄 수 있다. JP모건이 매각하기를 원하는 자산을 투자 회사인 블랙록BlackRock의 팀team이 분석했다. 분석 결과, 몇 년 안에 손실 없이 대출을 상환받을 가능성이 충분하다는 자문을 받을 수 있었다. 재무부가 손실배상을 해주면 연준도 만족할 거라고 벤과 팀은 판단했다. 행크도 흔쾌히 동의했다.

그러나 재무부의 변호사들은 행크에게 재무부가 연준에 손실배상을 해줄 수 없을 거라고 말했다. 이런 과정을 겪으면서 우리는 위기 상황에서 재무부가 발휘할 수 있는 힘이 얼마나 작은지 알게 됐다. 팀은 행크에게 재무부가 연준의 대출을 지지한다는 내용의 이메일을 써달라고 요청했다. 이메일 내용은 만약 연준이 대출해준 자금이 손실을 보게 되면, 연준이 재무부에 배당하는 이익금을 줄이겠다는 것이었다. 연준은 운영 경비를 초과하는 모든 수익금을 재무부에 정기적으로 송금하고 있었기 때문에, 행크는 이 서한을 두고 "후원all money is green 증서"라고 불렀다. 이 서한이 법적으로 큰 의미를 지닌 건 아니지만, 연준의 중대한 결정에 재무부와 행정부가 복잡하게 연결되어 있다는 것을 보여준다는 의미는 있었다. 우리는 모두가 함께하고 있음을 알기 바랐다. 동시에 연준은 연방준비제도법 제13조 3항을 다시 발동해 투자은행을 위한 보다 적극적인 대출 프로그램 'PDCF Primary Dealer Credit Facility'를 시작했다. 이 프로그램은 TSLF보다 위험자산을 포함하는 광범위한 자산을 담보로 인정했다. 우리는 베어스턴스에 대한 정부의 개입으로 시장이 안정되기를 바랐지만, 리먼브러더스도 베어스턴스와 비슷한 문제가 있다는 것과 메릴린치, 모건스탠리, 심지어 골드만삭스도 비상 안전 장치에 보다 쉽게 접근할 필요성이 있다는 것을 알게 되었다.

베어스턴스 사태에 연준이 개입한 것은 시장의 위험을 경감시키는 데는 도움이 됐지만, 정치적인 면에서 보면 큰 파장을 일으켰다. 많은 정치인과 전문가가 자본주의의 다윈 리듬Darwinian rhythms에 지나치게 반응했다고 비난하면서 투자은행의 붕괴로 인한 경제적 여파는 그다지 크지 않을 것이라고 주장했다. 하지만 6개월 후, 리먼브러더스의 실패로 그런 주장이 잘못되었다는 것이 증명됐다. 민주당과 공화당 모두 무능한 은행가들을 구제하기 위해 혈세를 낭비한다고 비난했다. 도덕적 해이를 경계하는 사람들은 우리가 과도한 위험 감수를 장려하고 있다고 경고했다. 켄터키 주 공화당 상원의원 짐 버닝Jim Bunning은 우리를 사회주의자라고 비난했다.

전 연준 의장인 폴 볼커마저도 연준의 조치가 "법률에서 허용하는 권한의 최대치로 확대됐다"라고 말했는데, 그 말은 사실 정확했다. 우리는 우리 권한의 최대치를 넘어서지 않도록 노력했다. 볼커의 말이 맞기는 하지만, 이는 전혀 칭찬으로 들리지 않았다. 그때 우리는 두 가지 도전에 직면해 있다는 것을 깨달았다. 바로 우리가 해야 할 올바른 일을 찾아내고, 그것이 왜 옳은 일인지 설명하는 것이었다.

베어스턴스를 구하려는 우리의 노력과 관련, 이에 대해 설명하는 데 있어 어려움을 겪는 부분은 정확히 누가 구조되었는가다. 정부의 개입으로 베어스턴스의 채권자와 거래 상대방들이 전액 변제를 보장받는 것이 확실해졌기 때문에 이들이 무차별적으로 환매에 나설 이

유가 없어졌다. 그 영향으로 유사한 상황에 처해 있던 기업들의 채권자와 거래처들도 대규모 환매 사태를 촉발하지 않게 되었다. 금융위기가 진행되는 동안, 대규모 환매 사태가 일어날지도 모른다는 신호는 채권자들에게 대출 상환에 대한 불확실성을 증가시키게 마련이다. 베어스턴스는 자력으로 이런 위기에서 빠져나올 수 없었다. 회사는 영업을 중단하고, 고위 간부들은 일자리와 그들이 쌓아올린 부를 잃었다. 주주들은 회사가 파산할 때 청산가치인 0달러 이상을 받았지만, 이는 2007년 초 이 회사의 최고 주가 대비 95퍼센트 이상 줄어든 금액이었다. 모든 개입은 어느 정도 도덕적 해이를 조장하게 마련이지만, 베어스턴스의 운명이 다른 회사들에 이 회사의 무모한 접근 방식을 모방하게 만든 건지는 알 수 없다. 물론, 궁극적으로 리먼 브러더스의 대규모 환매 사태는 시장에 정부가 다시 한 번 구제에 나설 거라는 확신이 없었음을 보여주었다.

어쨌든 혈세를 낭비하지는 않았다. 베어스턴스에 대한 구제금융으로 집행된 대출은 결국 상환되었고, 정부에 25억 달러의 이익을 안겨주었다. 그러나 이 대출의 목적은 돈을 버는 것이 아니었다. 바로 시스템적으로 중요한 금융기관의 혼란스러운 파산과 그에 따라 불가피하게 발생하는 경제적 피해를 막는 것이었다. 미국 모기지 시장을 지탱하고 있는 패니메이와 프레디맥이 아직 완전히 정상화되지 않은 상황에서 베어스턴스가 파산했을 경우 만들어졌을 연쇄 효과를 생각하면 아직도 아찔하다. 컨트리와이드가 붕괴할 때는 무대응이 대안이었지만, 베어스턴스는 금융 시스템과 너무 많이 복잡하게 연결되어 있어서 파산 처리하기가 쉽지 않았다. 게다가 금융위기가 시작된 지 7개월이 지난 시점이라서 금융 시스템에는 이러한 붕괴를 감내할 만한 여력이 없었다.

베어스턴스를 구조한 이후, 우리는 성공했다는 생각이 들기는커녕 불편함을 느꼈다. 베어스턴스는 단기 자금으로 과도한 부채를 끌어다 쓰면서 느슨한 감독을 받고 있던 비은행권 금융기관의 신뢰가 어떻게 한방에 무너질 수 있는지 보여주는 대표적인 사례였다. 과도한 대출과 규제를 전혀 받지 않으면서 단기 자금에 너무 많이 의존하거나, 불완전한 모기지 상품과 더 이상 신뢰하지 않는 구조화 신용상품에 너무 많이 투자한 금융기관은 비단 베어스턴스만이 아니었다.

베어스턴스 사건으로 정신이 없었던 그 주 일요일, 행크는 패니메이와 프레디맥 두 회사가 무척 걱정스러웠다. 그래서 행크는 두 회사의 CEO와 감독기관에 전화를 걸어 베어스턴스 사례를 들어가며 자본금을 더 많이 늘리라고 압력을 가했다. 게다가 시장에선 리먼브러더스가 "그다음 차례"가 될 것이라는 의혹이 커지고 있었다. 이것은 특정 금융기관에 대한 시장의 자성적 예언Self-fulfilling prophecy일 수 있었다. 리먼브러더스는 베어스턴스보다 75퍼센트 정도 규모가 큰 회사였다. 리먼브러더스는 훨씬 더 큰 규모의 부동산 투자와 파생상품을 거래하고 있었으며, 특히 RP 시장을 통한 자금 조달 규모가 2000억 달러에 달했다. 따라서 여러 가지 측면에서 리먼브러더스는

○ S&P500 금융주 지수, 6대 은행 CDS 스프레드(bp)

2007년 중반부터 은행들의 위험지표인 CDS 스프레드가 증가하면서 금융주는 지속적으로 하락세를 보였다. CDS 스프레드가 확대되기 시작한 지 1년 후쯤, 대형 모기지 회사들의 문제가 불거진 시점인 2008년 주요 금융기관으로 위기가 확산되기 시작했다. 시장에 공황이 확산되면서 대형 은행과 투자은행들은 부도 위험에 노출되기 시작했다.

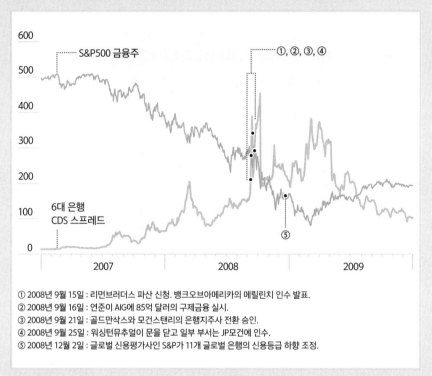

① 2008년 9월 15일 : 리먼브러더스 파산 신청. 뱅크오브아메리카의 메릴린치 인수 발표.
② 2008년 9월 16일 : 연준이 AIG에 85억 달러의 구제금융 실시.
③ 2008년 9월 21일 : 골드만삭스와 모건스탠리의 은행지주사 전환 승인.
④ 2008년 9월 25일 : 워싱턴뮤추얼이 문을 닫고 일부 부서는 JP모건에 인수.
⑤ 2008년 12월 2일 : 글로벌 신용평가사인 S&P가 11개 글로벌 은행의 신용등급 하향 조정.

출처 : 블룸버그
CDS : 신용부도 스와프는 JP모건, 시티그룹, 웰스파고, 뱅크오브아메리카, 모건스탠리, 골드만삭스 같은 회사를 균등 평균하여 계산

대규모 환매 사태에 쉽게 노출될 수 있는 금융기관으로 보였다.

실제로 시장에서는 베어스턴스를 만들어낸 비즈니스 모델, 즉 금융 상품을 거래하는 사업 전체가 의심을 받고 있었다. 베어스턴스 사태 이후, 행크는 유럽 각국 은행들이 미국에 살아남아 있는 4곳의 대형 투자은행들과의 거래를 중지하지 않도록 유럽 각국 재무부 장관들을 설득해야만 했다. 연준은 투자은행에 대출해주면서 마침내 투자은행들의 재무 상태를 조사할 수 있는 권한을 갖게 되었다. 결과는 안심할 수 없었다. 연준의 스트레스 테스트 결과를 보면 리먼브러더스, 메릴린치, 모건스탠리, 골드만삭스 등 모든 대형 금융기관들이 자금 조달에 상당한 어려움을 겪고 있는 것으로 판명됐다. 특히 리먼브러더스는 베어스턴스의 선례를 따르지 않게 하려면 840억 달러의 유동성 자금이 추가로 필요했다. 우리는 4개 투자은행들에 모두 부채를 줄이고, 단기 자금보다는 장기적인 자금 조달처를 찾고, 자본금을 더 많이 확충하라고 압력을 가했다. 그러나, 당시 투자은행들은 매력적인 투자처로 보이지 않아서 자금을 조달하는 게 쉽지 않았다.

우리는 매우 어려운 환경에서도 베어스턴스 문제를 해결하기 위한 정책을 입안하기 위해 협력했다. 다행스럽게도 행운이 따랐다. JP모건이 베어스턴스의 총자산에 대한 보증과 자산 인수를 해주지 않았다면, 금융 시스템은 그해 3월 붕괴되고 말았을 것이다. 연준은 자신의 권한을 최대한 활용했다. 일시적인 금융기관 구제로 연준의 권력이 사태를 해결하기에는 부족하다는 사실이 밝혀졌다는 볼커의 지적은 옳았다. 미국 정부는 여전히 문제가 있는 금융기관에 자본금을 투입하고 자산을 매수하거나 부채를 보증해줄 수 없었다. 이는 본격적으로 시작된 대규모 환매 사태에 손쓸 방법이 없다는 것을 의미했다. 문제가 불거진 금융기관이 비은행권 금융기관인 경우, 파산을 피하고 안정적으로 사태를 진정시킬 방법이 없었다. JP모건의 베어스턴스 인수에 도움을 준 연준의 지원과 투자은행을 위한 새로운 대출 프로그램인 PDCF의 결합은 정부에 다른 투자은행들의 실패를 막기 위한 의지와 수단이 있다는 기대감을 불러일으키는 데는 도움이 되었지만, 실제로 정부의 능력에는 한계가 있었다.

베어스턴스 사태 이후 얼마 지나지 않아 벤과 행크는 하원 금융위원회의 민주당 의장 바니 프랭크를 만나러 갔다. 만남의 목적은 리먼브러더스도 베어스턴스와 비슷한 상황에 처할 수 있으며, JP모건 같은 매수자를 찾지 못할 경우 무질서한 파산을 막기 위해 긴급조치권이 필요함을 설명하려는 것이었다. 바니는 우리가 리먼브러더스 파산의 여파를 적극적으로 알리고 리먼브러더스가 붕괴할 경우 미국 경제 전체에 엄청난 충격을 줄 것임을 의회에 적극적으로 설득해야만 11월 선거 전에 정책을 통과시킬 수 있을 거라고 답했다. 바니는 위기 관리자들의 권한을 늘리는 법률이 긴급구제법안으로 간주될 것이라는 정치적 소견을 피력했다. 우리는 그의 판단이 옳다는 것을 알았다. 또한 불필요한 우려를 자아내는 수사법은 결국 시장을 뒤흔들고 우리가 피하고자 하는 붕괴를 촉발시킬 수 있다는 것도 알고 있었다. 우리는 위기가 더 악화되기 전에 제한된 수단들로 대처해야 했다.

제대로 준비하지도 못하고 임시방편책만 가지고서 위기에 맞서는 기분이었다. 베어스턴스 사태 이후 시장은 약간 진정됐다. 우리는 이같은 상황이 계속 이어지길 바랐다. 하지만 팀이 즐겨 말하는 것처럼 희망은 결코 전략이 될 수 없었다.

패니메이와 프레디맥,
바꾸카포를 꺼내 든 미국 정부

2008년 7월 11일, 미국의 한 은행에서 대규모 환매 사태가 발생했다. 베어스턴스처럼 비은행권 금융기관에서 발생한 것이 아니라 실제 은행에서 벌어진 일이었다. 마치 영화 〈멋진 인생〉에 나온 것처럼 말이다. 연방예금보험공사가 컨트리와이드의 계열사이자 캘리포니아 저축은행인 인디맥Indy Mac 은행의 자산을 압류하자, 공포에 질린 예금자들은 은행 문 밖에 장사진을 치고 자신들의 돈을 돌려달라고 아우성쳤다. 연방예금보험공사가 최대 10만 달러까지 예금을 보장해주었기 때문에 사실 대부분의 예금자들은 전혀 걱정할 필요가 없었다. 그러나 1980년대에 있었던 저축대부기관의 위기 이후, 미국 내최대 규모의 은행 파산이 초래한 공황은 국가적인 뉴스를 만들어냈다. 그다음 주, 두려움을 느낀 예금자들은 인디맥보다 훨씬 큰 저축금융기관인 워싱턴뮤추얼에서 일일 10억 달러 이상을 환매했다. 워싱턴뮤추얼은 인디맥과 비교하면 모기지 보유량은 비슷하지만, 은행 규모는 더 컸다. 이처럼 금융 공황은 전염성이 있다.

인디맥의 붕괴는 금융위기에 다시 불이 활활 붙었다는 신호였지만, 금융 시스템의 근간을 위협하는 것 같지는 않았다. 그 주 우리들의 주된 관심사는 패니메이와 프레디맥이었다. 두 회사는 정부가 후원해주는 대형 모기지 대출금융기관으로, 인디맥보다 50배 이상 규모가 컸다. 심지어 베어스턴스보다 4배나 규모가 큰 금융기관이었다. 이들 두 금융기관은 5조 달러 이상의 모기지 대출 채권을 보유하거나 보증했으며, 미국 내 모기지 대출 융자에서 마지막 남은 주요 대출기관이었다. 또한, 미국의 신규 주택 대출 4건 중 3건이 이들 두 회사의 대출에 의존하고 있었다. 만약 이 두 기업이 무너지면 신규 주택담보대출은 중단되고 이미 위기에 처한 주택시장이 완전히 붕괴될 수도 있었다. 이는 곧 제조업 부문에서 더 많은 압류가 진행되게 해 월가의 모기지 관련 공황을 가중시킬 것이 분명했다.

패니메이와 프레디맥은 전체 금융 시스템에 영향을 미칠 수 있는 위험 요인이었기 때문에 문제가 해결되지 않으면 손실 규모가 어마어마했을 것이다. 그러나 정부에는 패니메이와 프레디맥을 구할 수 있는 명시적인 권한이 없었다. 이에 행크는 관련 법을 제정하기 위해 의회를 설득하기 시작했다. 그 과정에서 우리의 위기 대응 방식은 정치권의 핵심 논쟁거리가 되었다. 우리는 결국 미국에서 가장 중요한

◯ 패니메이와 프레디맥 주가

미국 모기지 시장에서 압도적인 위상을 차지했던 패니메이와 프레디맥은 주택 가격 하락
의 영향에 가장 직접적으로 노출되었다. 2006년 중반부터 주택 가격이 하락하면서 주택담
보대출을 가장 많이 가지고 있던 두 회사는 1년 뒤부터 본격적으로 영향을 받기 시작했다.
미국 주택시장을 지탱하던 두 축이 흔들리자 부동산 시장은 2차적인 충격을 받았다. 투자
자들은 거대 모기지 기업인 패니메이와 프레디맥이 큰 손실을 기록하면서 주택시장에 심
각한 충격을 줄 것을 우려했다.

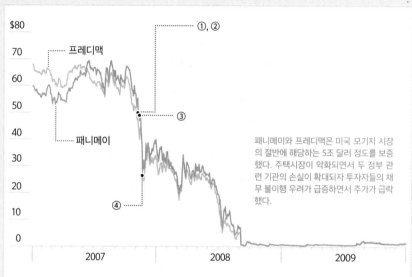

패니메이와 프레디맥은 미국 모기지 시장
의 절반에 해당하는 5조 달러 정도를 보증
했다. 주택시장이 악화되면서 두 정부 관
련 기관의 손실이 확대되자 투자자들의 채
무 불이행 우려가 급증하면서 주가가 급락
했다.

① 2007년 11월 7일 : 뉴욕주 법무 장관이 주택담보부대출 사기 관련 조사를 하기 위해 패니메이와 프레디맥 두 회사를
소환했다.
② 2007년 11월 7일 : 모건스탠리가 서브프라임 모기지 투자로 37억 달러의 손실을 발표했다. 다른 대형 은행들도 모기
지 투자로 인한 대규모 상각 위험에 처해 있다고 발표해 경고등이 켜졌다.
③ 2007년 11월 9일 : 주택담보대출 관련 연체율이 악화되는 상황에서 패니메이가 14조 달러의 손실을 발표했다.
④ 2007년 11월 20일 : 프레디맥이 20억 달러의 손실과 낮은 자본유보금을 발표했다.

출처 : 와튼 리서치 데이터를 활용한 주가연구센터 분석

두 기업을 국유화했다. 평상시였다면 상상도 할 수 없는 또 다른 시장 개입이었다. 우리가 취한 조치들은 인기를 얻지는 못했지만, 우리는 이 조치로 인해 두 회사가 재앙적인 파산을 간신히 피할 수 있었다고 생각한다. 이 조치는 또한 주택시장을 소생시키려는 민간이나 기타 정부의 조치보다 효과적으로 작동해 결과적으로 미국 납세자들에게 상당한 이익을 가져다주었다. 비록 패니메이와 프레디맥에 대한 정부의 인수Takeover가 절대적으로 필요한 조치였으며, 이로 인해 해당 기관의 유가증권에 대한 공포는 사그라들었지만, 금융 시스템 전체에 확산된 공황은 끊어낼 수 없었다. 오히려 의도치 않게 금융 시스템이 그 어느 때보다 더 취약하다는 메시지를 보낸 셈이 됐다.

패니메이와 프레디맥은 구조가 매우 특이한 금융기관이었다. 일반 국민들의 주택 소유 여력을 증대시키기 위한 정책의 일환으로 연방 정부가 인가해준 기업이면서, 한편으로는 모기지 유통 시장에 대한 지배적인 장악력을 가진 수익성이 좋은 민간 기업이기도 했다. 이렇게 정부가 지원하는 기업, 다른 말로 정부 지원 기업GSE은 워싱턴 양당에 큰 영향을 미쳤으며, 해당 기업들은 충분한 완충자본 없이도 정부가 두 금융기관을 파산하지 않게 도와줄 것이라는 시장의 가정을 잘 활용해서 시중금리보다 낮은 금리로 자금을 조달할 수 있었다. 위험 감수에 따른 이익은 기업이 가져가는 반면 위험 감수에 따른 위험은 납세자들이 떠안게 하는 구조로, 본질적인 도덕적 해이를 보여주는 금융기관의 전형이었다. 일부 비평가들이 지적한 것처럼, 이들 기업이 금융위기를 일으킨 것은 아니다. 경기 확장 국면의 막바지에 이르기까지 이들은 자신들이 매수하고 보증해준 MBS를 인수하는 데 있어 상대적으로 보수적인 태도를 보였다. 그러나 이들 두 기관은 주택 버블이 터지기 전에 심사 기준을 완화하고 처음부터 많은 주택담보대출에 보증을 해주면서 금융위기의 원인이 된 부동산 시장으로 외국인 자금이 쓰나미처럼 밀려들게 만들었다.

전임자와 마찬가지로, 우리 셋은 수년 동안 패니메이와 프레디맥을 계속 크게 걱정해왔다. 우리는 두 회사의 비즈니스 모델을 전면적으로 개혁하는 한편 위험 부담에 대한 더 엄격한 규제를 추진했다. 베어스턴스 사건으로 시끄러웠던 그 주말, 행크가 두 회사의 CEO와 통화했을 때 두 회사는 모두 자기자본을 더 많이 늘리겠다고 대답했지만, 오직 패니메이만 실행에 옮겼다. 그것도 거의 충분치 않았다. 베어스턴스가 붕괴한 직후, 행크는 두 회사의 CEO와 함께 상원의 은행위원회 의장인 크리스토퍼 도드Christopher Dodd와 공화당 최고위원인 리처드 셸비Richard Shelby를 만나 상원에서 국회 통과 개혁안을 활성화시키겠다는 합의를 받아냈지만, 입법 과정은 시장의 움직임만큼 빠르게 진행되지 않았다.

여름까지 우리의 최우선 과제는 이 두 정부 보증기관이 금융 시스템 전체를 무너뜨리기 전에 이들을 안정시키는 것이었다. 수조 달러에 이르는 이들의 유가증권이 금융시장에서 거래되고 있었는데, 이 유가증권들이 금융시장을 멈추게 할까 봐 걱정됐다. 모기지 자산을 기초로 한 두 금융기관의 유가증권은 이전에는 전 세계적으로 안전한 투자처로 인식됐지만, 우리는 이제 이 두 금융기관의 안전성을 확인하려는 각국의 국부펀드와 예민한 정부 관계자들의 전화를 받기 바빴다. 이들 중 일부는 미국 정부가 공식적으로 패니메이와 프레디맥을 보증하지 않았다는 사실조차 모르고 있었다.

그래서 행크는 의회에 두 거대 모기지 기업을 안정시킬 수 있는 권한을 요청했다. 이는 오랜 기간 정부가 두 기업을 지원하겠다고 암묵적으로 보증해온 것을 좀 더 명시적인 권한으로 바꿔달라는 내용이었다. 행크는 리먼브러더스 때처럼 특별한 권한을 요구하는 것만으로도 상황이 얼마나 심각해지고 공황이 가속화되는지 재차 확인하게 될까 봐 걱정했다. 이와 관련된 딜레마가 있다. 재무부가 이런 거대 기업을 확실히 지원하기 위해 막강한 금융 권한을 갖는 것은 정치적으로 비현실적인 일로 보였고, 반면 충분하지 않은 자금을 요청하는 것은 두 회사가 파산하지 않게 보증하겠다는 정부의 약속을 의심하게 만들 수 있었다. 그러나 우리 모두는 가만히 앉아서 두 거대 기업의 부도 위험을 감수하지 않기로 합의했다.

그래서 행크는 구체적인 액수의 돈을 요청하기보다는 패니메이와 프레디맥에 자본을 투입할 수 있는 무제한 권한(행크의 완곡어법으로 표현하자면 "명시되지 않은 권한")을 요청했다. 그가 제시한 법안에는 금융위기 이전에 추진했던 일부 개혁과 함께 패니메이와 프레디맥을 강제로 법정관리 대상에 넣을 수 있는 더 강력한 규제 권한이 포함되어 있었다. 벤은 행크에게 연준이 재무부를 100퍼센트 지지한다고 말했다. 이는 마치 구제 초기 단계에 재무부 장관인 행크가 연준을 지지한다는 말처럼 들렸다.

7월 15일 상원위원회가 개최되기에 앞서 행크와 벤은 제안된 법안의 중요성에 일치된 입장을 표명했다. 이 법안은 주택담보대출 시장이 원활하게 작동되도록 하고, 부동산 시장의 추가적인 악화를 막는 한편 금융 시스템의 핵심을 보호하기 위한 것이었다. 상원위원회는 행크가 요청한 권한에 제한을 두지 않는 것에 회의적인 반응을 보였지만, 행크는 의회에서 그에게 포괄적인 권한을 부여하면 패니메이와 프레디맥에 대한 시장의 불안이 사라질 것이고, 그 결과 그 권한을 사용하게 될 가능성이 낮아질 거라고 주장했다.

행크는 말했다. "그 권한이 꼭 사용되길 원한다면 충분히 축소하십시오. 그러면 그것은 자성 예언이 될 것입니다. 당신의 주머니에 물총이 있다면, 그것을 꺼내야 할 수도 있습니다. 그런데 당신이 바주카포, 즉 막강한 화력을 가지고 있고, 당신이 바주카포를 가지고 있다는 것을 사람들이 안다면, 당신은 그것을 꺼낼 필요가 없을 겁니다."

이 전쟁 억제력 논거는 설득력이 있어 보였다. 행크는 압도적인 권한에 대한 자신의 요구를 공포에 사로잡힌 시장이 무시할 수 없을 것이라고 판단했으나, 얼마 지나지 않아 결국 바주카포를 꺼내 들어야 한다는 사실을 깨닫게 되었다.

행크는 당시 지지율 30퍼센트로 레임덕에 빠진 대통령을 대신해

야심 찬 요구를 했다. 상원의원 버닝은 베어스턴스를 구조하는 것은 "패니메이와 프레디맥에 비교하면 아마추어 사회주의"라고 호통쳤다. 패니메이와 프레디맥이 해결하기 어려운 난제가 되기 훨씬 전부터 주택 정책에 대한 정치권의 반응은 매우 논쟁적이었다. 주택담보대출 압류가 엄청나게 증가하면서 정가政街는 이를 어떻게 할 것인가 치열하게 논쟁을 벌였다. 일부 대중과 대부분의 공화당원들은 부주의한 주택 소유자들을 구제하기 위해 대출을 잘 상환하는 임대인과 주택 소유자들이 내는 세금을 사용하는 것에 반대했다. 그러나 일부 시민들과 대부분의 민주당 의원들은 정부가 곤경에 처한 주택 소유자들을 도울 만큼 충분히 제 역할을 하지 못하고 있다고 생각했다. 사실, 행크가 요청한 엄청난 규모의 재정 투입 법안보다 바니 프랭크가 패니메이-프레디맥 법안에 포함시킨 별로 중요하지 않은 모기지 대출 구제 조항이 의회에서 훨씬 더 많은 논쟁을 일으켰다. 결국 이 법안이 통과될 때 부시 대통령은 공공 법안에 서명하는 것을 포기했다.

그러나 법안은 통과됐다. 법안이 통과되는 과정에는 개인적인 관계들이 중요하게 작용한다. 행크가 양당 지도부와 돈독한 관계를 형성한 덕택에 그들은 정치 현안보다 위기 대처에 대한 비상조치를 우선적으로 처리해주기로 했다. 7월 말, 민주당이 과반수 의석을 차지한 의회는 2008년도 주택과 경제 회복 법안을 승인하고 공화당 행정부에 막강한 권한을 부여했다. 이는 이 같은 문제에 선제적으로 대응할 수는 없었지만 관련 정책이 필요할 때 워싱턴 정가가 과감하게 나설 능력이 있다는 것을 보여주었다.

또한 신규 법안 시행으로 재무부와 연준은 패니메이와 프레디맥의 내부 상황을 확인할 수 있었는데, 깜짝 놀랄 만한 위법 행위들이 발견됐다. 연준과 미국통화감독국OCC 감독관들은 두 금융기관이 기술적으로 지급 불능 상태라는 결론을 내렸다. 감사 결과, 두 회사의 부실한 완충자본은 대부분 회계조작으로 만들어진 것으로 판명났다. 행크와 그의 팀은 즉시 신규 규제 기관인 연방주택금융감독청FHFA에 패니메이와 프레디맥을 법정관리하도록 설득했다. 기본적으로 법정관리 조치는 정부의 일일 감시가 필요하지 않은 국유화의 한 형태다.

매우 어색한 상황이었다. 왜냐하면 얼마 전에 행크는 의회에 바주카포를 사용할 필요가 없다고 말했고, 연방주택금융감독청도 패니메이와 프레디맥에 두 회사의 대비 자본금이 충분하다고 말했기 때문이다. 그러나 두 회사는 충분한 자금 대비책을 갖추지 못하고 있었다. 행크에게 주어진 최우선 과제는 일관성 있는 태도로 자신의 명예를 지키는 것이 아니라 두 회사의 붕괴를 막는 것이었다. 결국 행크는 바주카포를 사용해야 한다고 결론을 내렸다. 부시 대통령은 그를 지지해주었다. "이러 조치를 취하는 것이 좋아 보이지는 않지만, 경제를 안정시키기 위해 필요한 것은 무엇이든 해봐야 합니다."

그것이 뭐든 간에 해보겠다는 자세는 금융위기로 모두가 고통받는 동안 우리가 생각했던 모든 조치를 실행하게 만들었다. 예외적인 비상 국면이었기 때문에 우리가 취한 비상조치들이 모두 정당화될 수

○미국 전략

원래 주택대출 시장은 민간 금융기관이 주도했으나, 2008년 금융위기에 봉착하면서 민간 금융기관의 대출이 거의 멈추자 주택담보대출 시장에서 GSE 기관인 페니메이와 프레디맥은 절대적인 존재가 됐다. 민간 대출이 사라지면서 2008년 대출 가산금리는 급등했다. 따라서 주택담보대출 시장을 원활하기 위한 GSE의 역할이 중요해졌다. 민간 대출업체들의 공백이 빚어진 상황에서 패니메이와 프레디맥에 대한 정부의 지원은 주택담보대출 시장을 계속 유지하고 주택시장을 안정시키는 결과를 나타냈다.

담보연계증권 발행 규모   국채 대비 준정부기관 MBS채권 가산금리

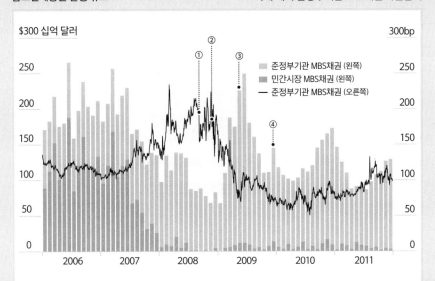

① 2008년 9월 7일 : 페니메이, 프레디맥의 법정관리
　2008년 9월 26일 : 선순위우선주매입협정SPSPA 방식으로 GSE(페니메이와 프레디맥)는 최대 1000억 달러의 자본 보증을 받음
② 2008년 11월 25일 : 연준 제1차 양적완화 실시, GSE 부채 및 GSE 담보부 MBS 매입
③ 2009년 5월 6일 : SPSPA 개정 1차, GSE 회사별로 2000억 달러의 추가 보증 실시
④ 2009년 12월 24일 : 제2차 SPSPA 수정으로 다시 보증 확대

출처 : MBS 발행, 증권산업 금융시장연합, MBS 스프레드, 블룸버그, 저자 계산

있다고 생각했다. 8월, 행크는 골드만삭스에서 함께 일했던 두 명과 패니메이와 프레디맥에서 일했던 뉴욕 로펌을 데리고 왔다. 또한 그는 연방주택금융감독청에 강력하게 도움을 요청해 금융위기 이전 또는 이후에도 꿈꿔보지 못했던 방식으로 규제기관이 그들이 해놓은 평가를 뒤집도록 압박했다. 국회가 재무부에 부여한 권한은 2009년 말 종료되는 임시 권한이었기 때문에 패니메이와 프레디맥이 보장하는 30년 만기 모기지 대출에 필요한 장기적인 보증을 제공할 정부의 법적 권한에 대해서 행크는 확신하지 못했다. 모건스탠리 출신 자문위원들의 도움으로 재무부는 실질적으로 장기적인 보증 효과가 있는 금융 공학 아이디어를 고안해냈다. 이에 대해 행크는 의회의 의도를 넘어서는 게 아닌가 우려되어 대통령과 재무부 동료 몇몇에게 탄핵을 당할까 봐 걱정된다고 털어놓았을 정도다. 결국 행크가 자신의 바주카포(강력한 조치)를 발사했을 때 사람들은 너무 충격을 받아서 그 어떤 질문도 하지 못했다.

9월 5일에 행크와 벤은 패니메이와 프레디맥의 CEO들에게 정부가 두 회사의 경영권을 가질 거라는 놀라운 뉴스를 통보했다. 많은 일자리가 없어졌고, 회사의 주주들도 대부분의 지분을 잃었다. 재무부는 그들이 보증한 부채와 MBS의 채무 불이행을 피하기 위해 각 회사에 1000억 달러를 투입했다. 이는 대공황 이후 금융시장에서 일어난 가장 공세적인 개입이었다. 모기지 회사들과 그들이 보증한 모기지 대출은 이제 공식적으로 정부의 지원을 받게 되었기 때문에 연준이 개입에 나선 즉시 패니메이와 프레디맥의 대규모 환매 사태는 안정되기 시작했다.

그러나 남은 금융 시스템에 대한 대규모 환매 사태는 더욱 심각해지고 있었다. 패니메이와 프레디맥이 국유화된 지 일주일 후, 금융위기 이후 최악의 상황이 시작됐다. 우리는 혼란스러운 도산을 막기 위해 특단의 조치를 취하겠다는 정부의 의지를 보여줌으로써 시장을 안정시키고, 리먼브러더스 문제의 해결책을 모색하는 데 필요한 최소한의 시간을 벌 수 있을 거라고 기대했다. 그러나 갖은 노력에도 불구하고 우리가 기대한 것만큼 효과를 발휘하지 못했다. 시장은 안도하지 못했다. 정부가 특별조치를 시행하려고 고려할 만큼 시장을 걱정하는 것을 보면 실제 상황이 표면적으로 보이는 것보다 더 심각한 게 분명하다고 시장 참여자들은 판단했다. 불확실성은 두려움을 만들어내게 마련이다. 어느 누구도 연방정부의 인가를 얻지 못한 부실 민간 기업들에게 무슨 일이 일어날지 짐작할 수 없었다. 우리 역시 확신이 없었다. 우리의 정책을 계속 강하게 밀고 나갈 수밖에 없는 상황이었다. 훨씬 더 위험한 상황은 피했지만, 며칠 지났을 때 우리는 여전히 더 크고 더 위험한 문제를 해결하는데 나서야만 했다.

제4장

FIREFIGHTING

공황,
현실화하다

2008년 9월부터 2008년 10월까지의 미국 경제 상황을 설명
했다. 우려하던 악몽이 현실회되며 혼란에 빠진 시장을 안정시
키기 위해 어떤 노력을 기울였는지 다양한 대응책의 공과를 짚
어본다.

금 융 위 기 는
반 드 시
다시 온다!

현실화된 악몽

리먼브러더스 사태가 발생하기 전, 금융위기는 이미 1년 이상 계속되고 있었지만, 많은 미국인은 여전히 금융위기가 리먼브러더스의 붕괴와 함께 시작되었다고 믿고 있었다. 리먼브러더스 붕괴는 그 이전에 일어난 모든 금융위기를 무색하게 했고, 이후 발생한 모든 사태에 책임이 있는 것처럼 보였다. 그러나 리먼브러더스 붕괴는 단순히 금융 시스템이 취약해지는 원인을 제공했다기보다는 결과적인 현상이라고 볼 수 있다. 패니메이, 프레디맥, AIG, 메릴린치 모두 리먼브러더스보다 규모가 훨씬 컸다. 게다가 리먼브러더스가 파산하기 직전, 동시에 모든 문제들이 불거졌다. 사실 리먼브러더스 사태는 금융위기를 유발한 요인들이 집약된 전형적인 사례다. 첫째 부동산시장에 과도한 포지션이 노출되어 있었고, 둘째 대규모 환매에 쉽게 노출되는 단기 대출에 너무 의존한 데다, 셋째 규제가 느슨하고 과도한 부채를 보유하고 있었으며, 넷째 금융 시스템과 깊게 연계된 비은행권 금융기관이었다. 리먼브러더스의 사례가 다른 사례들과 다른 점은 그 결말이 재앙이었다는 것이다. 리먼브러더스 파산은 금융위기에 있어 가장 중요한 순간이지만, 가장 제대로 알려지지 않은 사건이기도 하다.

리먼브러더스 사태는 우리가 1년 동안 막으려고 애써온 악몽, 즉 금융 공황의 와중에 금융 시스템에서 중요한 위치를 차지하는 금융기관이 혼란스럽게 파산하는 것이 현실화된 사례다. 비슷한 상황에서 6개월 전에는 베어스턴스를 구제했고, 일주일 전에는 페니메이와 프레디맥을 구제했다. 그리고 이틀 후에는 AIG를 구제했기 때문에 많은 시장 참여자들이 우리가 고의적으로 리먼브러더스를 파산하게 내버려두었다고 생각했다. 일부 시장 참여자들은 그런 의도로 해석해 우리를 칭찬하기도 했다. 하지만 우리는 리먼브러더스를 고의로 파산하게 내버려둔 것이 아니다. 베어스턴스와 AIG 사태가 발생했을 때 우리는 구제 여부를 심각하게 고민했으나, 리먼브러더스의 경우에는 심지어 구제할지 여부도 논의하지 않았다. 우리의 능력으로 리먼브러더스의 붕괴를 막는 것은 역부족이었다.

결국 베어스턴스 사태에서 JP모건이 그랬던 것처럼 리먼브러더스의 부채를 떠안아줄 의지와 능력을 가진 인수자는 나타나지 않았다. 게다가 패니메이와 프레디맥의 경우처럼, 정부가 리먼브러더스의 채무를 보증해주기 위해서는 의회의 승인이 필요한데 이런 절차가 이뤄지지 않았다. AIG의 보험사업 부문처럼 연준의 대출이 이루어졌다면 시장이 리먼브러더스의 대출과 자산을 받아줘 파산을 피할 수 있었을 테지만, 리먼브러더스는 연준의 대출을 받기 위한 충분한 담보를 가지고 있지 않았다. 리먼브러더스가 붕괴된 이후에 우리가 발표한 일부 성명서들로 인해 우리의 동기에 대한 시장의 혼란이 가중됐다. 우리는 주요 금융기관을 구제할 능력이 없음을 인정함으로써 시장을 불안하게 만들고 싶지 않았다. 그러나 우리는 민간 부문 인수자가 없는 상황에서 리먼브러더스를 구제할 수 있는 다른 법적 옵션을 보유하고 있지 않았다.

위험했던 베어스턴스 사태를 가까스로 피한 이후 6개월 동안 위기에 대처하는 우리의 마음가짐은 변하지 않았지만, 우리 능력의 한계도 변하지 않았다. 우리가 리먼브러더스에 자본을 투입하거나, 부채를 보장해주거나, 자산을 매입해주거나, 리먼브러더스가 질서 정연하게 정리 파산하지 못했기에 우리가 두려워했던 악몽 시나리오는 현실화되었다. 이런 최악의 시나리오 덕택에 우리는 의회를 설득해 위기 대응에 필요한 권한을 가질 수 있었다. 이렇게 부여 받은 권한들로 위기 상황을 종식시킬 수 있었다.

초기에는 최악의 상황을 피할 수 있을 것이라고 생각했다. 리먼브러더스 붕괴와 그 후폭풍의 고통은 리먼브러더스의 주주와 간부들-그 회사의 부사장이었던 행크의 형제 딕을 포함한-, 심지어 금융 시스템 내 리먼브러더스의 거래 상대방들과 채권자들에게까지 영향을 주는 광범위한 문제였다. 리먼브러더스 붕괴는 글로벌 경제 전반에 영향을 미쳤다.

리먼브러더스 쇼크

리먼브러더스는 위험에 처한 다른 금융기관들과 비슷한 과정을 밟았다. 즉, 붕괴 전까지 큰 수익을 안겨준 서브프라임 모기지론, 상업용 부동산, 그리고 기타 과도한 레버리지 투자들에 위험한 투자를 했다. 리먼브러더스의 손실이 급증하고 리먼브러더스 파산에 대한 공매도가 시작되면서, 행크와 팀은 리먼브러더스에 대한 시장의 신뢰가 완전히 무너지기 전에 인수자를 찾도록 리먼브러더스의 CEO 딕 풀드Dick Fuld에게 압력을 가했다. 그러나 풀드가 잠재적인 투자자들에게 제시한 인수 조건들을 보면 리먼브러더스가 긴급한 상황에 처한 것으로 여겨지지 않았다. 특히 풀드가 인수 회사를 열심히 찾고 있을 때 시장에서는 이 투자은행에 별로 관심을 보이지 않았다.

9월 10일 수요일, 풀드는 3분기에 발생한 엄청난 손실을 사전 발표하면서 리먼브러더스의 부실 자산을 독립된 별도의 회사로 옮기는 계획을 발표해 충격을 감소시키고자 노력했다. 그러나 이는 단지 그가 숨기고 싶어 하는 부실 자산의 존재를 확인시켜주는 결과를 초래했을 뿐이다. 베어스턴스 사태 때의 파국 상황이 되풀이되고 있었다. 대출기관들은 추가 담보를 요구하고, 헤지펀드들은 매매 계좌를 폐쇄하고, 신용평가 회사들은 신용등급 하락을 경고했다. 시장이 리먼브러더스의 파산 가능성을 눈치챈 것이다. 우리는 그에 따른 후폭풍이 두려웠다. 그도 그럴 것이 리먼브러더스는 10만 명 이상의 채권자와 90만 건 이상의 파생 계약을 맺고 있었다. 그리고 특히 단기 자금 대출 규모가 베어스턴스의 2배를 넘어섰다. 리먼브러더스 사태는 조용히 마무리될 것 같지 않았다.

만약 리먼브러더스가 시중 은행이었다면, 혼란을 빚을 수밖에 없는 부도를 막기 위해 연방예금보험공사가 직접 나서서 자산을 동결하고 그에 대한 채무 상환을 보증했을 것이다. 그러나 비은행권 금융기관에 대해서는 정부 내 어떤 기관도 그렇게 할 권한이 없었다. 따라서 비은행권 금융기관인 베어스턴스 사태와 마찬가지로 리먼브러더스도 사태 해결을 위해서는 인수자가 필요했다. 뱅크오브아메리카는 리먼브러더스 합병을 검토하는 데 동의했지만 진지하게 검토하지는 않았다. 영국에 본사를 둔 바클레이스는 보다 진지하게 관심을 표명했으나, 풀드는 여전히 거래 상대방을 선택할 수 있다고 생각했다. 그는 양사간 비즈니스 적합성에 회의론을 표명했다. 영국 감독기관들은 리먼브러더스 인수에 우려를 표명했다. 이런 이슈들은 결국 매우 중요한 사항으로 판명 났다.

　한편, 미국의 다른 주요 기업들에 대한 신뢰도 급격히 무너지고 있었다. 우리는 9월 12일 금요일 밤에 열리는 뉴욕 연준 미팅에 월가 주요 CEO들을 참석시키기로 결정했다. 주요 금융기관의 CEO들을 소집한 주된 목적은 베어스턴스의 경우처럼 연준을 대신해 월가 기업들이 금융기관들의 문제를 해결하게 하려는 것이었다. 리먼브러더스의 인수 대상자로 훨씬 더 크고 재무 상태가 양호한 기업을 찾기 위해 연준은 민간 기업과 협력하고자 했다. 뉴욕 연준이 주도한 1998년도의 거래 같은 해법 말이다. 14개 거래 상대방 회사들이 힘을 합쳐 롱텀캐피털매니지먼트LTCM를 함께 사 들여 롱텀캐피털매니지먼트의 자산을 조건 없이 인수하고 그 자산을 청산한 사례다. 이렇게 활용 가능한 다양한 해법들을 모색하기 위해 민간 금융기관 CEO들과 미팅을 했다.

　월가가 리먼브러더스 붕괴를 막기 위해 민간 기업들과의 협력에 나서는 등 적극적인 행보를 보인 데는 이유가 있었다. 리먼브러더스가 붕괴하면, 다음 주자는 메릴린치가 될 가능성이 높았다. 또한 모건스탠리 역시 위험에 처할 것으로 전망됐다. 그리고 튼튼한 보유자산과 유동성 여유를 가진 골드만삭스조차 그 회사 비즈니스 모델에 대한 전면적 대규모 환매 사태가 일어날 경우 살아남을 수 없을 것처럼 보였다. 불행하게도, 이런 상황이 실제화된 뒤에는 실효성 있는 해법을 찾는 것이 불가능할 게 분명했다.

리먼브러더스는 파산 시점의 롱텀캐피털매니지먼트보다 규모가 훨씬 더 컸으나 회사의 자산은 훨씬 더 심각하게 부실했다. 한편, 롱텀캐피털매니지먼트가 파산한 1998년과 비교해보면 구제를 위해 현금이 필요한 리먼브러더스 이외의 다른 금융기관들은 훨씬 더 취약한 상태였다. 게다가 이들은 경쟁 금융기관이 붕괴되는 것을 막을 수 있을 만큼 충분한 여유 자본을 보유하고 있지 않았다. 오히려 리먼브러더스가 파산한 충격이 오래 갈 것으로 판단했기 때문에 다른 금융기관들은 경쟁사가 파산한 데 따른 충격의 여파에 영향 받지 않을 만큼 자신들이 충분한 회복력을 가지고 있는지 걱정해야 했다. 많은 유동화증권을 보증한 대형 보험사 AIG는 그 주에 회사 주가가 50퍼센트가량 하락했다. 이에 마진콜, 즉 추가 증거금 요구에 시달렸다. 뉴욕 연준은 리먼브러더스가 급속도로 무너지고 있는데도 불구하고 월가는 오로지 AIG만 걱정하고 있다고 내부 이메일을 통해 경고했다. "나는 단순히 리먼브러더스가 파산하는 것보다 더 안 좋은 소리를 듣고 있다. 그것은 모든 은행과 딜러들이 리먼브러더스와 거래 관계에 있다는 것이다." 이런 상황에서 패니메이와 프레디맥마저 무너졌더라면 상황이 얼마나 형편없어졌을지 생각하면 오싹할 지경이다. 이 두 회사가 국유화되고 상황이 안정된 이후에도 처참한 상태가 상당 기간 지속되었다.

월가의 구제금융에 대해 의회의 양당 정치인들이 점점 더 강하게 분노를 표출하면서 워싱턴 정가에선 상황을 이렇게 만든 원인 제공자들을 대한 분노가 들끓었다. 그때까지 점점 심각해져만 가는 금융 공황의 충격이 미국 경제 전반에 본격적으로 확산되지는 않았다. 지난 8월에 연준이 금리를 인하하지 않은 것은 월가 구제금융의 충격파가 전체 제조업으로 확산되는 데 시간이 걸렸기 때문이었다. 하지만 자동차 판매가 급감하고 해고가 급증하는 등 경제가 극단적으로 긴장되고 있다는 조짐들이 나타나고 있었다. 당연히 미국인들은 이같은 혼란 상황에 책임이 있는 은행들을 구제하기 위해 특별한 조치들을 취하는데 분노하고 당황했다. 일반 언론뿐만 아니라 금융 전문 신문인 〈파이낸셜타임스〉와 〈월스트리트저널〉조차 논평을 통해 이들의 사업 실패를 보상해주는 것을 중단하라고 요청했다.

리먼브러더스 사태가 파국의 종착역을 향해 가고 있을 때, 행크와 그의 팀, 즉 재무부는 납세자들의 세금이 리먼브러더스를 지원하는 데 사용되지 않을 것이라고 언론에 흘렸다. 이것은 정치적 결정이 아니라 협상 전술이었다. 이렇게 언론에 세금을 지원하지 않겠다는 이야기를 흘린 것은 리먼브러더스가 베어스턴스 형태로 구조될 가능성을 높이기 위해 민간 부문이 최대한 많은 부실 자산을 인수하도록 동기를 부여하기 위함이었다.

당시 상황은 우리 세 사람이 금융위기 동안 의견이 일치되지 않았던 몇 안 되는 순간 중 하나였다. 팀은 민간 금융기관들에 리먼브러더스 사태를 자체적으로 해결해야 된다고 이야기하는 것은 대규모 환매 사태를 악화시키는 결과를 초래할 뿐이라고 생각했다. 그리고 연준이 베어스턴스 형태로 연준 대출을 통해 민간 기업 인수를 도와준다면 "정부 자금을 사용하지 않겠다"고 발표한 우리의 신뢰성을 해치게 될 것이라고 염려했다. 그러나 행크는 리먼브러더스를 구할 수만 있다면 기꺼이 자신의 입장을 번복할 수 있다고 말했다. 우리 모두는 베어스턴스 방식으로 리먼브러더스 사태를 해결하려면 정부가 일정 부분 위험을 감수해야 한다는 것을 알고 있었다. 비록 이런 방식을 취해야 하는 것이 마음에 들지 않았지만 어쩔 수 없었다. 왜냐하면, 리먼브러더스를 살리기 위해 쏟아부어야 할 구제금융보다 해결 불가능한 사태에 직면했을 때 재정 및 경제적 안정을 되찾기 위해서는 훨씬 더 많은 비용이 들 것이 분명했기 때문이다.

우리는 금융위기를 막을 수 있는 충분한 권한을 확보하고 우리 스스로 핵심적인 금융 시스템을 충분히 보호할 수 있을 때까지는 주요 금융기관들이 붕괴되는 것을 피하려는 확실한 의지를 가지고 있었다. 우리 세 사람의 의견이 불일치한 것은 협상 방법, 메시지 전달 방법 등 전술적인 부분이었다. 핵심 금융기관의 붕괴로 인한 혼란을 막기 위해 우리가 할 수 있는 건 무엇이든지 하겠다는 결심이 변한 것은 아니었다.

금요일 장 마감 무렵, 리먼브러더스에 남은 현금은 단지 20억 달러에 불과했다. 이는 베어스턴스의 마지막 날과 같은 수준이었다. 뉴욕 연준에서 팀과 행크는 월가 CEO들에게 리먼브러더스의 디폴트(채무 불이행) 선언은 그들 모두에게 재앙이 될 게 분명하니 리먼브러더스 붕괴를 막기 위해 협력하라고 경고했다.

이에 은행가, 변호사, 회계사, 그리고 감독기관들이 뉴욕 연준에 모여 리먼브러더스 붕괴를 막기 위해 주말 내내 대책을 고민했다. 한 팀은 잠재적인 인수자들을 만나 그들이 인수하고 싶어 하지 않는 부실 자산 규모를 확인했고, 다른 팀은 월가의 은행 컨소시엄이 리먼브러더스의 부실 자산 중 일부 또는 전부를 인수하도록 협의했다. 그 과정에서 리먼브러더스의 회계장부를 검토했던 모두는 경악할 수밖에 없었다.

뱅크오브아메리카는 700억 달러 규모의 부실 자산을 정부가 책임져주지 않으면 거래를 고려조차 하지 않겠다고 밝혔다. 또한 바클레이스는 520억 달러의 부실 자산을 인수하지 않겠다고 입장을 분명히 했다. 리먼브러더스의 부동산 포트폴리오를 분석한 월가의 경영진은 그 포트폴리오의 가치가 리먼브러더스가 주장한 것의 절반 정도밖에 되지 않는다고 결론지었다. 업계가 정부의 도움을 많이 받으려고 리먼브러더스 문제를 과장한 경향이 있지만, 분명한 건 리먼브러더스 인수를 성사시키기 위해서는 자본 부족분에 대한 대규모 자본 투입이 불가피했으며, 부족 자본의 규모는 베어스턴스 사태에서 연준이 떠안았던 규모의 10배 이상이라는 것이었다. 이는 민간 부문 컨소시엄이 메우기에는 너무 큰 규모였다. 그리고 재무 구조가 양호한 금융기관의 경영진은 만약 그들이 실패한 경쟁사를 구조하는 것과 관련 있어 보일 경우 시장에서 부정적인 판단을 받을 거라는 타당한 우려를 가지고 있었다.

수천만 명의 생명보험 고객과 수백억 달러 상당의 퇴직 자산을 보유한 AIG를 구제하기 위해 또 다른 컨소시엄이 필요하다면, 월요일에는 대체 어떤 일이 일어날까? 토요일 아침에 AIG는 연준에 300억 달러의 중개대출 Bridge Loan이 필요할 수도 있다고 알렸는데, 저녁 무렵에는 그 금액이 600억 달러로 급증했다. 그날 저녁까지 모든 뉴스는 여전히 부정적이지 않았다. 뱅크오브아메리카가 정부나 업계의 도움 없이 메릴린치를 인수하려고 추진 중이었는데, 이는 뱅크오브아메리카 경영진이 리먼브러더스를 인수하는 데 그토록 관심을 보이지 않았던 이유이기도 하다. 비록 뱅크오브아메리카가 메릴린치를 인수하면 이제 시장에 리먼브러더스를 인수할 수 있는 회사는 하나밖에 남지 않게 되지만, 시장의 위험 요소가 한 가지 줄어든다는 면에서 우리는 안도했다.

그리고 그날이 끝날 무렵, 바클레이스-리먼브러더스 합병은 실제로 이뤄질 것처럼 보였다. 월가 CEO들은 바클레이스의 리먼브러더스 인수를 돕고 리먼브러더스의 부도를 막기 위해 부실 자산의 위험을 함께 감수하기로 원칙적으로 합의했다. 그러나 여전히 해소되지 않는 의문들이 있었다. 우리는 이 합병을 마무리하기 위해 마지막 순간에 연준의 지원이 필요할지도 모른다고 걱정했다. 바클레이스의 CEO 로버트 다이아몬드 Robert Diamond는 또한 다음과 같은 이슈를 제기했다. 영국 법에 의하면, 합병을 완료하기 위해서는 주주총회에서 합병에 대한 찬성 투표가 있어야 한다. 그리고 합병이 종료되기 전에 바클레이스가 리먼브러더스의 채무를 보증해줄 수 있는지 여부를 정확히 알 수 없다. 이는 분명히 문제가 될 만한 사안이었지만, 거래가 무산될 경우 금융 시스템에 파멸적인 결과를 불러일으킬 수 있는 상황에서 이런 문제점들이 인수합병 거래를 무산시킬 정도로 영향을 미치지는 않았다. 우리는 다른 문제들을 해결할 수만 있다면, 영국 측과 만족할 만한 해법을 찾아내리라고 결심했다.

일요일 아침, 우리는 우리의 생각이 안일했다는 것을 깨달았다. 영국 규제 당국이 바클레이스-리먼브러더스 합병안을 가로막은 것이다. 영국의 최고 금융감독기관 책임자인 캘럼 매카시_{Callum McCarthy}는 팀에게 바클레이스가 리먼브러더스의 리스크를 감당할 만큼 충분한 자본을 보유하고 있는지, 리먼브러더스의 부실 자산을 보증할 만한 충분한 능력이 있는지 확신할 수 없다고 말했다. 그는 어떤 경우든 바클레이스는 주주들이 합병을 승인하기 전까지 리먼브러더스의 어떤 채무도 보증할 수 없다며, 그 또한 합병을 승인하기 어렵다고 이야기했다. 합병을 승인하기 위해 주총을 개최하려면 수주 혹은 여러 달이 걸릴 수도 있었다. 팀은 매카시에게 시장은 리먼브러더스의 운명에 대해 즉각 확신을 가질 수 있기를 바라고 있으며, 글로벌 금융시장의 안정성에 문제가 발생한 현 시점에 인수합병 협상을 연기하는 것은 금융시장을 죽이는 것이나 마찬가지 결과를 초래할 것이라고 설득했다. 그러나 매카시의 반응은 "행운을 빈다"는 말뿐이었다.

행크는 바클레이스가 즉각 리먼브러더스를 보증할 수 있도록 주주 투표 요건을 면제해줄 것을 요청하기 위해 최후의 수단으로 영국 재무부 장관 앨리스테어 달링Alistair Darling에게 필사적으로 전화를 걸었다. 그러나 달링은 영국 납세자들이 리먼브러더스 문제로 인해 어려움에 빠지는 것을 원하지 않는다며, 우리를 도울 생각이 없음을 분명히 했다. 행크는 팀에게 보고했다. "영국 재무부 장관은 우리의 중병cancer을 영국으로 수입하고 싶지 않다고 했습니다." 이렇게 바클레이스와의 거래는 결렬됐다.

자국 금융 시스템의 혼란을 피하고 싶어 하는 영국 규제 당국의 거부는 우리에게 좌절을 안겨주었지만, 사실 그들의 우려는 일부 타당한 면이 있었다. 영국 경제에서 금융업이 차지하는 비중은 미국 경제에서 금융 산업이 차지하는 비중보다 4배 이상 크다. 그리고 미국과 마찬가지로 영국의 금융 시스템도 취약했다. 만약 합병 회사가 최종적으로 정부의 구제금융을 필요로 하게 될 경우, 미국의 리먼브러더스 문제가 영국의 바클레이스로 옮겨지면 영국의 납세자들이 심각한 손실에 노출될 가능성도 있었다. 바클레이스가 도랑에 있는 술주정뱅이를 도우려다가 결국 도랑에 빠지는 속담 속 주정뱅이 같은 처지에 놓일까 봐 영국인들이 우려하는 것은 지극히 정상적인 태도였다.

생각지도 못했던 일이었기에, 우리에게는 이 사태를 해결할 수 있는 대안이 없었다. 우리는 리먼브러더스의 부족한 자본을 메워줄 수 없었고, 부채를 보증해줄 권한도 없었다. 우리가 가진 것은 확실한 담보에 대해 대출해줄 수 있는 연준의 권한뿐이었다. 연준은 수용 가능한 담보로 간주되는 것에 어느 정도 재량권을 가지고 있지만, 정부와 금융계에서 가장 엄격한 기준을 가진 사람들이 리먼브러더스의 자산들을 검토했기에 그에 대한 판단은 시장 관계자들만큼이나 가혹했다. 리먼브러더스는 심각한 지급 불능 상태인 것처럼 보였다. 2013년 발표된 연구에 의하면, 리먼브러더스의 자본 부족분은 2000억 달러에 달했다.

베어스턴스의 사례와 마찬가지로 연준이 인수 자금을 조달하는 데 도움을 줄 수도 있었지만, 대규모 환매가 한창인 상황에서 지급 불능 상태의 금융기관을 구제해주기는 어려운 일이었다. 리먼브러더스의 재무제표상 나타난 큰 손실과는 별개로 리먼브러더스의 사업성, 브랜드, 그리고 경영진에 대한 시장의 신뢰는 이미 심각하게 훼손되고 있었다. 우리는 리먼브러더스가 더 이상 자본을 조달하거나 자산을 매각하거나 부동산 포트폴리오 장부가치에 근접한 자금을 조달할 수 없을 거라는 사실을 수개월간 확인했다. 물론 상황이 아주 급박해진다면 기꺼이 위험을 부담할 용의가 있었지만, 연준의 정책 도구들은 담보물에 대한 대출로 제한되어 있어 리먼브러더스를 살리기에 충분하지 않았다.

설령 연준이 리먼브러더스의 기업가치가 대출해주기에 충분하다고 판단해서 대규모 대출을 결정하더라도, 이미 대규모 환매 사태가 진행 중인 회사에 대출해주는 것은 국민들의 세금으로 해당 금융기관에 남아 있는 고객들과 거래 상대방들에게 도망갈 기회를 제공하는 것에 불과할 뿐이었다. 리먼브러더스의 사업은 막을 수 없을 정도로 급속하게 무너지고 있었다. 이런 유형의 브리지론은 공황을 진정시키지 못하면서 정부에 큰 손실을 안겨줄 뿐이다. 게다가 이에 대한 대중의 반발은 다음번에 주요 금융기관들이 비슷한 형태의 도움을 필요로 할 때 연준의 대응 능력을 심각하게 훼손시킬 게 분명했다. 마치 예정된 것처럼 그다음 주 화요일에 실제로 그런 일이 발생했다. 연준이 마지막 대부자 역할을 도맡을 경우 회생 가능성 있는 기업이 일시적 유동성 부족으로 파산하는 위험을 낮출 수는 있지만, 회생 불능 기업을 소생시킬 수는 없다. 만약 시장이 특정 기업의 지급 불능 상태를 불가역적이라고 판단한다면, 확실한 담보가 있어서 연준이 대출을 해주더라도 대규모 환매 사태를 막을 수 없고, 도망치는 고객들이나 거래 상대방들을 다시 불러올 수도 없다.

9월 15일 월요일 새벽 1시 45분, 리먼브러더스는 파산 신청을 했다. 미국 역사상 가장 큰 규모의 파산이었다. 연준은 은행과 투자은행에 어떠한 형태의 담보에 대해서도 융자해주겠다는 의향을 표명함으로써 리먼브러더스 파산으로 인한 피해를 최소화하려고 했다. 그러나 리먼브러더스의 붕괴는 시장에 치명적인 결과를 초래했다.

리먼브러더스가 파산한 월요일, 투자은행 비즈니스 모델에 대한 시장의 신뢰가 무너지면서 모건스탠리와 골드만삭스의 채권가산금리는 2배로 폭등했다. 또한, 대규모 환매 사태가 시중 은행으로 확산됐다. 시티은행의 부도에 대한 CDS 프리미엄도 폭등했다. CDS가 폭등한 이유는 대형 은행도 파산할 수 있다는 시장의 두려움이 반영된 탓이었다. 시장이 붕괴할지도 모른다는 두려움으로 투자자들은 시중 은행인 워싱턴뮤추얼에 대해서도 대규모 환매에 나섰다. 그 규모는 인디맥의 대규모 환매 사태 때의 2배에 이르렀다. 심지어 제조업계의 대기업인 GE마저도 기업어음의 만기 연장에 어려움을 겪었다. 이는 금융시장의 충격이 산업 전반에 확대되고 있다는 것을 보여주는 나쁜 신호였다.

전 세계의 은행, 기업, 가계, 즉 모든 경제 주체가 방어적인 분위기로 전환했고, 연금과 퇴직연금의 가치가 급락했다. 이는 자산 압류, 해고, 그리고 금융 공황이 악화되는 악순환으로 연결되었다. 기존에 MMF와 은행들에 자금을 조달해주던 외국 은행들은 달러를 조달하는데 어려움을 겪기 시작했고, 이머징 국가들의 금융시장도 엄청난 충격을 받았다. 연준은 외국 중앙은행들에 달러를 제공하기 위해 실질적으로 통화 스와프 한도를 대폭 확대했다. 전례 없는 글로벌 유동성 위기 상황에서 미국과 해외 시장에 막대한 양의 달러 유동성이 제공됐다. 그러나 연준의 단기 대출만으로는 글로벌 시장의 불안을 해소하기는 어려웠다.

리먼브러더스가 파산한 뒤 〈뉴욕타임스〉와 〈월스트리트저널〉 등 유력 매체들은 논평을 통해 우리가 실패한 기업을 구제하기 위해 공적 자금을 사용하려는 유혹을 뿌리쳤다는 사실에 우호적인 시선을 보냈다. 잠시나마 우리를 '구제금융의 왕'이라고 비난했던 비평가들은 리먼브러더스가 붕괴되도록 내버려둔 것은 자유시장 원칙을 잘 따른 것이라며, 무책임한 투기 세력에게 그들의 죗값을 치르게 해서 월가에 교훈을 주려는 우리의 의지에 박수를 보냈다. 그러나 그런 칭찬들은 부적절한 것이었다. 우리에게는 리먼브러더스를 실패하게 만든 바보들이라는 또 다른 비판들이 뒤따랐다. 우리는 할 수만 있었다면 리먼브러더스를 구했을 것이다. 그렇다. 비록 행크가 리먼브러더스가 쓰러지기 전에는 정부가 도움의 손길을 뻗지 않을 것이라고 밝혔지만, 이는 연준과 재무부가 독자적으로 구제금융을 실행할 능력이 부족해서 민간 부문의 참여를 이끌어내기 위해 압력을 가하는 일종의 전술이었다.

리먼브러더스가 붕괴되고 나서 며칠 후 의회의 증언에서 행크와 벤은 시장이 리먼브러더스 붕괴에 대비할 시간이 있었다고 증언함으로써 비평가들에게 우리가 리먼브러더스 파산에 따른 충격이 심각하지 않을 것으로 예상했다는 인상을 심어주었다. 우리는 리먼브러더스가 파산한 직후 우리에게 리먼브러더스를 구제할 능력이 없었다는 것을 인정할 수 없었다. 그런 무능함을 인정하는 순간, 시장은 공황에 빠져들어 대규모 환매 사태가 가속화될 위험이 있었기 때문이다. 금융 공황이 계속되는 상황에서 투자자들과 원활히 소통하는 것은 매우 중요한 일이지만 제대로 된 소통이 이뤄지는 것은 믿을 수 없을 정도로 어려운 일이기도 하다. 우리는 우리의 의사를 때로는 두루뭉

술하게 표현하고 때로는 명료하게 설명하면서 균형을 찾으려고 노력했다. 이런 대처는 우리가 의도적으로 리먼브러더스 붕괴를 선택했다고 시장에서 믿게 만드는데 일조했다. 우리는 위기 상황에 대처할 수 있는 카드가 더 이상 없어서 리먼브러더스가 파산하는 것을 두고 볼 수밖에 없었다는 사실을 알리고 싶지 않았다. 그러나, 현실은 우리가 리먼브러더스 붕괴를 사전에 막을 능력이 없었다는 것이었다.

리먼브러더스의 몰락은 금융위기를 드라마틱하게 증폭시켰지만, 리먼브러더스 사태가 일어나기 1년여 전부터 어느 정도의 시장 혼란과 대규모 환매 사태가 계속되고 있었던 것도 사실이다. 경제학자 에드워드 라지어Edward Lazear가 비유한 것처럼, 리먼브러더스는 튀겨지는 것을 막지 못한 최초의 알맹이(부실 금융기관)이지, 팬(금융 시스템)에 가해진 열(대규모 환매 사태)을 만든 원인은 아니었다. 어떻게 해서든 리먼브러더스를 구했더라도 다른 금융기관들이 망하지 않도록 막는, 다시 말해 근본적인 문제를 해결할 수 있는 방법이 우리에게는 없었다.

우리는 또 다른 딜레마에 빠졌다. 우리는 또 다른 위기를 막기 위해 불안정하게 버티고 있는 금융 회사들에 자금을 공급할 수 있는 실질적인 새로운 권한이 필요했다. 리먼브러더스 같은 드라마틱한 파산이 없었더라면 우리는 의회로부터 그런 권한을 얻어낼 수 없었을 것이다. 물론 그 과정은 쉽지 않았다. 우리가 리먼브러더스가 실패하도록 내버려두기로 선택한 것은 아니지만, 어떻게든 리먼브러더스 사태의 해결책을 찾아냈더라도 결국은 또 다른 무엇이 터졌을 것이다.

우리는 우리가 동원할 수 있는 모든 권한을 한도까지 사용했지만, 한계가 있었다. 고통스럽지만 명확한 사실은 정부의 가용 가능한 모든 자원을 동원하지 않고는 금융위기를 종식시키는 게 불가능하다는 것이었다. 리먼브러더스의 운명이 결정된 그 일요일 밤, 우리 모두는 필요로 하는 자금과 정책 도구를 얻기 위해 의회에 가야 할 때라는 데 동의했다. 우선, 우리는 AIG를 처리해야 했다. AIG는 리먼브러더스보다 훨씬 더 큰 만큼 훨씬 더 위험해서 만약 AIG가 붕괴되어버린다면 금융 시스템 전체가 무너질 수도 있는 위협적인 상황이었다.

글로벌 깨앙을 막기 위한 AIG 구제금융

리먼브러더스의 경우와 마찬가지로 글로벌 보험사인 AIG도 잘 작동하지 않는 감독 시스템에 의해 방치되고 있었다. AIG의 보험 자회사들은 주정부 수준의 규제와 감독을 받는 반면, 지주회사는 컨트리와이드, 인디맥, 워싱턴뮤추얼 같은 기관처럼 상대적으로 규제가 엄격하지 않은 저축은행 감독국의 감독을 받고 있었다. 따라서 우리 중 아무도 AIG의 실체를 들여다볼 수 없었고, 그해 늦여름 AIG가 대규모 자금 유출 사태에 직면하기 전까지는 우리 중 그 누구도 그 회사를 주시하지 않았다. AIG에 대해 많이 알게 될수록, 우리는 AIG를 리먼브러더스처럼 파산하게 내버려둔다면 엄청나게 심각한 경기 침체가 유발될 것임을 깨달았다.

AIG는 미국 근로자의 3분의 2가 넘은 인력을 고용하고 있는 18만 개의 기업들을 포함해 7600만 명의 퇴직연금 계좌와 생명보험, 건강보험, 동산보험, 그리고 자동차보험을 보증해주고 있었다. 그리고 전통적인 보험 회사에서 헤지펀드와 비슷하게 운영되는 무책임한 금융상품 부서 덕택에 AIG는 2조 7000억 달러 규모의 파생상품 계약을 보유하고 있었다. 그중 대다수가 부실 금융기관들을 보증하는 신용부도스와프_{CDS} 계약이었다. 따라서 AIG가 무너진다면 중요 은행들과 비은행권 금융기관들이 가장 필요로 하는 시점에 부도에 대비해 마련한 그들의 보험이 없어져버릴 것이었다. 이처럼 거의 모든 금융기관이 AIG에 노출된 것으로 보였는데, 아무도 다른 이들이 얼마나 AIG에 관계돼 있는지 확신할 수 없었기 때문에 AIG 파산은 다른 금융 회사들의 대규모 환매 사태에도 영향을 미칠 게 분명했다.

AIG 파산은 거의 임박한 것처럼 보였다. 최고가 150달러였던 AIG 주가는 월요일 5달러 아래로 급락했다. AIG의 거래 상대방들은 엄청난 액수의 추가 담보를 요구했고, 신용평가 회사들은 심각한 수준의 신용등급 강등을 고려했다. AIG가 파산을 피하려면 최소한 750억 달러가 필요한 것으로 예상됐다. 은행들이 유동성에 집착하는 상황에서 정부만이 감당할 수 있는 엄청난 규모였다. 연준이 보험 회사를 보증해주는 상황을 우리는 상상도 할 수 없었다. 바로 며칠 전까지만 해도 우리가 그런 해결책을 시도할 수도 있다는 데 회의적인 판단을 내렸었다. 월요일 오후가 되자 AIG가 민간 기업이 구제하기에는 너무 크고, 너무 복잡하고, 그리고 너무 망가져 있다는 것이 분명해졌다. 금융 시스템은 AIG의 붕괴를 막을 수 있는 상황이 전혀 아니었다.

리먼브러더스의 경우와 마찬가지로, 파산 및 지급 불능 사태를 피하면서 AIG의 문제들을 천천히 해결하기 위해 사용할 수 있는 연방예금보험공사의 은행 정리 권한 같은 체계를 우리는 보유하고 있지 않았다. 우리는 자본을 투입하거나, 부채를 보증하거나, 자산을 매입할 수도 없었다. 그러나 이번에는 연준이 AIG의 붕괴를 막기 위해 충분한 금액을 대출해줄 것으로 예상됐다. 왜냐하면, 고객의 신뢰가 무너지면 아무것도 남지 않는 투자은행과 달리 AIG는 상대적으로 안정적인 수익(현금흐름)을 창출할 수 있는 보험 사업 부문을 가지고 있는 글로벌 기업이었기 때문이다. 연준은 우량 담보물에 대해 대출해줄 수 있는 권한을 가지고 있었고, 베어스턴스나 리먼브러더스와 달리 AIG는 매달 보험료를 내는 계약자와 그들의 대출에 대한 보증을 목적으로 하는 법정 적립금을 가진 잘 규제된 보험회사들을 자회사로 보유하고 있었다.

AIG가 보유 자금을 대상으로 한 대규모 환매 사태를 견뎌낼 수 있는가 하는 문제에 대해서는 시장의 신뢰를 잃었지만, 이 회사가 갖고 있는 대부분의 문제가 금융상품사업 부문이 속한 AIG의 지주회사에 관련돼 있다는 점은 시사하는 바가 컸다. 보험사업 부문에 회사의 가치가 상당 부분 편재돼 있는 것을 고려하면 회사 전체적으로 볼 때 지불 능력이 충분해서 독자 생존 가능성이 있다고 시장이 판단할 것이라고 우리는 생각했다.

대규모 환매 사태에 직면한 금융기관에 대출해주는 것은 분명히 위험한 일이다. 이런 대출은 단지 금융 시스템이 무너지기에 앞서 금융기관들에 준비할 시간을 벌어주는 조치를 취하는 것에 불과하다는 인상을 줄 수 있다는 것도 우리는 충분히 인지하고 있었다. 그러나 화요일까지 필요한 현금을 확보하지 못하면 AIG는 파산 신청을 할 수밖에 없는 상황이었다. 그리고 필요한 자금의 규모는 매시간 증가하는 듯했다. 그날 오후, 연준은 AIG에 79.9퍼센트의 지분을 담보로 제공하는 조건에 일정한 페널티 금리 이자를 부과해 850억 달러의 신용한도를 제공하겠다고 제시했다. 이는 정부가 개별 기업에 제공할 수 있는 최대 한도에 조금 못 미칠 정도로 상당한 규모였으나, AIG가 회생한다면 납세자들이 그에 따른 이익의 상당 부분을 취할 수 있을 게 분명했다. 당장 CEO를 교체하라는 조건이 있었음에도 불구하고 AIG는 우리가 제시한 조건을 모두 받아들여 거래는 성사됐다.

우리는 이 같은 거래에 대한 여론의 반발이 극심하리라는 것을 알고 있었다. 우리가 원칙 없이 갈지자 행보를 하고 있는 것으로 보이리라는 것도 알고 있었다. 당시 하원 금융서비스위원회 의장이었던 바니 프랭크는 리먼브러더스 사태와 AIG 사태 사이에 하루 동안 유

○ AIG 지원 보증 금액

정부는 금융 시스템에 치명적 영향을 주는 무질서한 부도를 방지하기 위해 AIG에 긴급대출, 자본 제공, 보증을 제공했다.

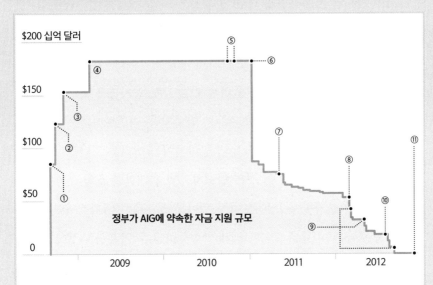

① 2008년 9월 16일 : 연준은 AIG의 지분 79.9%를 인수해 850억 달러의 신용대출기구를 설립했다.

② 2008년 10월 8일 : 연준은 AIG에 378억 달러의 추가 지원을 약속했다.

③ 2008년 11월 10일 : 재무부가 AIG에 400억 달러의 TARP 기금을 투자했다. 메이든 레인 Maiden Lane II와 III이 AIG의 모기지 관련자산을 매입하도록 연준이 승인했다.

④ 재무부가 300억 달러 추가 지원을 약속하고, 연준은 지원 조건을 재조정했다. AIG의 해외 생명보험 자회사인 AIA와 ALICO 우선주를 매입하는 조건으로 250억 달러의 대출 한도를 감축했다.

⑤ 2010년 가을, AIG는 회사를 분사해 205억 달러 규모의 AIA를 상장한 뒤 자회사로 전환하고, 메트라이프는 162억 달러에 AIG의 일부인 ALICO를 인수했다.

⑥ 2011년 1월 14일 : 자본 확충 종료. 연준 대출이 상환되고, AIG의 보통주 92%를 보유한 재무부로 잔여 이자를 이관했다.(메이든 레인 II와 III는 연준과 함께 있음)

⑦ 2011년 5월 : 재무부가 58억 달러 규모의 AIG 주식을 매각하여 지분을 77%로 줄였다.

⑧ 2012년 2월 28일 : 메이든 레인 II에서 마지막으로 AIG 주식을 전량 매각했다.

⑨ 2012년 3~9월 : 재무부는 여러 차례에 걸쳐 보유중인 AIG 주식을 매각해 지분율을 22%로 낮추었다.

⑩ 2012년 8월 : 메이든 레인 III에서 마지막 AIG 주식을 최종적으로 매각했다.

⑪ 2012년 12월 : 재무부가 AIG 주식을 마지막으로 매각. 미국 정부는 230억 달러의 수익을 거뒀다.

출처 : 재무부

지된 정부의 시장에 대한 엄격함을 기념해 리먼브러더스 파산 신청일인 9월 15일을 "자유시장기념일"로 부르자고 비아냥거렸다. 그러나 다시 한 번 강조하는데, 우리가 갑자기 어떤 원칙을 포용하거나 폐기한 것은 아니었다. 우리는 혼란을 막기 위해 우리가 할 수 있는 것을 했고, 우리가 할 수 없는 것을 하지 않았을 뿐이다.

AIG는 사업을 계속 유지하기 위해 필요로 하는 자금을 확보할 만큼 충분히 튼튼한 담보물을 보유하고 있었지만, 리먼브러더스는 그렇지 못했다. 우리는 AIG에 그들이 받아들이기 어려운 조건을 내걸고 협상을 했다. 그렇게 한 것은 납세자들을 최대한 보호하고, 이로 인해 미래에 불거질지 모를 도적적 해이를 최소화하기 위해서였다. AIG 주주들은 이 같은 합의에 대해 자신들이 너무 가혹한 대접을 받았다고 생각해 나중에 소송을 걸었다. 그들이 그렇게 분노한 것은 합의 조건과 관련, 우리의 강렬한 의지가 AIG 구성원들을 구제하는 것보다는 금융 시스템 전반을 구하는 데 치우쳤기 때문이었다. AIG를 구제하는 것은 당시 우리가 감수해야 했던 가장 최소한의 끔찍한 옵션이었다. 우리는 그 끔찍함을 최소화하려고 노력했다.

평론가들은 이 같은 우리의 행보에 대해 월가 금융기관에 경영상 실패를 겪을 때면 정부가 보상해줄 거라는 메시지를 보낸 데 불과하다고 조롱했다. 하지만 금융기관들의 실패는 대부분 보상되지 않았다. 금융위기의 전 과정을 살펴보면 컨트리와이드, 베어스턴스, 패니메이, 프레디맥, 메릴린치, 리먼브러더스, AIG, 시티, 와코비아의

CEO는 모두 직장을 잃었다. 그리고 이들 금융 회사의 주주들은 자신들의 주식이 폭락하는 것을 지켜봐야만 했다. 채권자들과 거래 상대방들에 의한 대규모 환매 사태를 피하기 위해 우리는 금융 부문의 고통을 일부 경감시켜주었고, 이것이 어느 정도 도덕적 해이 논란을 불러일으킨 것은 사실이다. 하지만 우리는 미래의 금융업 종사자들이 따라 할 만한 특별한 선례를 만들려고 하지 않았다. 우리는 단지 우리가 미리 정해놓은 엄격한 기준이 옳다는 것을 증명하기 위해 금융 시스템이 붕괴되는 것을 방치하고 경제가 무너지는 것을 가만히 지켜보는 것은 쓸데없는 자만심에 불과하다고 생각했을 뿐이다. 만약 AIG가 파산한 결과의 파장이 AIG 간부들과 주주들에게 국한된다고 생각했다면 AIG가 파산하도록 기꺼이 내버려두었을 것이다. 그러나 우리는 AIG 부도로 인한 충격이 글로벌 재앙으로 확대되고, 이를 막을 방법이 없는 게 분명한 상황에서 시스템상 중요한 위치를 차지하는 금융기관이 파산하는 것을 가만히 두고 볼 수만은 없었다.

일부 비평가는 연준이 AIG 채권단과 거래처들에 대한 배당금을 줄이는 채무 삭감 방식의 구조조정 방안을 취하지 않고 AIG와 위험한 거래를 한 대가로 100센트 전액 돌려주는 것에 격분했다. 사실, 연준에는 파산을 의미하는 채무 불이행을 촉발하지 않으면서 기업에 구조조정안을 부과할 권한이 없었다. 그리고 채권자들은 아주 적은 규모의 자발적 채무 삭감안에도 즉각 거부 의사를 표명했다. 어쨌든 파산으로 치닫는 회사의 채권자들에 대한 채무 삭감은 평상시에는 합리적이고 정당한 조치이지만, 금융 공황이 계속되는 상황에서 채무 삭감은 금융 공황을 심각하게 만드는 확실한 방법에 불과할 뿐이다. 이는 부실 회사의 채권자들에게 지금 당장 돈을 찾지 않으면 그들의 돈이 없어질 수도 있다는 신호를 보내는 것에 다름 아니다. 이것이 바로 워싱턴뮤추얼 사태 이후 일주일 동안 우리가 목격한 현상이었다. 위기 대응책의 목표는 두려움을 완화하는 것이지 공포를 확대시키는 것이어서는 안 된다.

대중이 왜 방만하게 운영된 금융기관들이 그 대가를 치르는 것을 보고 싶어 하는지 우리는 이해할 수 있었다. 투자 격언에도 있는 것처럼, 파산 없는 자본주의는 지옥 없는 기독교나 마찬가지다. 그러나 전례 없는 금융위기 상황에서 만약 정책 당국이 위기를 안정시키는 것보다 금융기관을 응징하는 데 집중한다면 상황은 더욱더 악화될 뿐이다. 벤이 말했듯, 만약 당신의 이웃이 침대에서 담배를 피워 집에 불이 나게 했다면 비록 옆집이 불에 타버리도록 내버려두는 게 방화범에게 벌을 주고 침대에서 담배를 피우는 것은 절대 안 된다는 강력한 신호를 보내는 방법일 수도 있지만, 당신은 당연히 옆집의 화재가 당신 집과 마을 전체로 확산되기 전에 소방서에 연락해 화재를 진압하게 할 것이다.

금융위기가 확산되는 것을 막기 위해 무분별한 행위를 한 금융기관들에 필요 이상으로 보상해주지 않는 것은 합리적이다. 그리고 금융위기가 종식된 후 무분별하게 운영된 금융기관을 적절히 징벌하는 동시에 보다 강력한 금융위기 방지 조치들을 권장하는 것은 타당하다. 그렇지만 첫 번째 우선순위는 금융위기를 진화하는 데 두어야만 한다.

AIG는 우리가 생각했던 것보다 훨씬 더 어려운 상황에 놓여 있었다. 초기에 구제자금을 지원한 이후에도 부실이 계속해서 드러났는데, 결국 구제금융은 우리의 상상을 초월한 1850억 달러로 확대될 것으로 보였다. 하지만 결국 AIG는 이자를 붙여 구제금융을 상환했다. 구제금융을 상환하기 위해 AIG는 일부 사업을 매각해야만 했다. 최종적으로 정부는 230억 달러의 이익을 낼 수 있었다. 더 중요한 것은 우리가 AIG 파산에 따른 광범위한 피해를 막을 수 있었다는 것이다. AIG 임원들이 전체 금융 시스템을 위험에 빠뜨리는 데 일조했기 때문에, 이들이 위기 전에 계약한 대로 보너스를 받아가자 대중은 매우 분노했다. 대중과의 관계라는 관점에서 보면 AIG를 구제하는 것은 악수임이 분명했다. 그러나 2008년 9월 리먼브러더스가 파산한 바로 다음 날 우리가 AIG를 구제하지 못했다면 그것은 바로 재앙으로 이어졌을 것이다.

논란 끝 타결된 TARP, 더 이상의 실패는 없다

우리는 상당히 많은 재앙을 막았지만, 그것만으로는 불충분했다. 리먼브러더스의 파산 및 메릴린치와 AIG가 거의 도산할 뻔했던 사태는 시장을 깊은 충격에 빠져들게 했다. 스스로의 힘으로 온전히 살아남은 두 투자은행 모건스탠리와 골드만삭스 역시 점점 거세지는 대규모 환매 사태에 직면하게 되었다. 모건스탠리의 신용부도스와프는 부도 전 리먼브러더스의 신용부도스와프보다 높은 수준으로 상승했으며, 골드만삭스는 일주일 만에 600억 달러어치의 유동성이 증발하는 것을 지켜볼 수밖에 없었다. 회사채 시장의 가산금리는 1929년 금융시장이 붕괴했을 당시보다 2배나 더 높아졌다. 이는 비은행권 금융기관들이 파산할지도 모른다는 두려움이 커지고 있다는 신호였다. 단기 국채 금리는 실제로 마이너스가 되었는데, 이는 광적인 안전자산 선호 현상을 보여주는 증거였다. 투자자들은 투자 대상을 구분하지 않고 투자하는 것 자체를 너무 두려워하며, 오로지 국채에 투자하거나 현금을 보유하려고 했다.

벤은 야구 통계 전문가인 빌 제임스Bill James에게 이메일을 한 통 받았다. 상황이 이보다 나빠질 수는 없다며, 우리가 버텨내기를 바랄 뿐이라는 내용이었다. 상황은 여전히 악화되고 있었다.

우리가 AIG 지원 조건을 정리하는 동안, 그 주 화요일에 새로운 악재가 터졌다. 리먼브러더스의 기업어음에 집중투자한 MMF 리저브프라이머리펀드Reserve Primary Fund가 투자자들에게 더 이상 투자금액의 100퍼센트 금액을 지불할 수 없으며, 투자금 상환을 중단하겠다고 발표한 것이다. 투자자들이 다른 MMF들도 투자금액의 100퍼

○ MMF 관련 대책

리먼브러더스 사태로 MMF에 대한 대규모 환매 사태가 벌어졌으나, 정부가 MMF를 보증하면서 사태가 진정됐다. 재무부는 MMF 시장의 대규모 인출 사태를 방지하기 위해 3조 2000억 달러의 초단기금융 자산을 보증해주는 데 동의했다.

일간 MMF 자금 흐름

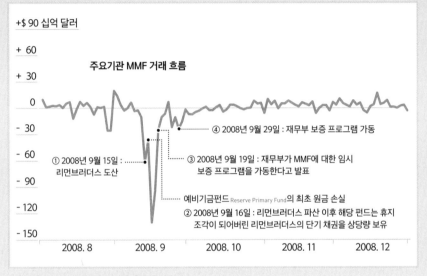

출처 : iMoneyNet, 슈미트 등(2016)을 활용한 저자 계산

센트 지급이 어렵다고 선언해 그들의 투자금이 동결될까 봐 걱정하면서 그 주에 2300억 달러의 자금이 MMF에서 빠져나가는 대규모 환매 사태가 발생했다. 주로 예금자 보호가 되지 않는 비은행권 금융기관의 저축성 상품에서 이런 일이 발생했다.

투자자들을 안심시키기 위해 MMF들은 위험을 회피할 목적으로 기업어음 편입을 줄이고, 심지어 초단기 환매조건부채권$_{RP}$ 투자도 줄였다. 이는 결과적으로 은행과 비은행권 금융기관들의 유동성 위기를 심화시켰다. GE, 포드, 코카콜라 등 신용등급이 우수한 비은행권 회사의 CEO들이 행크에게 그들의 기업어음을 매각하는 데 어려움을 겪고 있다며 도움을 요청했다. 이들은 기업어음을 통해 단기 자금을 빌려 기업 활동에 필요한 자금을 조달하고 거래처와 근로자에게 대금을 지불해왔는데, 자금줄이 막혀버린 것이다. 이런 상황이 계속되다 보면 재고를 줄이고, 중소 협력업체에 대한 대금 결제를 연기하고, 노동자들을 해고할 수밖에 없는 상황에 내몰리게 된다.

위기는 보다 구체적이고 체감할 수 있는 형태로 월가에서 제조업 전반으로 막 번져 나가려 하고 있었다. 우리는 3000만 명의 미국인들이 3조 5000억 달러 규모의 자금을 투자한 MMF와 수많은 실물 경제 기업들의 생명줄인 유동성을 매일같이 제공하는 기업어음에 대한 대규모 환매 사태를 막기로 결정했다. 행크의 팀은 연방예금보험공사가 은행 예금을 보증해준 것처럼 500억 달러 규모의 재무부 외환안정기금을 이용해 MMF를 보증해주는 아이디어를 냈다.

재무부 기금은 긴급 상황에서 달러 가치를 보호하기 위한 목적으로만 사용하도록 정해져 있었다. 그런데 MMF의 대규모 환매 사태를 막는 것은 경제가 붕괴되는 것을 막는 것이나 마찬가지였다. 경제가 붕괴되면 달러 가치도 급락할 수밖에 없다. MMF의 대규모 환매 사태를 막는 것은 결과적으로 달러 가치 급락을 막는 것이기 때문에 재무부 기금의 원래 취지에 부합한다고 볼 수 있었다. 어쨌든 우리는 재무부가 일단 보증 계획을 발표하기만 하면, 실제로 재무부의 돈을 쓰거나 빌려줄 필요는 없을 거라고 믿었다. 왜냐하면 투자자들이 MMF가 안전하다고 느끼고 신뢰를 회복한다면 환매를 멈출 것이라고 생각했기 때문이다. 아울러 연준은 '자산담보부 기업어음 MMF 유동성 지원 프로그램AMLF'이라는 새로운 대출 프로그램을 도입해 은행들이 MMF로부터 기업어음을 사게끔 지원했다. 자산담보부 기업어음 시장의 경색을 해소하려는 목적이었다. 시행한 지 2주 만에 AMLF를 통해 더 이상 시장의 신뢰를 받지 못하는 기업어음 시장에 1만 5000억 달러의 자금이 지원됐다.

이 개입은 확실히 적절했으며, 효과가 있었다. 조치를 취한 이후 다른 어떤 MMF도 원금 손실을 기록하지 않았다. 재무부가 MMF에 새로운 보증을 해주는 대가로 보험료를 부과했기 때문에 납세자들은 또 다른 이익을 얻기도 했다. 연준의 추가적인 유동성 제공은 확실히 도움이 되었지만, 진정한 교훈은 정부가 직접적인 보증에 나서면서 나타난 효과에서 찾을 수 있다. 즉, 재앙 같은 결과가 예상되는 상황에서 금융 정책 당국이 신뢰할 만한 보증을 해주면 시장 참여자들이 상황이 악화될 것으로 예상하고 행동할 필요가 없어져 시장에 더 이상 공황이 발생하지 않게 된다.

하지만 우리는 투자은행들의 채무를 보장해줄 권한이 없었다. 그래서 우리는 모건스탠리 CEO 존 맥John Mack과 골드만삭스 CEO 로

● 기업어음 시장 구제책

연준과 재무부는 금융기관과 기업들의 주요 자금 조달 창구인 기업어음 시장의 취약성을
언급하면서 대응책을 도입했다.

기업어음 발행 물량 중 초단기(1일간) 자금 규모

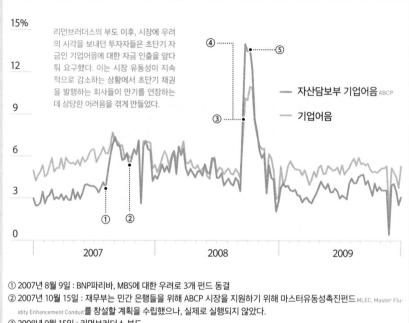

리먼브러더스의 부도 이후, 시장에 우려의 시각을 보내던 투자자들은 초단기 자금인 기업어음에 대한 자금 인출을 앞다퉈 요구했다. 이는 시장 유동성이 지속적으로 감소하는 상황에서 초단기 채권을 발행하는 회사들이 만기를 연장하는 데 상당한 어려움을 겪게 만들었다.

자산담보부 기업어음 ABCP
기업어음

① 2007년 8월 9일 : BNP파리바, MBS에 대한 우려로 3개 펀드 동결
② 2007년 10월 15일 : 재무부는 민간 은행들을 위해 ABCP 시장을 지원하기 위해 마스터유동성촉진펀드 MLEC, Master Fluidity Enhancement Conduit를 창설할 계획을 수립했으나, 실제로 실행되지 않았다.
③ 2008년 9월 15일 : 리먼브러더스 부도
④ 2008년 9월 19일 : AMLF와 MMF시장 보증. 연준은 ABCP MMF 유동성 지원프로그램을 설립하고 재무부는 기업어음의 주요 구매자인 MMF에 대한 임시 보증 프로그램을 발표했다.
⑤ 2008년 10월 7일 : 기업어음 유동성 제공 프로그램 CPFF 설립

출처 : 연준

이드 블랭크페인Lloyd Blankfein에게 자금 상황이 상대적으로 양호한 시
중 은행들과 합병하도록 압력을 가하는데 상당한 오랜 시간을 보냈

다. 당시에 팀은 급박한 금융 상황을 타개하기 위해 짧은 시간에 급하게 합병을 추진하려고 시도했다. 월가의 경영진이 온라인 데이트 중계 사이트에 빗대어 그에게 'e-하모니 e-harmony'라는 별명을 붙일 정도였다. 그러나 골드만-와코비아은행, 모건-시티은행 같은 거대 합병은 실제로 이루어지기 어려워 보였다. 와코비아와 시티는 예금 보호가 되는 예금을 가지고 있었지만, 회사 자체적으로 풀기 벅찬 문제들을 안고 있었다. 이런 상황에서 합병하면 결국 '도랑에 빠진 두 주정뱅이'가 될 가능성이 컸다.

한편, 우리는 지난 몇 달 동안 꺼려왔던 금융 회사 주식에 대한 일시적인 공매도 금지를 증권거래위원회에 마지못해 요청했다. 금융기관 주식에 대한 공매도 금지는 극단적인 시장 상황이 아니었다면 절대로 고려하지 않았을 것이다. 우리는 어려움에 처한 기업들에 대한 공매도를 금지하자는 아이디어에 반감을 가지고 있었다. 이는 마치 부정적인 평가를 금지하는 것처럼 느껴졌기 때문이다. 시장의 자신감을 훼손시키는 것처럼 보이기도 했다. 하지만 모건스탠리는 붕괴 직전이었고, 골드만삭스도 모건스탠리의 전철을 밟고 있었다. 주요 시중 은행들 역시 그들의 처지와 다를 바 없었다. 우리에게는 이러한 상황에 대처할 방법이 많이 남아 있지 않았다.

두 투자은행은 필사적으로 전략적 파트너를 찾고 있었다. 전략적 파트너에게 지분 투자를 받으면 자본을 확충하는 데 도움이 되고, 회사의 생존 능력에 대한 자신감을 시장에 보여줄 수 있기 때문이다.

연준은 민간 자본으로 즉각 자본을 확충하는 조건으로 두 투자은행이 은행지주회사가 되는 것을 허용했다. 9월 20일 주말 동안 골드만삭스는 워런 버핏으로부터 50억 달러의 투자를 확보하면서 일반 투

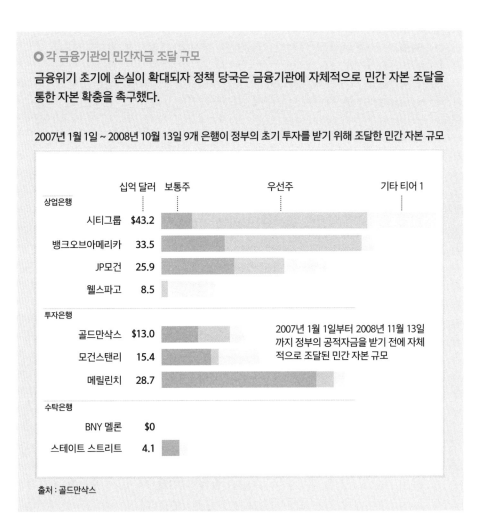

○각 금융기관의 민간자금 조달 규모

금융위기 초기에 손실이 확대되자 정책 당국은 금융기관에 자체적으로 민간 자본 조달을 통한 자본 확충을 촉구했다.

2007년 1월 1일 ~ 2008년 10월 13일 9개 은행이 정부의 초기 투자를 받기 위해 조달한 민간 자본 규모

	십억 달러	보통주	우선주	기타 티어 1
상업은행				
시티그룹	$43.2			
뱅크오브아메리카	33.5			
JP모건	25.9			
웰스파고	8.5			
투자은행				
골드만삭스	$13.0			
모건스탠리	15.4			
메릴린치	28.7			
수탁은행				
BNY 멜론	$0			
스테이트 스트리트	4.1			

2007년 1월 1일부터 2008년 11월 13일까지 정부의 공적자금을 받기 전에 자체적으로 조달된 민간 자본 규모

출처 : 골드만삭스

자자들로부터 추가적으로 50억 달러를 모금할 수 있었다. 모건스탠리는 미쓰비시로부터 회사의 지분 20퍼센트를 90억 달러에 사겠다는 약속을 확보했다. 연준의 은행지주회사 지정은 시장을 약간 안정시키는 효과를 나타냈지만, 실질적인 영향은 거의 없었다. 예를 들어, 이미 시행된 대출 프로그램을 고려할 때 두 은행 모두 연준으로부터 빌릴 수 있는 자금의 한도는 증가하지 않았다.

민간 투자자들의 자본 투입은 제한적이나마 시장의 신뢰를 회복시켰지만, 금융위기는 수그러들 기미가 보이기는커녕 오히려 맹렬하게 타올랐다. 우리는 위기 확산 속도를 따라잡지 못하는, 상당히 위험한 상황이었다. 게다가 우리가 가진 정책 도구들이 너무 취약해서 대규모 환매 사태를 진정시키기에 턱없이 부족한 상황이었다. 당시 상황은 금융기관별로 각각 대처하기보다는 금융 시스템 전체적으로 대처할 필요가 있었다. 따라서 의회의 승인과 세금을 활용한 공적자금 투입 없이는 해결할 방법이 없어 보였다.

우리는 지난 수개월 동안 의회에 좀 더 강력한 긴급권한을 요청했으나, 의회는 우리에게 더 많은 권한이 필요한지 판단하기에 앞서 좀 더 명확한 증거를 제시해달라고 요구했다. 의회가 금융 당국의 요청을 거부할 경우 금융 당국이 위기 상황을 종식시킬 능력이 없을 거라는 시장의 의심이 확산될 것이 분명했다. 당시 상황은 두번째 대공황을 향해 치닫고 있었으므로 우리는 의회가 이런 상황을 감안해 대응해줄 것으로 기대했다. 9월 18일 백악관 루스벨트룸에서 열린 회의에서 벤과 행크는 부시 대통령에게 지금은 의회로 가서 도움을 청할 때라고 말했다. 벤은 연준이 할 수 있는 일이 더 이상 없다고 강조했다. 대통령은 우리가 위기 상황을 극복하기 위해 필요한 권한을 요청하기 위해 의회에 출석하는 것을 허가했고, 거기서 우리는 더 이상 리먼브러더스 같은 실패는 없게 만들 수 있을 거란 확신을 갖게 되었다.

금요일 밤늦게 행크는 의회에 3페이지짜리 부실자산구제프로그램TARP 초안을 보냈다. TARP 초안은 재무부에 금융 시스템 전체를 흔들고 있는 7000억 달러 상당의 부실 주택담보부 유동자산을 매입할 권한을 부여하는 내용이었다. 7000억 달러는 다소 자의적인 금액이었다. 5000억 달러는 11조 달러의 전체 주택담보시장에 비해 충분히 크지 않다고 느껴지고, 1조 달러에 가까운 돈은 정치권에서 받아들이기에는 너무 크기 때문에 중간 정도인 7000억 달러로 결정된 것이다. 이 프로그램의 목적은 정부의 압도적인 능력의 실체와 이에 대한 시장의 인식을 만들어내는 것이었다. 우리는 위험에 처한 금융기관이 신뢰를 회복하는 데 도움을 주기 위해 그들의 재무제표를 압박하는 비유동자산 일부를 제거해주었다. 또한, 이 프로그램을 통한 매입으로 우리가 기존에 사지 않았던 유사한 주택담보대출 자산 시장을 되살려 전체 금융시장의 효과적인 자본 확충을 도모하고자 했다. 이는 재무부와 연준이 지난 4월에 공동 개발한 이른바 '긴급탈출 플랜'과 비슷했다. 지금은 유리 창문을 깨고 탈출해야 할 긴급한 상황이었다.

TARP를 공개적으로 지지하는 것은 그 자체로 어느 정도 위험을 수반했다. 행크와 벤은 이 비상한 조치를 정당화할 만큼 당시 상황이 충분히 심각하다는 것을 의회에 납득시킬 필요가 있었지만, 지나치게 공포를 불러일으키는 수사법을 동원했다가는 시장의 공포를 악화시키는 원치 않은 결과를 초래할 수도 있었다. 당시 상황은 금융위기 내내 우리가 경험했던 줄타기를 하는 듯한 아주 어려운 의사 소통의 상황들과 똑같았다. 주요 요점만 간단히 설명한 행크의 의회 제안서는 그 자체로 즉각적이고 거센 정치적 역풍을 일으켰다. 크리스토퍼 도드 상원 금융위원장은 의회에 확정적인 법안처럼 만들어 제출하는 것을 삼가달라고 요청했다. 이에 행크는 법안의 내용을 간단한 개요 정도 구성해서 제출했다. 그러나 비평가들은 행크의 제안에 입법적 세부 사항이 결여되었다며 트집 잡았다.

초안은 또한 의회의 개입이나 법률적 검토 없이 재무부가 7000억 달러를 사용하는 데 있어 거의 무제한적인 융통성을 부여하는 내용을 담고 있었다. 바로 이 점이 행크가 전례 없는 권한(권력)을 추구하려 한다는 비난을 불러일으켰다. 많은 공화당원이 행크의 계획을 큰 정부를 추구하는 사회주의에 불과하다며 공격했고, 대다수 민주당원은 금융기관의 임원 보수에 대한 제한 규정과 주택 보유자에 대한 구제 내용이 부족하다고 불평했다. 의회에서 열린 청문회에서 행크와 벤은 이 조치가 실물경제보다 월가를 우선시하며, 금융위기를 불러일으킨 원인을 촉발한 자들이 파산하게 내버려두는 대신 면죄

부를 주며 과잉보호하려는 듯 보인다며 여러 차례 공개적으로 비난을 받았다. 벤이 한 상원의원을 설득하려고 전화한 적이 있는데, 그는 TARP에 "50퍼센트는 반대, 나머지 50퍼센트는 때려죽여도 절대 반대"라며 적극 반대 의견을 피력했다.

그럼에도 불구하고 언론들이 주목하고 있지 않거나 의원들이 보여주기식 행위를 하지 않는 동안, 행크는 양당의 합의를 이끌어내기 위해 노력했다. 그러던 중 갑작스레 공화당 대통령 후보인 존 맥케인John McCain이 나서서 이 위기를 해결하는 데 도움을 주기 위해 대통령 선거 운동을 중단하고 워싱턴으로 날아가겠다고 발표했다. 이 발표는 우리가 하고 있던 협상들을 대선의 소용돌이로 밀어 넣었다. 만약 맥케인이 TARP 법안을 폐기시키기 위해 공격한다면 행크는 맥케인이 경제를 볼모로 잡으려 한다고 공개적으로 발언하겠다고 경고했다. 물론 행크는 그런 상황이 되지 않기를 바랐다. 행크는 심지어 벤이 자신을 지원할 것이라고 했는데, 행크가 시사한 지원은 사실상 독립기관인 연준 의장으로서 벤이 취할 만한 행동이 아니었다. 그러나 행크는 대재앙을 피하기 위해 기꺼이 약간의 허세를 부릴 용의가 있었다.

9월 25일 목요일, 부시 대통령과 행크는 백악관에서 양당 대통령 선거 후보인 맥케인과 버락 오바마Barack Obama, 그리고 양당 의회 지도자들과 만났다. 이 회의는 TARP에 반대하는 주요 공화당원들 사이에서 고성이 오가면서 비생산적으로 마무리됐다. 그들이 대통령 선거 전에 충돌하지 않았더라도 금융위기 상황에서 정치는 항상 난제일 수밖에 없다. 왜냐하면 금융 시스템을 안정시키기 위해 필요한 행동들이 인기 있을 리 없기 때문이다. 이것은 금융 정책 관리자들이 금융위기가 발생하기 전에 대응 수단을 충분히 확보하는 것이 얼마나 중요한지 보여주는 사례다. 또한 항상 대중의 눈치를 볼 수밖에 없으며 정치적 위험을 감수해야 하는 정치 지도자들에게 지나치게 의존하지 않아도 되는 상황의 중요성을 단적으로 보여준 사례이기도 하다. 팀의 보좌관 리 삭스Lee Sachs가 지적했듯, 통제 불가능한 위기 상황에서 새로운 위기 대응 권한을 얻기 위해 의회의 동의를 요청할 필요가 없어야 적절한 위기 대응이 가능해진다.

사실 같은 주 목요일에 또 다른 거대 금융기관인 워싱턴뮤추얼이 무너져 내리고 있었다. 워싱턴뮤추얼은 인디맥을 제치고 연방예금보험공사의 예금 보호를 받은 금융기관 중 파산한 가장 큰 금융기관이 되었다. 연방예금보험공사 의장인 쉴라 베어는 JP모건이 쓰러지던 워싱턴뮤추얼을 인수하는 거래를 성사시켜서 연방예금보험공사의 도움 없이 워싱턴뮤추얼의 예금을 보호할 수 있었다. 그러나 연방예금보험공사가 주선한 이 계약으로 워싱턴뮤추얼 주주들의 주식 가치가 크게 낮아졌을 뿐만 아니라 워싱턴뮤추얼 선순위채권 보유자들은 큰 손실을 보게 되었다. 달리 말하면, 이 계약으로 워싱턴뮤추얼의 채무 불이행이 허용됐다. 이는 그동안 우리가 필사적으로 회피하고 싶어 하던 상황이었다. 즉, 어떤 상황에서도 금융기관의 선순위담보

대출은 책임을 다하도록 해왔는데, 이 원칙이 무너진 것이다. 이런 종류의 부채 탕감은 아무 문제가 없는 상황이었다면 일견 타당하다고 설명할 수도 있다. 채권자들이 본인들의 현명하지 못한 대출 결과에 책임을 지는 것은 당연한 일이지만, 공포가 시장을 휩쓸고 있는 상황에선 다른 시각을 가져야 한다. 왜냐하면 금융 공황 상태에서 부채를 탕감해주는 것은 다른 금융기관의 채권자들에게 대규모 환매 사태를 촉발하는 메시지를 전달하는 결과를 초래할 수도 있기 때문이다.

연방예금보험공사 의장인 쉴라는 우리가 진행한 구제책들이 너무나 많은 도덕적 해이를 초래했다고 생각했고, 워싱턴뮤추얼의 실패를 금융 시스템 전체에 교훈이 될 만한 사건이라고 보았다. 쉴라는 연방예금보험공사의 예금보험기금을 집행하는데 매우 보수적인 입장으로, 연방예금보험공사를 위해 최소한의 비용이 소요되는 정책을 추구해야 하는 자신의 법적 의무에 대해 종종 언급하곤 했다. 그러나 금융 시스템의 안정성이 위험에 처했을 때 그 의무에는 "시스템적 리스크의 예외 조항"이 개입되어야 한다. 워싱턴뮤추얼의 채무 탕감은 더 많은 은행들의 실패 사례, 더 많은 연방예금보험공사의 손실 사례, 더 많은 구제금융 사례, 그리고 더 많은 도덕적 해이를 만들어낼 것으로 여겨졌다.

아니나 다를까, 다음 날 아침, 자산 규모로 미국에서 4번째로 큰 은행인 와코비아에서 대규모 환매 사태가 벌어졌다. 와코비아의 선순위채권에 대한 채무 불이행 보증 비용이 급증했으며, 와코비아의

10년 만기 채권 가격은 하루 만에 거의 3분의 2로 급락했다. 무너지는 대형 은행을 구해내기 위해 다시 한 번 주말에 긴급회동이 열렸다. 시티그룹과 웰스파고 둘 다 와코비아에 관심을 보였지만, 그 어느 쪽도 정부의 지원 없이는 와코비아를 인수해서 부채를 부담하려고 들지 않았다. 초기에 쉴라는 워싱턴뮤추얼 사례와 비슷한 방식으로 선순위채권자들의 부채를 삭감해주는 방식으로 문제를 해결해서 연방예금보험공사 기금을 보호하면서 도덕적 해이에 대한 우려를 피할 수 있는 방식을 선호했다. 그러나 얼마간 논의한 끝에, 쉴라는 공황을 증폭시킬 수도 있는 또 다른 혼돈을 만들어낼 가능성이 높은 채무 불이행 사태를 피하기 위해 시스템적 리스크의 예외 조항을 적용하는 데 동의했다.

그러나 이것으로 와코비아를 둘러싼 혼란이 완전히 끝난 것은 아니었다. 연방예금보험공사는 처음에 와코비아의 악성 모기지 자산들에 대한 리스크의 일부를 떠안는 조건으로 시티은행에 와코비아를 매각할 것이라고 발표했다. 그러나 웰스파고가 와코비아의 헤어컷(채무 삭감)과 연방예금보험공사의 도움 없이 새로운 인수 제안을 하자 연방예금보험공사는 입장을 바꿨다. 충분히 이해할 만한 입장 변화였지만, 정부의 우왕좌왕하는 행보는 시장에서 온갖 종류의 불확실성을 만들어냈다. 일관된 전략 없이 갈팡질팡하는 행보를 보인 것은 정부의 제한된 구제 능력, 분산된 권한들, 그리고 금융위기의 전반적인 혼란스러움에서 야기된 결과였다. 이런 모습은 우리가 현상을 제대로 통제하고 있다는 확신을 주지 못했고, 이로 인해 우리가 가진 위기 대응 정책 수단들의 효과가 제한될 수밖에 없었다.

우리는 시장에 더 이상 리먼브러더스나 워싱턴뮤추얼 같은 사태가 없을 것이라는 확신을 주고 싶었다. 그런 신뢰를 얻기 위해서는 TARP가 필요했다. 와코비아 문제에 대처하는 그 주말 동안, 행크와 그의 팀은 프로그램 참여 기관 CEO들이 거액의 퇴직금을 받는 것을 제한하는 조항뿐만 아니라 행크의 초안에 감독 기능을 보강한 세부 사항을 마련해 의회 지도자들과 논의했다. 행크는 TARP의 오명을 줄이기 위해 금융기관 임원에 대한 고액 보상 규정을 훨씬 더 엄격하게 제한하는 것에 반대했다. 당시 금융기관들은 TARP 자금을 지원받으면 문제가 있는 금융기관이라는 낙인이 찍힐까 봐 우려했다. 이런 이유로 심지어 부도 직전에 놓인 은행들마저 이 프로그램의 지원을 기피한다면 이 조치는 무용지물이 되어버릴 게 뻔했다. 행크의 첫 번째 우선순위는 여전히 위기 대응 조치를 마련하는 것이었다. 재무부는 행크가 위기 대응 조치를 취하는 데 필요하다고 생각한 모든 것을 갖췄다. 그리고 양당의 대선주자인 매케인과 오바마 둘 다 그것을 지지하는 정치적 용기를 보여주었다.

그럼에도 불구하고 9월 29일 월요일, 하원은 TARP 법안을 매우 적은 표 차이로 부결시켰다. 이로 인해 S&P500지수는 9퍼센트 하락해 1조 달러 정도 가치가 시장에서 증발해버렸다. 시장의 이러한 반응은 정치인들에게 목에 칼을 들이대는 듯한 섬뜩함을 느끼게 만들었고, 저항하고 있던 일부 하원 공화당 소속 의원들이 정신을 번쩍 차리게 만들었다. 같은 주 수요일, 상원은 TARP에 세금 감면 혜택을 추가한 후 초당적 지지를 바탕으로 위기 지원 법안을 통과시켰다. 금요일, 하원에서는 여전히 볼멘소리가 나왔지만 어느 정도 그들의 의견이 반영된 법안이 통과된 것이다. 비록 모양새는 좋지 않았지만, 국가적 위기 사태 앞에서 민주당이 장악한 의회(일부 공화당 의원들의 지지와 함께)는 정치적으로 치명적일 수 있는 7000억 달러 규모의 월가 구제법안을 단 16일 만에 공화당 행정부를 위해 통과시켰다. 이 법안은 재무부에 매우 광범위한 권한을 부여해 행크가 부실 자산을 매입하기 위해 TARP를 동원할 필요가 없음을 분명히 했다. 바니 프랭크 민주당 하원 의원은 만일 행크가 원한다면 이 돈을 자갈 사는 데도 사용할 수 있을 거라고 비꼬았다. 이는 행크가 의도한 바는 아니었으나, 법안이 통과될 때까지 재무부와 연준은 부실 자산들을 매입하는 다른 대안에 초점을 맞추고 있었다.

제5장

FIREFIGHTING

보이지 않는 신의 손

2008년 10월부터 2009년 5월까지 미국 경제 상황을 다뤘다. 금융위기 해결의 전환점을 맞은 뒤 해결사로 나선 위기 관리자들의 행보를 소개했다.

금융위기는
반 드 시
다시 온다!

강력해진 위기의 불길,
더 강력해진 위기 대응책

부실자산구제프로그램TARP의 의회 통과는 금융위기 해결의 전환점
이 되었다. 새로 들어선 오바마 정부의 각료들은 이번 위기가 경제에
중대한 위협이 되고 있다는 것을 공식적으로 인정했다. 이에 금융 시
스템을 안정시키기 위해 위기 관리자들이 실행할 수 있는 권한을 확
대했다. 그렇다고 해서 위기 상황에 놓인 금융 시스템이 바로 호전된
것은 아니었다.

근본적으로 금융 시스템 자체에 문제가 있었기 때문이다. 이미
14개월간 시장의 위기가 진행되어온 상황에서 2008년 9월의 시장

혼돈은 회사채 시장과 시장의 신뢰에 치명타를 안겼다. 2008년 9월 리먼브러더스가 파산한 것 외에도 페니메이와 프레디맥, 메릴린치, AIG 같은 대형 금융기관들이 부도 직전 상황에 처해 있었고, 전례 없이 MMF에 대한 대규모 환매 사태가 발생했다. 7000억 달러 규모의 지원책을 승인 받은 것은 반가운 소식이었지만, 금융 시스템은 7000억 달러 이상의 문제를 안고 있었다. 그리고 다른 주요 금융 회사들의 지급 능력에 대한 우려가 커지고 있었다. 실제로, 은행간 대출에서 나타나는 스트레스를 반영하는 가산금리는 의회가 TARP를 시행한 이후 한 주 동안 사상 최대치를 기록했다. 주식시장은 1933년 이래 최악의 한 주를 보냈다. 분명한 것은 이 프로그램을 실행한다고 해서 이런 공황 상태를 완전히 진정시킬 수는 없으리라는 것이었다. 우리는 시장을 즉각적으로 안정시킬 수 있는 명확한 계획을 발표할 필요가 있었다. 그리고 그 계획을 신속하게 이행할 필요가 있었다.

불행히도 주택 모기지 증권, 주택 모기지를 보유한 기업, 그리고 이런 기업과 거래 관계가 있는 기업들에 대한 불신의 바이러스가 연준과 재무부에까지 영향을 미쳤다. 우리는 이 같은 위기를 극복하기 위해 최선을 다했지만 상황은 계속 악화됐고, 시장은 우리가 이 거대한 불길을 통제할 수 있는지에 대해 점점 더 회의적인 시각을 보냈다. 시장은 믿고 의지할 수 있는 일관되고 강력한 전략을 바랐지만, 위기 대응 권한의 제약 요건들로 인해 일부 금융기관은 구제하고 일부 금융기관은 구제하지 못하는 우리의 대처는 일관성 없다는 비난만 불러일으킬 뿐이었다. 이런 모습은 우리가 위기에 적절히 대처하지 못하고 있다는 인상을 주기에 충분했다. 의회는 마침내 TARP를 승인해 우리의 위기 대응 권한을 확대시켜주었지만, 행크는 부실 자산을 사기 위해 TARP를 사용하지 않기로 결정했다. 너무 즉흥적인 결정 같지만, 시대가 요청한다면 때때로 과감하게 방향을 틀 용기도 필요한 법이다.

이렇듯 위기 대응책이 강력해졌지만, 위기의 불길은 여전히 잡기 어려워 보였다. 전반적인 거시경제가 악화되고 있었기 때문이다. 전년도(2007년) 12월 경기 침체가 시작된 이후, 금융 부문과 실물경제 사이에서 경기 악화에 대한 공포는 가속화되고 있었다. 즉, 실직과 대출 채무 불이행, 경제에 대한 자신감은 더욱 약화되고 있었으며, 이를 반영하듯 자산 가격 폭락, 소비 감소, 해고, 채무 불이행, 그리고 투매가 이어져 경기가 더욱 침체되었을 뿐 아니라 금융시장도 더 악화됐다. 경제가 붕괴되면서 어려움을 겪는 금융 회사들에 대해 최악의 상황을 가정하는 것이 점점 더 합리적인 행동처럼 보였다.

유럽도 미국 못지않게 상황이 좋지 않았다. 유럽 7개국이 각자 적어도 하나 이상의 부실 금융기관들을 국유화하는 절차를 밟고 있었다. 그래도 미국은 TARP를 사용할 수 있게 되어서 우리는 마침내 위기에 적절히 대응할 수 있을 것처럼 보였다.

TARP, 시스템을 회복시킬
간단하고 빠르고 효율적인 접근법

우리가 TARP를 처음 제안했을 때, 행크는 재정 안정성을 회복하는 데 이 프로그램이 자본을 투입하는 것보다 더 좋은 결과를 나타낼 것이라고 믿었다. 그의 목표는 은행 시스템 전체의 자본 확충이었다. 그러나 과거의 사례를 되돌아보면 정부가 민간 은행들에 직접 자금을 투입할 때마다 자본 수혈 조건이 너무 엄격해서 파산하거나 파산 직전인 일부 은행만 제시한 조건을 수락하고 정부의 지원을 받았던 게 사실이다. 결과적으로 은행 시스템 전체의 자본 확충보다는 가장 취약한 은행들에 비싼 비용이 들어가는 국유화로 끝났었다.

그러나 행크는 부실 자산을 매입하는 것이 은행들에 남아 있는 자산 가격을 높이는 데 도움이 될 것이라고 기대했다. 이는 해당 금융 기관들의 재무제표를 강화시키고 동시에 자본 구조를 개선시켜 결국 투자자들의 신뢰가 회복되는 데 도움이 될 것으로 판단했다. 대조적으로 공적자금 투입은 과거에 실패한 국유화의 망령을 상기시켰고, 주요 은행에 대한 위기감이 더욱 커져 위기가 증폭되는 결과를 불러일으켰다. 최근 몇 주 동안 정부가 패니메이, 프레디맥, 그리고 AIG를 국유화한 후 감자를 통해 주주가치가 거의 상실됐는데, 만약 다른 은행의 주주들도 이들 회사처럼 그들의 지분이 희석될 위험이 있다고 생각한다면 주주들이 도망쳐버릴 거라고 행크는 우려했다. 그는 또한 금융 시스템의 부분적인 국유화처럼 보일 수도 있는 이 조치에 대해 정치권의 반응이 어떨지도 우려했다.

우리가 의회에서 비상 권한에 대한 승인을 구하는 동안 미국 역사상 은행권의 파산 규모로는 최대를 기록한 두 은행의 파산이 일어났다. 즉 워싱턴뮤추얼과 와코비아를 처리해야 했다. TARP가 입법화될 무렵에는 상황이 놀라운 속도로 악화되고 있었다. 우리는 시장을 안정시킬 즉각적인 조치가 필요했다. TARP를 공정하고 효과적으로 만들어내는 것이 매우 복잡하고 어려울 것이라는 점은 분명해졌다. 요점은 금융 시스템이 더 많은 자본을 필요로 하고 있으며, 자산을 매입하는 것은 자본 수준을 향상시키는 간접적이고 비효율적인 방법이라는 것이었다. 재무부가 어떤 자산을 사야 하고, 얼마를 지불해야 하는지 쉽게 결정할 수 있는 방법은 보이지 않았다.

행크의 팀은 경매, 민간 부문 투자자들과의 파트너십 등 다양한 접근 방법을 고려했다. 그러나 이런 방법들이 실행되도록 프로그램을 만드는 데는 적어도 6주 내지 그 이상의 시간이 필요했다. 우리는 몇 달 동안 이런 생각들을 검토하고 또 검토했지만, 금융 시스템에 도움이 절실한 상황에서는 시스템을 회복시키기 위한 더 간단하고, 더 빠르고, 더 효율적인 접근법이 필요했다. 의회가 TARP를 승인했을 때, 우리 모두는 정부가 구제 대상이 되는 금융기관의 신주를 매입하는 방식으로 직접 자금을 투입하는 것이 해당 금융기관의 자산을 매입하는 것보다 은행 시스템을 안정시키는 훨씬 쉽고 빠른 방법이 될 것이라는 데 동의했다. 직접 신주를 매입해서 자금을 투입하는 것은 자산을 매입하는 것보다 훨씬 강력하고도 투입 비용 대비 효과가 큰 방법이었다. 우리는 가능한 한 많은 TARP 자금을 확보하는 데 나섰다. 7000억 달러는 엄청난 액수의 돈이지만, 근본적인 문제를 완전히 해결하지 못한 상태에서 자산을 매입하는데 그 돈을 모두 써버릴 수는 없었다. 또한, 행크의 팀은 보통주를 매입하기보다는 의결권 없는 우선주를 매입하기로 결정했다. 이렇게 하면 정부가 은행을 인수하는 데 나설 거라는 은행 경영진의 걱정을 덜어줄 수 있기 때문이었다. 상대적으로 매력적인 인수 조건을 제시함으로써 어려움을 겪고 있는 은행들뿐만 아니라 재무 상태가 양호한 은행들도 TARP를 통해 자금을 지원 받았고, 이는 금융 시스템의 신뢰를 회복하는 데 도움이 됐다.

지난 14개월 동안 우리의 대응책은 유동성 문제를 해결하기 위한 연준의 노력에 국한되어 있었으나, 이제는 정부의 자금을 활용해 금융기관의 지급 능력 문제를 근본적으로 해결할 수 있게 되었다. 그러나 금융시장의 공황이 확산되고, 금융기관들이 스스로 자금을 조달하는 데 상당한 어려움을 겪으면서 잠재적 손실 규모는 더욱 증가했다. 공적 자금 투입만으로는 금융 시스템을 안정시키기에 부족할 것으로 우려됐다. 취약한 금융기관은 물론 재무 상태가 양호한 금융기관에 대해서도 채권자들과 투자자들은 여전히 자금을 인출하고 있었다. 은행들이 자금을 조달하는 가장 쉽고 강력한 방법은 RPF 펀드가 원금 손실을 기록했을 때 재무부가 MMF에 대해 조치한 것처럼 은행들의 부채를 정부가 보장해주는 것이다. 우리는 더 이상의 채무 탕감이나 부도가 없을 것이라는 신뢰할 만한 약속을 하고 싶었다. 왜냐하면 그렇게 해야 시장의 신뢰가 회복되고 대규모 환매 사태가 중단될 것이기 때문이었다. 그리고 MMF 사태에서 보았듯, 시장은 정부의 보증을 여전히 신뢰하고 있었다. 유럽 여러 국가들은 이미 자국의 은행 부채에 대해 포괄적인 보증을 제공하기로 결정했는데, 우리의 대처도 이와 비슷하게 포괄적이어야만 했다.

연방예금보험공사는 한 번에 하나씩 붕괴 위기에 놓인 은행들의 문제를 해결해왔는데, 여러 금융기관의 문제를 한꺼번에 해결해야 하는 예외적인 시스템적 위기 상황에 봉착할 수도 있을 것으로 판단됐다. 연방예금보험공사 의장인 쉴라 베어는 연방예금보험공사 기금이 위험한 상황에 노출되는 것을 꺼려했다. 그녀는 가능한 모든 방법을 동원해 주요 금융기관을 보호하는 것을 월가가 너무 관대하게 지켜보고만 있다고 비난했다. 쉴라는 리먼브러더스와 워싱턴뮤추얼의 부도 상황에 대한 혼란스러운 시장의 반응을 목격하고 일부 은행의 부채를 보증해주는 것을 고려하는 데 동의했는데, 이는 칭찬받을 만한 대처였다.

처음에 쉴라는 보증 한도에 제한을 두고자 했다. 크게 세 가지 방식을 추진했는데, 첫째는 은행지주회사의 부채를 제외하고 신규로 발생하는 부채에 한정해 보증하는 것이었다. 둘째는 연방예금보험공사의 보증을 받는 대가로 은행에 징벌적인 수수료를 부과하는 것이

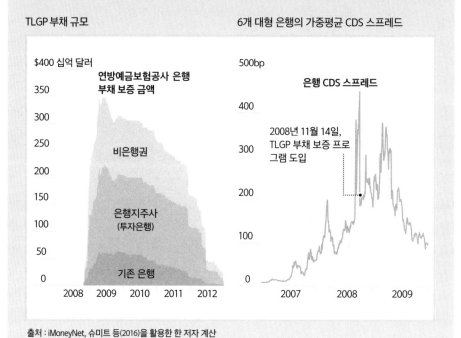

○ 연방예금보험공사의 부채 보증 규모

연방예금보험공사가 임시유동성제공프로그램TLGP를 시행해 신규 금융 부채(기존에 보호받지 못했던 비은행권 금융기관 부채)에 대한 보증에 동의함으로써 비은행권 금융기관들이 좀 더 안정적으로 자금을 조달할 수 있게 되면서 시장의 우려를 진정시킬 수 있었다.

TLGP 부채 규모

$400 십억 달러

350

300

250

200

150

100

50

0

연방예금보험공사 은행
부채 보증 금액

비은행권

은행지주사
(투자은행)

기존 은행

2008 2009 2010 2011 2012

6개 대형 은행의 가중평균 CDS 스프레드

500bp

은행 CDS 스프레드

400

300

200

100

0

2008년 11월 14일,
TLGP 부채 보증 프로
그램 도입

2007   2008   2009

출처 : iMoneyNet, 슈미트 등(2016)을 활용한 한 저자 계산

었다. 셋째는 부채의 90퍼센트만 보증해서 실질적으로 10퍼센트만큼의 원금 탕감 효과를 발생시키는 것이었다. 쉴라는 연방예금보험공사 자금이 350억 달러에 불과하기 때문에 위험에 신중하게 접근해야 한다고 주장했다. 그러나 연방예금보험공사가 대규모 환매 위험

에 봉착한 은행을 돕기 위해 위험을 무릅쓰는 것이 향후 연쇄 부도로 인해 연방예금보험공사의 기금이 고갈되는 위험을 줄일 수 있는 방법이라고 우리는 그녀를 설득했다. 쉴라는 연방예금공사 자금이 부족할 때 이를 보충하기 위해 재무부에서 대출을 받을 수 있었다. 또한, 금융위기가 종료된 이후에 연방예금보험공사 기금을 확보하기 위해 금융기관의 보험료를 상승시킬 수도 있었다.

위기 상황에서 우리는 우리가 시도할 수 있는 모든 노력을 쏟아부었다. 우리는 시장 관계자들의 동의를 이끌어내기 위해 공적자금 지원과 정부의 보증 내용을 적극적으로 설명하는 동시에, 금융 시스템을 보호하기 위한 추가 조치들을 마련했다. 일례로, 기업어음 시장의 붕괴를 막기 위해 연준이 새로운 대출 프로그램을 마련해 주요 기업들이 기업어음 시장을 통해 하루나 이틀 이상 운영 자금을 조달할 수 있도록 했다. 기업어음 유동성 제공 프로그램CPFF은 연준의 비상 권한에 대한 새로운 해석을 바탕으로 만들어진 프로그램으로, 첫 주에 2420억 달러어치의 기업어음을 매입해 기업들의 단기 자금 조달 문제를 해결하는 데 도움이 되었다. CPFF는 결과적으로 단 한 건의 손실도 없이 납세자들에게 총 8억 4900만 달러의 이익을 안겨주었다.

그와 동시에 전 세계적으로 이전에는 경험해보지 못한 경기 침체 상황이 전개되고 있어서 우리는 전 세계 주요 중앙은행들과 함께 새로운 대책을 마련해서 발표했다. 첫째, 연준이 주요 국가들의 중앙은행과 처음으로 공조해 금리 인하 조치를 취하도록 유도했다. 금리를 금융위기 초기 단계의 제한적인 정책들로 위기 확산을 막지 못해 시장이 공황에 빠지면서 전방위적이고 다양한 위기 대책들(금융 시스템, 통화와 재정정책, 부동산 정책, 글로벌 공조 등)이 동원되었다. 아울러 의회가 금융 당국에 새로운 긴급대책에 대한 권한을 부여하는 등 정치권도 동조해주었다. 이 같은 다양한 대책들이 효과를 나타내며 금융위기를 종식시킬 수 있었다.

Libor-CDS 스프레드

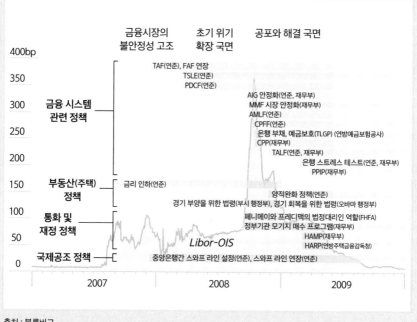

출처 : 블룸버그

0.5퍼센트 인하하는 것으로 무너진 시장의 신뢰를 회복시키기는 어렵다. 하지만 경제 성장을 촉진하기 위해 국제적인 공조를 통해 양적

⦿ 정부의 금융 시스템 안정화 정책

금융위기를 극복하기 위한 금융 시스템 안정화 정책은 크게 세 가지 방향으로 진행됐다. 첫째는 유동성 대책이며, 둘째는 포괄적인 금융기관 보증 대책이고, 마지막으로 금융기관들의 자본 확충 대책이다.

- 유동성 지원 프로그램 : 금융기관들의 기존 사업을 유지하고 소비자와 기업들에 정상적으로 대출 자금이 공급되도록 유동성을 지원하는 프로그램

  - 금융위기가 심화되면서 미국 정부의 유동성 지원 프로그램은 다방면으로 확장됐다.
  ① 국내 ⇒ 글로벌 : 사태 해결을 위해 국제적인 유동성 공급
  ② 전통적 접근 방식 ⇒ 혁신적 접근 방식 : 은행 위주의 기존 방식에서 벗어나 비은행권 금융기관까지 유동성 공급
  ③ 금융기관 ⇒ 시장 위주 : 위기 초기 금융기관의 부도 방지 내지 유동성 공급 방식에서 시장에 대한 직접적인 유동성 대책으로 확대

- 보증 프로그램 : 금융기관들이 중요한 자금을 쉽게 조달하도록 보증해주는 제도

- 자본 확충 전략들 : 중요 금융기관들의 붕괴를 막고 동시에 금융 시스템의 불확실성을 해결하기 위해 민간자금과 공적자금을 활용한 다양한 자본 확충 프로그램 마련

완화 통화 정책을 펼치고 있다는 신호를 보낼 수는 있었다. 이는 매파적인 유럽중앙은행이 직접 7월에 금리 인상을 단행한 점을 감안하면 결코 적지 않은 성과를 나타냈다. 또한, 행크와 벤은 머빈 킹 영국 중앙은행 총재의 지원을 받아 G7 국가들이 금융위기를 종식시키기 위해 "긴급하고 예외적인 조치"에 약속했다는 내용의 상당히 강력한

성명서를 만들어냈다. 이는 각 국가별로 "중요한 금융기관들을 지원하고 그들의 실패를 예방하기 위해 동원 가능한 모든 도구를 사용할 것"이라고 약속하는 것을 의미했다. 즉, 위기 상황을 극복하기 위해 가능한 모든 정책을 동원하려는 우리의 전략은 이제 주요 경제국들의 공식적인 정책이 되었다.

콜럼버스 데이(10월 12일) 주의 주말 동안에 우리는 여전히 자금 지원 프로그램과 연방예금보험공사의 보증책들을 마지막으로 조율하고 있었다. 납세자들을 보호하려면 지원 조건이 강력해야 하는데, 조건이 너무 엄격하면 재정 상태가 양호한 기업들은 신청을 하지 않게 된다. 이렇게 되면 지원 프로그램을 재무적으로 곤경에 처한 금융기관들만 이용하게 되어 시장에서 부실 금융기관이라는 낙인이 찍히는 상황이 발생할 수 있다. 우리의 과제는 이 둘을 조화시키는 것이었다. 의회가 TARP를 사용하는 조건으로 기업 CEO의 급여에 대한 규제를 강화하도록 했다. 우리는 이 프로그램에 참여한 기업의 임원 보수 규정에 별다른 제한을 두지 않으면서 기업은 물론 다른 은행들의 임원 급여에도 별다른 규제 조항을 두지 않았다.

우리는 금융 시스템에 충분한 자금을 공급하고 금융 공황을 종식시키기 위해 충분한 예금 보장을 해줄 수 있도록 이 프로그램에 대한 기업들의 참여를 극대화하고자 했다. 이를 위해 우리는 은행들이 받아들일 수밖에 없는 매력적인 자금 투입 조건을 만들었다. 재무부는 향후 회사가 정상화되면 납세자들에게 가치 상승에 따른 이익을 볼 수 있는 워런트(미래에 특정 가격에 주식을 추가로 살 수 있는 옵션)가 부여되면서 배당금이 5퍼센트에서 9퍼센트까지 상승하는 우선주를 매입했다. 이 조치의 목표는 모든 은행이 받아들일 만큼 자본을 매력적으로 만들려는 것이었지만, 또 다른 목표는 시장의 압력이 완화됨에 따라 투입된 자본을 민간 자본으로 대체할 인센티브를 만드는 것이었다.

이 보증을 위해 연방예금보험공사 의장 쉴라는 은행들뿐만 아니라 은행지주사들이 차입한 자금에 대해서도 연방예금보험공사 보호기금을 적용하고 예금 보호 보험료를 충분히 낮게 유지해 낙인 효과를 피할 수 있도록 했다. 그리고 채무의 일부를 탕감해주는 대신에 부채를 전액 보증해주는 데 동의했다. 만일 부실 자산에 대한 대손 처리를 강요했다면 결국 보증 목적을 달성할 수 없었을 것이다. 그러나 연방예금보험공사의 위험을 줄이기 위해 쉴라는 연방예금보험공사 보험기금을 신규 발행 채권에만 적용하자고 주장했다. 신규 채권을 쉽게 발행할 수 있다는 것은 해당 은행들이 기존 채권에 대한 상환 능력이 충분하다는 것을 보여주는 증거이지만, 이런 주장은 채권자들이 잠재적인 채무 탕감 우려와 기존 채무의 부도를 여전히 걱정하게 만들었다. 우리의 자금 조달 계획은 완전히 강력하지 않았던 것이다.

우리는 공적자금을 투입해야 하는 금융기관의 영구 우선주를 매입했다. 영구 우선주는 보통주에 배당하기 전에 먼저 고정 배당금을 받을 수 있는 주식이다. 재무부의 공적자금 투입이 자본 투자보다는 대

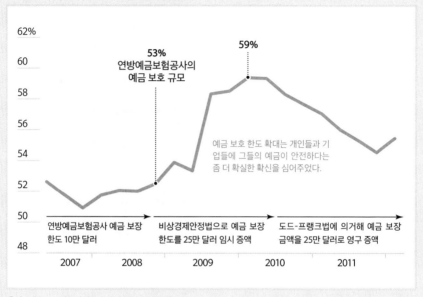

● 연방예금보험공사의 예금 보호 확대

연방예금보험공사는 대규모 환매 사태를 막기 위해 개인과 기업 계좌에 대한 예금 보호 한도를 확대했다.

연방예금보험공사가 보장하는 총예금 규모(%)

53%
연방예금보험공사의
예금 보호 규모

59%

예금 보호 한도 확대는 개인들과 기업들에 그들의 예금이 안전하다는 좀 더 확실한 확신을 심어주었다.

연방예금보험공사 예금 보장 한도 10만 달러

비상경제안정법으로 예금 보장 한도를 25만 달러 임시 증액

도드-프랭크법에 의거해 예금 보장 금액을 25만 달러로 영구 증액

2007　2008　2009　2010　2011

출처 : 재무부, 〈실물경제를 구하기 위한 월가의 재구성〉

출 형태로 비쳐질 위험을 감수한 것이다. 대출처럼 보여지면 금융 시스템에 자본이 충분히 확충될 거라는 시장의 신뢰를 감소시킬 수 있었다. TARP는 여전히 은행의 지급 능력 이슈와 유동성 이슈를 동시에 해결하려고 했다. 따라서 은행을 지원해 건전성을 회복시켜 대규모 환매 위험을 줄이는 동시에 건전성이 회복된 은행들이 다시 대출

을 하는 등 경제 성장에 도움을 줄 수 있도록 했다. 우리는 추가 지분 투자가 필요한 은행들에 자금을 지원해 숨쉴 수 있는 여력을 만들어 주면 시장을 자극하지 않으면서 민간 자본을 유치할 수 있을 것이라 고 생각했다.

압도적인 조치를 보여주기 위해 TARP를 신속하게 출발시킬 필요 가 있었다. 이에 콜럼버스 데이에 행크는 미국 금융 시스템에서 가 장 중요한 9개 금융기관 CEO들을 재무부로 불러모았다. 은행감독 국OCC 감사관인 존 듀건John Dugan과 함께 우리 셋은 재무부에 모인 9개 금융기관 CEO들에게 각 금융기관이 보유한 위험가중자산의 3퍼센트에 해당되는 규모의 재무부 공적자금, 즉 총 1250억 달러 상 당의 TARP 투자를 각 금융기관이 받아들이기를 기대한다고 설명했 다. 동시에 2009년 6월까지 각 금융기관의 신규 발행 채권을 연방예 금보험공사가 보증해주겠다고 설명했다.

이것이 바로 패키지 딜Deal 조건이었다. 즉, 정부의 자금을 지원받 지 않으면 금융기관의 신규 채권에 대한 연방예금보험공사의 보증도 없다는 조건이었다. 자체적으로 좀 더 나은 조건으로 자본을 조달하 려고 고려하고 있던 일부 은행은 이런 내용의 패키지 딜을 수용하면 위험에 처해 있는 경쟁 은행들처럼 자신들도 시장에 위험한 상태로 보여질 것이라며 우려했다. 게다가 정부를 지분equity 투자자로 받아 들여야 하는 것도 부담스러워했다. 우리는 그들에게 금융 시스템이 무너져 대규모 환매 사태가 발생한 뒤 펼쳐질 심각한 경제 침체에 살아남을 만큼 충분한 자본금을 가지고 있다고 자신할 수 있는 금융기관은 전혀 없다는 점을 환기시켰다. 그리고 해당 금융기관들이 정부의 공적자금을 받아들이지 않으면, 연방예금보험공사의 강력한 보증을 제공하지 않을 것이라고 다시 한 번 강하게 상기시켰다. 9개 금융기관 모두 살아남기 위해서는 TARP의 지원이 필요했다. 이들이 참여하는 것은 선택의 여지가 없는 최선의 방법이었다. 이후 중소형 은행들에 1250억 달러를 추가 지원했다. 초기에 9개 대형 은행이 모두 이 프로그램에 참여하면서 낙인 효과를 걱정할 필요가 사라져 모든 과정이 원활히 진행됐다. 이날 오후에 9개 대형 은행이 모두 TARP의 지원을 받아들이면서 주식시장은 하루 변동폭으로는 역사상 최대폭 상승했다. 이후 몇 달 동안 우리는 거의 700개 중소형 은행들에 매우 빠른 속도로 공적자금을 투자했다. 이는 전체 은행 시스템에 대한 자본 확충과 안정화를 위한 매우 중요한 조치였다.

결과적으로 정부는 은행들에 공적자금을 투자해서 상당한 투자 수익을 거뒀다. 그러나 대부분의 사람들이 경제를 망가뜨린 주범인 은행들에 우리가 무분별하게 돈을 나누어주었다고 비난했다. 유럽 금융 정책 당국은 우리보다 좀 더 정통적인 방식으로 부실을 초래한 은행 시스템에 접근했다. 부실 은행을 국유화하거나 대다수가 받아들이기 힘든 징벌적인 조건을 적용하는 내용이어서 아주 소수의 은행들만 이 조건에 동의해 공적자금을 받았다. 결과적으로 이후 수년간 유럽 은행 시스템은 상당히 걱정스러울 정도로 자본이 부족한 상황

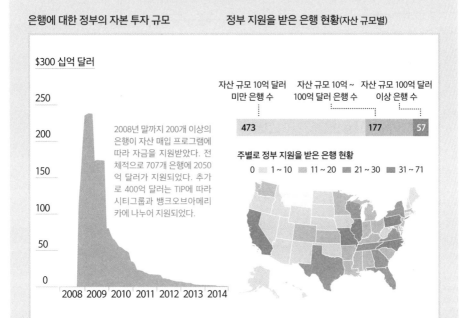

○ 투자 전략

미국 정부는 수백 개 중소형 은행들에 직접 투자했다.

은행에 대한 정부의 자본 투자 규모

정부 지원을 받은 은행 현황(자산 규모별)

$300 십억 달러

2008년 말까지 200개 이상의 은행이 자산 매입 프로그램에 따라 자금을 지원받았다. 전체적으로 707개 은행에 2050억 달러가 지원되었다. 추가로 400억 달러는 TIP에 따라 시티그룹과 뱅크오브아메리카에 나누어 지원되었다.

자산 규모 10억 달러 미만 은행 수 · 자산 규모 10억 ~ 100억 달러 은행 수 · 자산 규모 100억 달러 이상 은행 수

| 473 | 177 | 57 |

주별로 정부 지원을 받은 은행 현황

0 · 1 ~ 10 · 11 ~ 20 · 21 ~ 30 · 31 ~ 71

출처 : TARP 총집행금액에 대한 시간순 나열, 자산 규모에 따른 정부 지원을 받은 은행들, 재무부의 '부실자산 매입 프로그램' 2년 단위 추적

에 처했으며, 유럽의 경제 회복 속도는 미국에 비해 매우 느렸다. 그러나 경제적 목표 달성이라는 관점에서 TARP가 큰 성공을 거두게 만든 특징들은 역설적으로 TARP가 대중에게 인기 없게 만든 요소이기도 했다. 대중은 우리가 경제를 망가뜨린 주범인 은행들을 가능한 한 가장 가혹한 조건으로 처벌하기를 원했기 때문이다. 그리고 이 조

금융위기 시 금융 시스템의 자본을 확충하려는 재무부와 연준의 적극적인 노력으로 미국은 유럽보다 신속하게 경기 침체에서 벗어나서 빠르게 경기를 회복시킬 수 있었다.

연도별 자본 증가

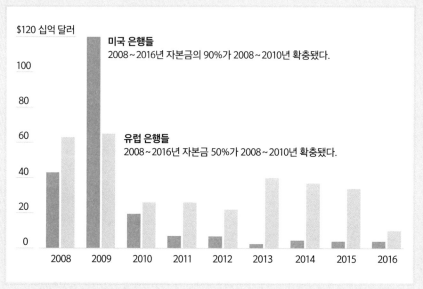

출처 : 골드만삭스
주 : 저자가 골드만삭스의 자료를 바탕으로 추산.

치는 위기 종식을 위한 시발점 역할을 했다.

우리는 금융위기에 효과적으로 대처할 수 있는 더 나은 전략을 마련했지만, 경제적 쓰나미는 이때부터 본격적으로 시작됐다. 금융위기에 따른 월가의 충격이 실물경제로 전이되면서 2008년 4분기 미국 경제의 연평균 성장률은 마이너스 8.2퍼센트를 기록하고 거의 200만 명이 실직했다. 경영상 어려움을 겪는 기업들이 은행 대출금을 제때 상환하지 못하고, 해고된 근로자들이 신용카드 대금과 학자금 대출, 자동차 할부금, 그리고 주택담보대출 등을 갚지 못하면서 실물경제의 우려는 다시 금융권의 어려움을 가중시키는 악순환의 고리가 만들어졌다. 주택담보대출의 부도와 연체율이 증가하면서 주택담보대출 유동화증권MBS에 대한 우려가 높아졌다. 이에 은행 대차대조표상의 부실 자산들은 과거보다 크게 악화됐다. 1930년대 대공황 이후 가장 심각한 경기 침체를 기록하면서 금융 시스템을 안정시키려는 우리의 노력은 더욱 어려워졌다.

중요한 것은 TARP의 셈법이 보기 어려울 정도로 헝클어지면서 TARP의 신규 자금이 문제가 발생한 금융 시스템의 부족분을 충분히 메울 수 있는 수준인지 시장이 의문을 제기하기 시작했다는 것이다. TARP에 주어진 총 7000억 달러의 자금 중 초기에 우리가 활용할 수 있는 자금은 3500억 달러 정도였다. 추가로 3500억 달러를 활용하려면 의회의 승인 절차가 필요했다. 은행 부문에 2500억 달러의 공적자금을 투입한 이후, 우리에게는 남아 있는 1000억 달러를 포함해 총 4500억 달러의 여유분이 있었다. 그러나 연준의 분석 결과를 보면, 은행 부문만 하더라도 스트레스 시나리오Stress scenario로 파악한 잠재손실에 대비하기 위해서는 추가적으로 2900억 달러가 필요하며, 극단적인 상황을 가정한 스트레스 시나리오를 바탕으로 계산해

보면 무려 6840억 달러의 자본이 필요할 것으로 나타났다. 이 계산은 주택 소유주들을 도와주는 것과 자동차 산업을 회생시키는 비용은 포함하지 않은 것이었다.

또한, 우리는 이미 충격적인 손실을 기록하고 계속 출혈이 나타나고 있는 AIG 사태에 대처해야 했다. 우리는 좀 더 영구적인 방식으로 부실을 막기 위해 프로그램을 재조정할 필요가 있다고 판단했다. 다행히도 우리는 TARP를 활용할 수 있었다. 행크는 AIG에 400억 달러 상당의 자본을 투입하는 데 동의했다. 이는 AIG가 재무적으로 충분히 회생 가능성 있게 만들어 시장과 신용평가사들을 안정시키려는 조치였다.

또한, 연준은 AIG의 대차대조표에 있는 부실 자산 위험을 떠안아 줄 두 펀드를 지원했다. 이는 AIG의 시장 신뢰를 떨어뜨리는 부실 자산을 동결하기 위한 것이었다. 연준은 AIG의 주요 채권단이 자발적으로 AIG에 대한 청구 금액을 낮추도록 설득했지만, 그들은 단 한 푼의 손해도 감수하려고 들지 않았다. 이론상으로 우리는 AIG를 부도처리하겠다고 위협하면서 채권단을 압박할 수도 있었지만, 우리의 우선순위는 AIG의 부도와 신용등급 하락, 그리고 시장에 대규모 환매 사태가 발생하는 것을 막는 것이었다. 부도처리하겠다고 채권단을 위협하는 것은 부도 위험을 낮추는 데 좋은 방법이 아니었다. 우리는 어떤 계약도 안전하지 않다는 메시지를 보내 시장의 공황을 확대시키고 싶지 않았다.

금융위기가 심화되면서 정부는 금융 시스템의 자본을 확충하려 노력했으며, 의회는 긴급권한을 부여했다.

- 금융위기 초기에는 초대형 금융기관들에 민간 자본을 활용한 자본 확충 권장
- 위기가 심화됨에 따라 은행 시스템에 상당한 공적자금을 투입
- 추가적인 자금 지원과 링 펜스ring-fence 보증으로 위기에 처한 대형 은행을 안정시킴
- 금융 시스템의 자본 확충을 마무리하기 위해 스트레스 테스트를 실행

더군다나 당시는 대통령 선거 이후 4년에 한 번씩 공백 기간이 발생하는 시기로, 부시 행정부에서 오바마 행정부로 교체되는 시점이어서 상황이 더욱 미묘하고 위험했다. 선거 기간 동안 민주당 대선 후보인 오바마가 책임 있는 자세로 위기 상황에 대처하는 데 우리 모두는 감명을 받았다. 그는 사태의 심각성을 제대로 인지하고 있었다. 오바마 대통령은 재무부 장관인 행크의 후임자로 팀을 임명함으로써 어떤 방법을 동원해서라도 위기 상황을 극복해내겠다는 우리의 정책 기조를 지지해주었다. 재무부 장관으로 지명되기 전에 팀은 오바마 대통령에게 자신을 지명하면 대중에게 인기 없는 정책에 대통령이 동의하는 것으로 비쳐져 대통령이 제시한 변화의 메시지가 받아들여지기 어려울 수도 있다고 경고했으나, 그의 지명은 번복되지 않았다.

그러나 10주간의 대통령 인수인계 기간은 여전히 상당히 길게 느껴지기만 했다. 우리는 팀이 재무부 장관 후보로 지명되자 상당한 위안을 받았다.

한편, 행크는 대통령 부재 기간에 혼자서 금융기관들의 문제를 해결해야만 했다. 행크는 대통령 선거 캠페인이 진행되는 동안 오바마를 정기적으로 만나 대화를 나눴지만, 대통령 인수인계 기간 동안에는 대통령 당선인 신분이라 이전같이 자주 만나서 대화하기가 어려웠다. 팀의 조언에 따라 대통령으로 정식 취임하기 전까지 오바마 당선인의 다른 보좌관들도 행크의 의사결정에 관여하지 않았다. 워싱턴 정가에는 모든 정책 사안에 전임 행정부가 책임을 져야 한다는 암묵적인 규칙이 있었기 때문이다. 그래서 오바마 행정부에 영향을 주는 정책 결정이 오바마 행정부 보좌관들의 관여 없이 만들어지게 됐다. 당시 행크는 다소 버려진 느낌을 받기도 했다. 그러나 돌이켜보면 새로 당선된 대통령의 간섭 없이 기존 행정부와 연준이 일할 수 있도록 해준 데 오바마 행정부는 칭찬 받아 마땅하다. 현실적으로 취임선서를 하기 전에 실행된 복잡한 정책들에 책임지고 싶어 하는 신임 대통령은 없는 법이다.

대통령 인수인계 기간에 맞닥뜨린 첫 번째 비상사태는 자산 규모가 2조 달러에 달하는 세계적인 거대 기업인 시티그룹이었다. 시티은행은 대형 은행 중에서 가장 취약한 자본 구조를 가지고 있었다. 좀 더 자세히 말하면, 시티은행의 자본 부족분은 TARP로부터 지원을 받은 자금보다 훨씬 더 큰 규모로, 시장 역시 이 같은 문제를 눈치 채고 있었다. 시티은행은 부도 처리하기에는 그 규모가 너무 크고 금융 시스템과 너무 복잡하게 연결되어 있어서 재무부는 추가적으로 200억 달러를 투입하기로 동의했다. 자금 투입 방식은 우선주를 매입하면서 이전보다 높은 8퍼센트의 배당금을 받는 방식으로 결정했다. 그러나 추가 자금 투입만으로 채권 금융기관들과 예금 보장을 받지 못하는 외국인 투자자들의 대규모 환매 움직임을 막기에는 역부족이었다. 그래서 구제책에는 시티은행의 부실 자산 예상치의 상한선인 3030억 달러에 대해 연준과 연방예금보험공사가 "링펜스ring fence"를 제공하는 것을 포함시켰다. 이렇게 하여 시티은행이 초기에 370억 달러 규모의 잠재손실을 책임지게 했다. 이 규모를 초과하는 손실에 대해서는 90퍼센트 수준의 정부 보증을 제공했다. 이 아이디어는 최악의 시나리오 상황에 시티은행을 보증해줌으로써 시티은행의 "테일 리스크Tail risk"를 줄이는 것이 목표였다. 우리는 이를 통

- 미국 정부는 부실 자산에 링펜스를 적용해 특정 규모 이상의 부실 자산에 대해 관련 손실을 정부가 보증하고 손실을 충당해줬다. 부실 자산을 다룬다는 점에서는 배드뱅크와 유사하지만, 즉시 자산을 매입해주는 배드뱅크와 달리 링펜스는 잠재손실에 대한 보험 성격을 갖는다는 점이 다르다.

- 발생 가능성이 낮지만 발생할 경우 해당 회사와 금융 시스템 전반에 치명적인 영향을 줄 수 있는 상황. 통계학의 정규분포에서 나온 용어로, 정규분포는 평균값을 중심으로 한 종 모양으로 배치되어 평균값이 나타날 가능성이 가장 높다는 것을 의미한다. 평균값이 가장 두껍고 꼬리 부분은 얇은 형태를 띠는 만큼, 꼬리 부분이 나타날 가능성은 매우 낮은데 일단 발생하면 경기와 주식시장 전체를 크게 뒤흔들 변수로 작용한다.

해 최악의 상황을 모면할 수 있도록 시장의 신뢰를 충분히 회복할 수 있기를 기대했다. 우리는 링펜스 등 간접적인 구제책이 시티은행에 필요한 금액을 직접 공적자금으로 지원하거나 부실 자산을 매입하는 것보다 훨씬 비용이 적게 드는 방법이라고 판단했다. 물론 시티은행의 위기가 금융 시스템 전체의 붕괴로 연결될 경우, 이런 방식의 지원책은 금융 시스템 전반에 걸쳐 엄청난 추가 비용을 발생시킬 위험성을 내포하고 있는 게 사실이다.

동시에, 개인들에 대한 대출 시장이 완전히 마비되어 연준과 재무부는 개인 대출 시장을 활성화시키기 위한 프로그램을 개발했다. 이 프로그램은 개인 신용을 기초자산으로 하는 유동화증권을 거래하기 위한 시장을 전격적으로 출범시켰다. 벤과 연준은 연방준비제도법 제13조 3항을 다시 한 번 발동시켜 기간부 자산담보대출 유동화제도TALF를 만들었다. 이 프로그램은 카드 대출, 학생 대출, 중소기업 대출을 기초자산으로 하는 유동화증권에 대한 수요를 만들어냈다. 이 프로그램이 이 유동화증권을 담보로 인정해줘서 개인들에게도 연준 대출이 적용될 수 있었다. 연준은 이런 유동화증권에 손실이 발생할 경우를 대비해 TARP를 통해 추가적으로 200억 달러를 지원하도록 했다. 결과적으로, TALF는 대출 유동화증권으로 인해 어떤 손실도 입지 않았다. 이 프로그램은 대출이 필요할 때 은행들이 실물경제에 대한 대출을 제한하는 추세를 바꾸는 데 도움을 주었다. AIG와 시티은행에 대한 구제금융, 개인 대출 시장에 관한 지원 약속으로 우리는 TARP의 초기 자금인 3500억 달러를 거의 다 써버렸다.

이런 가운데, 메릴린치가 엄청난 손실을 기록하면서 뱅크오브아메리카가 두 회사의 합병 협상 테이블에서 철수하겠다고 위협했다. 이는 두 회사 모두에 대규모 환매 사태가 나타나는 도화선이 될 가능성이 있었다. 설령 합병이 이루어지더라도 합병 회사를 구제하기 위해 TARP 자금이 추가적으로 필요할 것으로 보였다. 또한 부도 위기에 처해 있는 중서부 산업 지역의 자동차 회사들을 구제해서 수백만 명의 잠재적 해고 사태를 막기 위해 TARP 자금을 수혈하는 것이 절실했다. TARP는 본래 일반 기업이 파산을 선언한 후 구조조정이나 시장 혼란을 초래하지 않으면서 기업을 청산하도록 돕기 위해 준비된 제도는 아니지만, 파산 신청 기업이 의지하는 금융 시스템이 너무 취약해서 사용할 수 없는 상황이 되자 어쩔 수 없이 이를 이용할 수밖에 없었다. 이는 주요 기업 하나가 부도나면 전체 산업이 연쇄 부도가 나서 공급 체계 역시 무너질 수밖에 없다는 의미다. 이런 이유로 2008년 12월 부시 대통령은 GM, 크라이슬러 두 기업 금융 계열사의 자본 확충과 구조조정을 위해 174억 달러 규모의 브리지론을 승인했다. 비록 40억 달러는 TARP의 2차분 기금을 사용하기 위해 의회의 승인을 얻어야 했지만, 이는 기본적으로 정권 교체기에 자동차 산업을 살리는 생명줄 역할을 했다.

부시 대통령은 퇴임하기 일주일 전 TARP에 남아 있던 3500억 달러를 사용할 수 있도록 의회에 요청했다. 이는 후임 민주당 대통령당

선자에게 정치적으로 불편한 업무를 넘겨주는 것이었다. 그러나, 그 전에 부시 대통령과 재무부 장관인 행크는 정치적으로 어려운 문제들, 즉 AIG, 시티그룹, 뱅크오브아메리카 문제를 해결하기 위해 할 수 있는 모든 것을 다 해보기로 마음먹은 터였다. 새로 취임하는 오바마 행정부가 이런 장기적인 문제들, 예를 들면 자동차 산업의 구조조정, 손실 상태에 처한 주택 소유자들의 구조 방안 등에 대해 의사결정을 해야 하는 상황에 봉착하면 상당한 어려움을 겪게 될 수밖에 없기 때문에 퇴임하는 부시 행정부가 이런 의사결정을 해서 신임 행정부의 부담을 덜어주려는 것이었다.

금융과 경제위기에 대처하는 데 있어 대통령 권력 이양기는 가장 힘든 시기다. 정권 교체기에 자원을 배분하고 정치적으로 어려운 과제들을 수행하는 것은 절망스러운 정도로 힘들었다. 그러나 지금 와서 돌이켜보면 놀랄 정도로 순조롭게 진행되었다고 할 수 있다. 의회는 큰 소동 없이 TARP의 잔여 자금인 2차 기금을 승인해주었다. 재무부 장관인 행크와 연준 의장인 벤은 시티은행과 비슷한 방식으로 뱅크오브아메리카에 TARP 자금 200억 달러를 투입하고 1180억 달러 상당의 링펜스를 제공해서 구제하려고 노력했다. 이 개입을 통해 뱅크오브아메리카의 재정 상태는 안정됐다. 다행히도 뱅크오브아메리카나 시티그룹 모두 정부의 특별 보증을 이용할 필요가 없었으며, 두 은행 모두 그들이 받은 자금에 대한 보험료를 정부에 지불했다.

뱅크오브아메리카를 구조한 것은 행크가 재무부 장관으로서 마지

◉ 자산보증프로그램, 시티그룹 자산 및 "링펜스" 손실 책임 구조

공적자금을 투입하는 것 이외에도 정부는 가장 어려움을 겪고 있는 시티그룹과 뱅크오브
아메리카에 자산 보증을 이용한 지원을 확대했다. 자산보증프로그램_{AGP}은 당시 미국에서
가장 큰 은행인 시티그룹과 뱅크오브아메리카만을 위해 만들어진 재무부 보증프로그램이
었다.

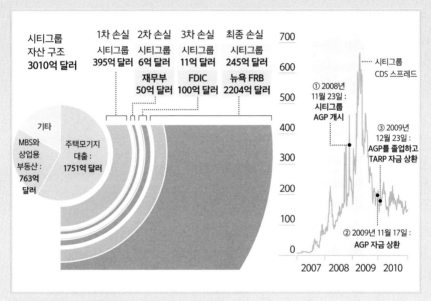

출처 : CDS 스프레드 ; 블룸버그
주 : 자산보증프로그램_{AGP}는 TARP 집행에 대한 감사를 조건으로 한다.
주 : 뱅크오브아메리카에 대한 보증 계획은 작성되었지만 이행되지 않았다.

막으로 수행한 업무였다. 물론, 그가 강력히 추진했던 대부분의 위기
탈출 정책은 그가 퇴임한 이후에도 계속 이어졌다. 후일, 행크와 벤은
메릴린치 거래를 성사시키기 위해 뱅크오브아메리카를 부적절하게

압박했다는 비난을 받고, 뱅크오브아메리카 구조 작업에 대해 의회에서 선서하고 증언해야 했다. 정부가 파산 위기에 놓인 회사를 구하면서 주주들의 지분을 더 많이 보호해주어야 했다고 지적하며 AIG 주주들은 팀과 벤을 상대로 소송을 제기했다. 그러나 팀과 벤이 정책 당국자로서 그들의 정책적 판단에 대한 권리를 주장하면서 소송은 잘 마무리됐다. 우리는 구제금융을 제공하면서 회사들에 엄격한 조건을 제시했는데도, 대중을 지배하던 정서는 그런 기업들에 도움 자체를 주지 말았어야 한다는 것이었다.

엔드 게임, 마법의 해결책은 없다

애석하게도 오바마 대통령이 취임할 때까지도 금융 시스템은 계속 불안정했고, 경제는 계속 악화되고 있었다. TARP의 자금과 보증은 경제 회복에 도움이 됐고, 은행들은 2009년 1분기에 이익이 급증했지만, 금융 안정화 조치가 실물경제의 안정으로 연결되는 데는 어느 정도 시차가 있게 마련이었다. 심지어 기업의 부도 위험을 측정하는 공포지수는 리먼브러더스 사태 직후보다 더 높았다. 소비자 신뢰지수는 사상 최저 수준을 기록했다. 신임 재무부 장관이 된 팀이 오바마 대통령을 처음 만났을 때 팀은 패니메이와 프레디맥이 연준에서 지원해준 2000억 달러를 거의 모두 소진했으며, 추가적으로 2000억 달러가 필요할 것으로 보인다고 보고했다. 그때까지도 시장은 여전히 금융기관들의 자본이 심각하게 부족하다고 생각했다. 실제로 AIG, 시티그룹, 뱅크오브아메리카 등은 정부가 구제금융을 제공한 이후에도 여전히 불안정한 상태였다. 당시에는 이미 TARP 기금의 절반 이상을 투입한 상태였다. 그럼에도 불구하고 정책 당국이 금융 시스템을 제대로 지탱해낼 능력이 있는지, 추가적인 지원 없이도 상황이 더 악화되는 것을 막을 수 있는지에 대한 의심이 확산되고 있었다. 사실 오바마 행정부의 첫 번째 예산안에는 추가적인 구제금융에 나서기 위한 7500억 달러가 이미 포함되어 있었다.

연준은 경제 회복을 위해 제 역할을 다하고 있었다. 2008년 12월, 연준은 단기 목표 금리를 실질적으로 제로(0)까지 내렸으며, 이 금리는 향후 7년 동안 유지될 터였다. 또한, 연준 의장 벤은 패니메이와 프레디맥이 발행한 1000억 달러 규모의 채권과 함께 패니메이와 프레디맥이 보증한 5000억 달러 상당의 모기지 담보증권을 매입할 계획이라고 발표했다. 이 계획은 해당 유가증권에 대한 수요를 되살리고 침체된 주택시장을 활성화하기 위한 방법일 뿐만 아니라, 연준이 단기 금리를 제로 수준까지 내리면서 창의적인 방식으로 경제 성장을 지속적으로 지원할 것이라는 신호였다. 그러나 연준이 만들어낸 창의적 방안들은 사태를 수습하기에 충분하지 않았다.

비록 제로 금리 정책과 TARP 기금의 활용으로 경제적 어려움이 커지는 상황에서도 은행들을 보호하고 있었지만, 경기 악화와 불안

- 주택담보대출 금리 인하 및 대출 이용 시 편의 도모

- 대출을 상환하지 못하는 어려움에 처한 사람들의 부동산 담보 압류를 줄이도록 노력

- 어려움을 겪는 주택담보대출자들을 대상으로 낮은 금리로 차환

정한 금융시장 사이에 형성된 악순환의 연결고리는 여전히 단단하기만 했다. 오바마 대통령의 새로운 행정부는 경제를 정상화하기 위해 다양한 적극적인 수단들을 추진했다. 여기에는 미국 역사상 최대 재정 부양 법안으로 GM과 크라이슬러를 법정관리 받게 해서 구조조정을 피할 수 있도록 하는 자동차 산업 구제 계획과 주택 압류를 줄이고 주택 소유자를 돕는 보다 야심찬 프로그램이 포함되어 있었다. 그와 동시에 오바마 대통령은 금융 시스템이 더 이상 실물경제에 부정적인 영향을 미치지 않을 정도의 강력한 금융 시스템 개선책을 마련하라고 요구했다. 대통령 집무실에서 처음 열린 회의에서 대통령은 마냥 기다리면서 상황이 나아지기만을 바랄 생각은 없다고 팀에게 말했다. 오바마 대통령은 금융권의 문제를 해결하기 위한 조치를 즉각적으로 실행하기를 원했다. 그러는 한편 금융위기 때문에 발생한 다른 문제들에 집중했다.

문제는 어떤 조치를 취해야 하는가였다. 이념적 스펙트럼을 넘어

서 금융 전문가들 사이에서는 본질적으로 은행 부문은 구조할 수 없으며, 따라서 대통령이 어쩔 수 없이 은행 산업의 일부 또는 전부를 강제로 국유화할 것이라는 확신이 커져갔다. 새로운 행정부에서 팀의 동료들 역시 그러한 견해를 공유했다. 국유화가 불가피해 보인다는 언론의 지속적인 보도는 은행주를 약화시키는 효과를 가져왔다. 정부가 은행 주식의 가치를 희석시키거나 없애버리기 전에 투자자들은 서둘러 자신들의 주식을 매도하려고 했다.

팀과 벤은 반드시 필요한 게 아니라면 은행 산업의 광범위한 국유화를 피하고 싶어 했다. 주요 은행 중 한두 곳이라도 국유화하면 시장에 공황이 초래될 게 분명했다. 시장이 공황에 빠져버리면 정부가 다른 금융기관을 추가 인수해야 하는 상황으로 연결될 수도 있었다. 신용시장이 얼어붙고 경기 침체가 가속화되어가는 상황에서 선택적으로 국유화하는 것은 지속적으로 유지할 수 있는 전략처럼 보이지 않았다.

몇 주 동안 새로 꾸려진 팀의 재무부 소속 팀원들과 백악관 경제 보좌관인 로렌스 서머스Larry Summers, 오바마의 보좌관들, 연준, 그리고 연방예금보험공사가 몇 주간 함께 토론하고 협의한 뒤 재무부 장관 팀은 보다 덜 극단적인 접근법을 제안했다. 팀의 계획은 전례 없는 수준으로 투명성을 제고하고 동시에 필요한 신규 자본을 조달하는 정책을 동시에 활용해서 은행들의 건전성에 대한 신뢰 회복을 도모하는 내용으로 구성되었다.

이 같은 계획하에 연준과 기타 은행 감독기관들은 심각한 경기 침체와 다시금 불거진 금융위기에 직면할 때 발생할 손실 규모를 각 기관별로 파악했다. 그러고 나서 각 은행별로 예상 손실을 공식적으로 공개하고 그만한 손실을 견뎌낼 만큼 충분한 자본을 확충하기로 했다. 자체적으로 자본 확충이 가능한 은행들은 민간에서 자금을 조달하고, 자체적으로 조달하기 어려운 은행들은 TARP에서 자본을 확충해주기로 했다.

그러나 모든 것을 투명하게 하는 것은 위험한 전략이었다. 전문가들의 말을 그대로 옮기자면, 은행들의 모든 자산 구조를 명확하게 밝히는 것은 단순히 은행들이 얼마나 지급 능력이 없는지 알리는 결과만 낳을 게 분명했다. 시장에는 이미 최악의 상황이 반영되고 있었다. 시장은 은행들이 이미 파산한 것처럼 반응했다. 팀과 그의 동료들은 경제의 불확실성이 해결되지 않는 한 시장의 신뢰는 회복되지 않을 거라고 판단했다. 또한, 그들은 은행 시스템의 건전성이 실제보다 더 나쁘게 인식되고 있다고 생각했다.

이들이 마련한 계획의 핵심은 규제자본평가프로그램SCAP, 혹은 "스트레스 테스트"였다. 연준과 기타 은행 감독기관들은 주요 은행들이 불황을 견딜 만큼 충분한 자본을 가지고 있는지 판단하기 위해 엄격한 심사를 시행했다. 심사 후 결과를 공개하고 목표에 미치지 못한 은행들은 해당 은행에 필요한 자본을 추가로 조달하기까지 6개월의 유예 기간을 주었다. 민간에서 투자를 유치할 수 없는 은행들은

○ '스트레스 테스트'를 통한 시장의 신뢰 회복

정부는 금융기관들을 대상으로 스트레스 테스트를 실시해 위기가 발생할 경우의 손실 규모를 정확히 파악하여 투명성을 제고해 투자자의 신뢰를 회복하고자 했다.

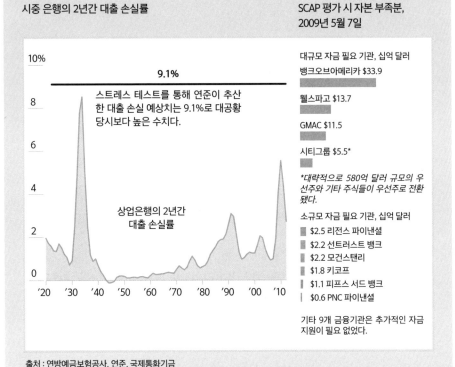

시중 은행의 2년간 대출 손실률

스트레스 테스트를 통해 연준이 추산한 대출 손실 예상치는 9.1%로 대공황 당시보다 높은 수치다.

상업은행의 2년간 대출 손실률

SCAP 평가 시 자본 부족분, 2009년 5월 7일

대규모 자금 필요 기관, 십억 달러
뱅크오브아메리카 $33.9
웰스파고 $13.7
GMAC $11.5
시티그룹 $5.5*

*대략적으로 580억 달러 규모의 우선주와 기타 주식들이 우선주로 전환됐다.

소규모 자금 필요 기관, 십억 달러
$2.5 리전스 파이낸셜
$2.2 선트러스트 뱅크
$2.2 모건스탠리
$1.8 키코프
$1.1 피프스 서드 뱅크
$0.6 PNC 파이낸셜

기타 9개 금융기관은 추가적인 자금 지원이 필요 없었다.

출처 : 연방예금보험공사, 연준, 국제통화기금
주 : 당시 19개 거대 은행지주사들은 규제자본평가프로그램 SCAP 의 통제하에 있었다.

강제로 TARP 자본을 추가로 받아들여야 했는데, 그럴 경우 정부의 통제를 받을 수밖에 없었다. 많은 은행이 그런 상황에 처하게 될 소지가 분명했다. TARP는 해당 은행들의 자본 확충에 기금을 다 소진하고 나면 끝내 대규모 국유화에 나설 것으로 예상됐다.

그러나 많은 은행이 시장이 염려하는 것보다 더 나은 상태일 가능성이 있는 상황에서 은행들의 처리를 정치권에 선제적으로 맡기는 것은 너무 극단적인 판단으로 보였다. 시장은 상승할 때뿐만 아니라 하락할 때도 과도하게 움직이는 경향이 있다. 팀은 회생 가능성이 없다는 확실한 증거보다 단순히 알지 못한다는 두려움에 휩싸여 은행들이 법정관리 받게 되는 것을 원하지 않았다. 스트레스 테스트는 은행들의 건전성을 보다 정확히 평가하게 해주었다. 스트레스 테스트 결과, 자본이 부실하다고 평가받은 은행들에 필요한 자본을 공급했다. 먼저 민간에서 자발적으로 자금을 조달하도록 하고, 이것이 어려운 경우에는 TARP에서 강제적으로 자금을 투입해 부족 자본금을 충당했다.

또한, 팀과 벤은 TALF를 상당 규모로 확대하는 데 동의했다. 이는 TARP에서 보증하는 수조 달러의 연준 프로그램에 TALF를 투입하기 위한 것이었다. 이는 ABS 시장을 구제하겠다는 정부의 강력한 의지를 보여주려는 조치였다. 나중에 확인한 결과, 이렇게 추가적으로 정부의 시장 구제 능력을 확대할 필요는 없었던 것으로 나타났다.

팀의 동료들은 부실 자산을 매입하기 위해 민간 부문과 새로운 재무부 파트너십을 만들었다. 그리고 TARP 기금을 활용하는 것을 당분간 보류하자고 협의했다. 민관투자프로그램PPIP은 TARP 대출을 민간 투자회사에 제공해 어떤 자산을 살 것이며, 얼마를 지불할지 민

○ 자산담보부 시장 구제책

연준과 재무부는 자산담보부증권 ABS이 다시 활성화되도록 노력했다. ABS 시장은 신용카드, 자동차 할부, 모기지 대출의 중요한 자금 조달 창구였다. TALF 제도가 도입되면서 위축된 ABS 시장이 다시 활성화되는데 상당히 기여했다. 이는 금융기관과 기업들의 자금 조달에도 많은 도움이 됐다.

ABS 발행, TALF 적격 발행, TALF 보증 금액

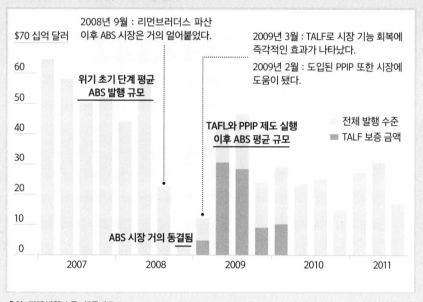

출처 : 전체 발행 수준 : 블룸버그
　　　TALF 총보증금액 : 연준(2012)

간 투자회사가 결정하게 하고 정부는 관여하지 않는 내용이었다. 이를 통해 민간 투자자들은 그들의 투자금을 위험성 있는 사업에 투자하고 정부와 이익을 공유했다.

팀은 2009년 2월 10일 연설을 통해 정부는 금융위기 상황에서 더이상 보증 역할을 하지 않을 거라는 계획을 밝혔다. 이것은 팀이 그의 생애 처음 한 TV 연설이었는데, 그가 연설하는 동안 시장은 폭락했다. 시장이 폭락한 요인 중 일부는 팀의 연설에 구체성이 결여되어 그의 메시지가 여전히 모호하고 불안정했기 때문이었다. 이런 이유로 팀의 연설은 시장에 신뢰를 심어주지 못했다. 바니 프랭크는 TV에서 연설하는 팀의 모습이 성인식을 치르는 소년처럼 보였다고 말했다. 게다가 세간에서 화제가 되고 있는, 정부가 높은 가격에 부실 자산을 매입해줄 것이라는 이야기를 팀이 공개적으로 확증해주지 않은 것에 시장은 실망했다.

어쨌든 시장의 폭락에 대처하기 위해서 재무부나 연준은 최대한 빨리 새로운 프로그램을 설계하고 그 세부 내용을 설명해 투자자들을 진정시킬 수밖에 없었다. 새로운 프로그램이 준비되고 이에 대한 스트레스 테스트가 끝날 때까지 시장은 계속 불안정한 상황에 놓여 있었다. 우리는 이 모든 과정을 거쳐 결과가 나올 때까지 시장이 붕괴되지 않기만을 기도했다. 그러는 동안에도 부실 금융기관의 국유화, 채권자와 투자자에 대한 손실 부담과 관련된 주장은 계속 불거졌다. 우리는 새로운 루머가 퍼지고 이런 내용들이 언론에 언급될 때마다 시장이 흔들리는 것을 느낄 수 있었다.

2009년 3월, 재무부 장관인 팀이 발표한 계획에 대해 팀의 동료들 모두가 석연치 않은 반응을 보이자 오바마 대통령은 경제팀 회의를 소집해 이 계획에 대한 토론을 벌였다. 회의에서 시장의 공황을 촉발하지 않거나 TARP를 사용하지 않으면서 은행들을 국유화할 수 있는 대안을 제시하는 사람은 없었다. 팀이 지적한 대로 "계획이 무계획을 이긴 셈"이 된 것이다. 결국, 오바마 대통령은 자신의 정치적 기반을 부시 행정부 시절과 과감하게 단절시키고 싶었지만, 급진적인 새 방법을 계획하는 것보다 이미 시행된 바 있는 시장 안정화 프로그램을 보완하고 개선하는 것이 더 타당하다는 데 동의했다.

스트레스 테스트를 시행할 때의 단점은 명확했다. 가령, 스트레스 테스트를 통해 도출된 해답이 시장을 진정시키는 데 도움이 될 것이라는 보장이 없었다. 그러나 경기 침체나 이와 유사한 상황에 대비하도록 미리 전체 시스템을 준비시키면 불황과 유사한 상황에 처할 가능성이 오히려 줄어든다. 또한, 이런 준비를 통해 기본적으로 건실한 은행과 부실한 은행을 가르는 명확한 기준을 세우는 데 도움이 될 수 있다. 이 모든 것이 스트레스 테스트 결과에 달려 있었다. 일부 회의론자는 스트레스 테스트가 정책 당국에 매우 부끄러운 일이 될 것이라고 전망했다. 연준이 은행들의 건전성을 증명하기 위해 소프트한 시나리오를 만드는 결과를 초래할 것으로 예상했기 때문이다.

스트레스 테스트를 신뢰할 수 없다고 해도 결과에 관계 없이 시장이 지속적으로 최악의 상황을 상정할 것임을 우리 모두는 알고 있었다. 실제로 연준에서 사용한 시나리오는 대공황 때 발생한 손실보다 훨씬 더 심각한 대출 손실을 상정했을 정도로 상당히 급진적이었다.

이 시나리오에 반영된 주택 가격 하락세는 2009년 실제 상황보다 더 악화된 수준으로 반영되어 있었다.

팀의 재무부 동료들은 테스트 결과를 기다리는 기간 동안 불확실

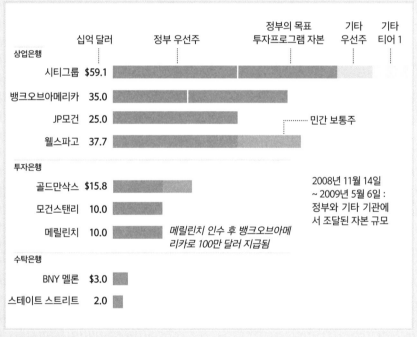

○ '스트레스 테스트' 이전 공적 자본 조달 규모

리먼브러더스 파산에 따른 시장의 패닉에 맞서 재무부는 의회로부터 승인 받은 새로운 권한을 이용해 대형 은행들에 대규모 공적 자본을 투자했다.

2008년 11월 14일부터 스트레스 테스트 결과가 발표되기 전날인 2009년 5월 6일까지 정부와 기관에 의해 조달된 자본 규모

출처 : 골드만삭스

주 : 시티그룹은 궁극적으로 580억 달러에 달하는 금액을 조달 받았고, 나머지는 보통주를 통해 조달받았다.

성을 줄이기 위해 작지만 중요한 변경안을 생각해냈는데, 스트레스 테스트가 완료되기 전에 해당 금융기관의 주가가 급락하더라도 자본이 부족한 은행들의 자금 지원 기준을 2009년 2월 기준으로 고정하

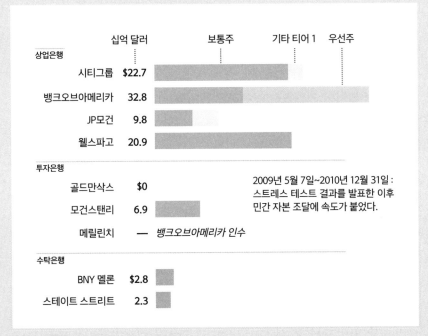

○ '스트레스 테스트' 이후 민간 자본 조달 규모

스트레스 테스트로 금융기관의 손실 예상 규모를 신뢰할 수 있게 되면서 투명성이 제고돼 금융기관들은 민간자금 투자를 유치할 수 있게 되었다.

민간 자본 조달, 2009년 5월 7일~2010년 12월 31일

	십억 달러	보통주	기타 티어 1	우선주
상업은행				
시티그룹	$22.7			
뱅크오브아메리카	32.8			
JP모건	9.8			
웰스파고	20.9			
투자은행				
골드만삭스	$0			
모건스탠리	6.9			
메릴린치	—	뱅크오브아메리카 인수		
수탁은행				
BNY 멜론	$2.8			
스테이트 스트리트	2.3			

2009년 5월 7일~2010년 12월 31일 : 스트레스 테스트 결과를 발표한 이후 민간 자본 조달에 속도가 붙었다.

출처 : 골드만삭스
주 : 스트레스 테스트 결과가 발표되기 이전에 골드만삭스는 문제자산 프로그램에서 상환을 전제로 한 지원을 받아 58억 달러에 달하는 자본을 증액했다.

는 내용이었다. 팀의 동료들이 "가이드너 풋 _{Geithner put}"이라고 명명한 이 조건은 연준이 은행 재무 상태를 조사하는 동안 투자자들이 해당 주식을 매도해야 할 동기를 줄여주었다.

검사 결과를 기다리는 기간은 고통스러웠다. 시티그룹은 다시 불안정해졌다. 재무부는 시티그룹을 국유화하지 않으면서 몇몇 민간 주주들과 복잡한 거래를 해서 은행의 완충자본을 보강했다. 그러고 나자 이번에는 AIG가 300억 달러 상당의 TARP 기금 투입을 추가로 요구했는데, 직전에 회사가 일부 임직원들에게 정부에서 지원 받은 자금으로 보너스를 지급했다는 사실이 밝혀지면서 금융위기 사상 가장 격렬한 대중의 반발을 불러 일으켰다. 또한, 부실 자산을 매입하는 내용의 재무부의 PPIP를 처음 공개했을 때는 민간 투자자들을 위해 벌이는 쓸데없는 짓이라고 질타를 받기도 했다. 그러나 결국 이 프로그램은 납세자들에게 일정 부분 이익을 안겨주면서 종료되었다. 하지만 경제 상황은 여전히 불안정했다. 특히 실업률은 4월 말에 8.9퍼센트까지 상승했다. 그러나 다행스럽게도 경기 악화 속도는 상당히 느려졌다.

5월, 연준은 스트레스 테스트 결과를 발표했다. 그 결과는 사람들이 예측한 것보다 훨씬 더 양호했다. 연준은 대형 금융 회사 19곳 중 9곳은 최악의 시나리오를 견뎌낼 수 있을 정도로 충분한 자금을 보유하고 있으며, 나머지 10곳 정도는 추가 자본 투입이 필요할 것으로 예상되나 그 규모는 750억 달러 정도에 불과할 것이라고 밝혔다. 연준은 기초 자료를 공개해 스트레스 테스트를 통해 어떻게 그런 결론을 도출했는지 설명했고, 시장은 이 같은 결과가 신빙성이 있다고 판단했다. 그 결과, 금융기관의 부도에 대비하는 보험 비용은 빠르게 줄어들었고, 민간 부문은 다시 한 번 은행에 투자해도 되겠다는 믿음을 되찾았다.

그후 한 달 동안 자본금이 불충분하다고 판정 받은 금융기관들은 스트레스 테스트의 의무 사항을 준수하기 위해 필요한 거의 모든 자본을 조달했다. 부족 자본을 독자적으로 해결하지 못한 금융기관은 GMAC뿐이었다. 재무부는 TARP 기금을 투입해 GMAC의 자금 부족분을 해결해주었다. 현재 앨리 뱅크Ally Bank로 알려진 GMAC 구제 금융은 최종적으로 재무부에 24억 달러의 이익을 가져다주었다.

2009년 4월까지만 해도 국제통화기금IMF은 미국 정부가 은행 시스템을 구제하는 데 2조 달러를 쓸 것이라고 예측했으나 은행과 보험사들에 투입된 TARP 기금은 결과적으로 재무부에 500억 달러의 이익을 안겨주었다. 종합적으로 볼 때 정책 당국의 금융기관 개입은 금융 시스템을 무너뜨리기보다는 금융 시스템을 작동시킴으로써 막대한 경제적 이익을 가져다주었을 뿐만 아니라 추가적으로 상당한 규모의 직접적인 투자 수익을 안겨주었다. 스트레스 테스트는 20개월간의 진통에 비하면 다소 용두사미 같은 실망스러운 결론으로 마무리됐으나, 리먼브러더스 같은 사태가 다시는 발생하지 않으리라는 확신을 시장에 안겨주었다.

2008년 하반기에 집중적인 정부의 유동성 대응 조치로 2009년 하반기부터 실질GDP와 고용이 개선되기 시작했다. 이로써 미국 경제는 깊은 불황에서 서서히 탈출하기 시작했다.

재무부, 연준 및 FDIC 보증금액

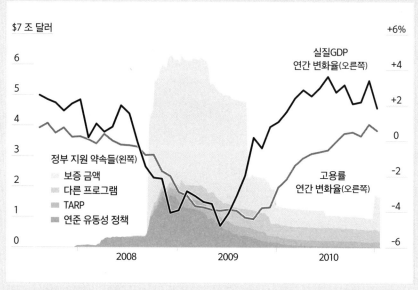

출처 : 량 외 연구진(2018년)
　　미국 정부 보증금액 기준 : 연준리를 통한 의회 감시 패널, "TARP 및 관련 프로그램의 보증 및 우발적 지급". 루이스,
　　연방예금보험공사, 연준리, 연방주택기업감독청, 재무부
　　고용 : 노동통계국
　　실질 GDP : 헤이버 애널리틱스를 통한 거시경제 자문가

그렇다고 해서 스트레스 테스트가 위기를 종식시킨 마법의 해결책은 아니었다. 오랜 시간 동안 다양한 비상 상황에 대처하는 시장 개입 조치들이 취해진 결과, 금융위기가 종식된 것이다.

- 연준의 광범위한 대출과 유동성 공급 프로그램
- 금융기관에 대한 구제금융 : 베어스턴스, 패니메이, 프레디맥, AIG
- 재무부의 MMF 시장에 대한 지급 보증
- 연방예금보험공사의 은행 부채 보증
- TARP 기금의 은행 조기 투입

비록 각각의 조치는 시장의 위험을 종식시키기에는 역부족이었으나, 일련의 다양한 조치들이 시행되면서 금융위기를 끝낼 수 있었다. 만약 이 모든 시장 개입, 특히 금융위기 이후에 수천억 달러 상당의 TARP 자금이 은행 시스템에 투입되는 동시에 우리가 은행들에 민간 부문의 자금을 조달하라고 압박을 가하지 않았더라면 스트레스 테스트 결과로 시장이 안정되기는 훨씬 어려웠을 것이며, 납세자들은 훨씬 더 비싼 대가를 치러야 했을 것이다.

게다가 금융 시스템을 개선시키기 위한 적극적인 조치들과 더불어 전반적인 경제를 회복시키기 위한 적극적인 정책들이 병행되지 않았다면, 콜럼버스 데이를 전후해서 취해진 금융 시스템에 대한 혁신적인 조치들로 얻은 소기의 성과가 무의미하게 되었을지도 모른다. 결과적으로 정부의 전면적인 노력이 금융위기를 종식시킬 수 있다는 것이 증명됐다. 정부의 적극적인 노력이 없었다면 문제를 해결할 수 없었을 것이다.

회복 불가능한 것처럼 보이는 금융시장 붕괴가 경제를 불황으로 금융 위기 초반에 정부는 1680억 달러에 이르는 1차 재정 부양책을 통과시켰다. 그러나 이는 상대적으로 적은 규모로, 효과를 보기 위해서는 시간이 필요했다.

GDP에 대한 재정부양책의 분기별 효과

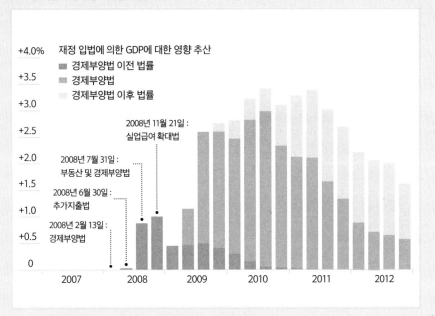

출처 : 대통령경제자문위원회, 의회 예산처, 경제분석부, 제이슨 퍼먼 계산
주 : 1680억 달러에 달하는 자금은 2012년 회복법이 발효되기 이전 경제에 활력을 불어넣기 위해 집행됐다.

몰아넣은 것처럼 장기간 지속되는 경기 침체는 금융 시스템을 붕괴시킬 수도 있었다. 우리가 취한 금융시장 개입 조치들은 2009년 초반의 경제 수요를 부양시키기 위한 적극적인 노력들과 더해지면서 효과를 발휘했다. 구체적인 내용은 다음과 같다.

- 연준의 과감한 통화 정책
- 오바마 행정부와 의회가 보여준 미증유의 재정 부양책
- 자동차 산업에 대한 정부의 구제금융
- 주택 수요를 되살리고 위험에 빠진 주택 소유자들을 구제하기 위한 지속적이며 추진력 있는 주택 정책

우리는 동원 가능한 모든 금융 정책과 경제 정책 도구를 사용해 모든 것을 정상화시켰다. 이렇게 금융 정책과 경제 정책이 동시에 시행되었기 때문에 정책 효과를 극대화시킬 수 있었던 것이다.

연준 의장 벤은 2002년 자극적인 내용의 연설을 했다. 정책 금리가 제로 수준에 도달하고 중앙은행이 경기를 부양시키기 위해 사용할 수 있는 전통적인 수단이 고갈된 상황에서는 디플레이션과 경기 침체 압력에 대응하기 위해 비정통적인 수단들을 사용해야 한다고 주장한 것이다. 그러나 2009년은 2002년보다 경제 상황이 더 좋지 않아서 보다 많은 개입이 요구됐다. 2009년 3월 연준은 "양적완화QE, Quantitative Easing"라 불리는 매우 공격적인 통화부양정책을 실험했다. 양적완화는 주택담보대출유동화증권MBS을 매수하고, 장기 국채 금리를 낮추고, 대공황에 대처하기 위해 국채를 매수하는 내용으로 진행됐다. 1차 양적완화, 즉 "QE1"을 통해 연준은 연준 대차대조표를 1조 7500억 달러까지 확대해 연준이 경기 침체를 두고 보지 않고 적극 개입할 것이라는 강력한 메시지를 시장에 보냈다. 벤과 그의

● 정부의 재정 부양책

연준리가 국채, 준정부 채권, MBS를 매입하고 대규모 자산을 매입하는 데 나서며 시중에 통화량을 공급했다. 이는 양적완화 정책 $_{QE}$의 하나다. 정부는 제로 수준의 연준 금리, 양적완화 정책을 통한 대규모 자산 매입으로 장기 금리 하락을 도모해 경기를 부양시키고자 했다.

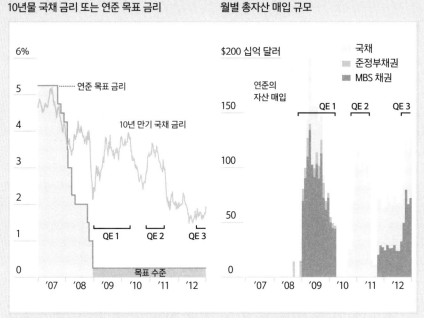

출처 : 연준 목표 금리, 10년물 국채금리, FRED. 월간 자산 매입 추이 분석, 헤이버 애널리틱스.
주 : QE : 양적 완화

동료들은 2010년과 2012년에 QE2와 QE3을 발표했으며, 결국 연준 대차대조표는 금융위기 이전 최고치의 5배에 가까운 4조 5000억 달러 이상까지 확대됐다. 학계의 여러 연구 결과에 따르면, 양적완화는 장기 국채 금리와 주택 대출 금리를 낮춰 경기 회복을 지원하는 데 도움이 된 것으로 분석됐다. 주요 국가들의 중앙은행들도 자국의 경제 부양을 위해 미국과 유사한 정책들을 도입했다.

연준의 통화 정책 조치와 더불어 새로 취임한 행정부는 미국경제 부양법 ARRA of 2009, American Recovery and Reinvestment Act of 2009을 통해 실물 경제를 대상으로 엄청난 규모의 재정 부양책을 실시했다.

- 3000억 달러 규모의 임시 감세 정책
- 5000억 달러 규모의 연방 지출 대상 사업
- 경기 침체에 따른 피해자 구제 프로그램
- 국가 인프라를 향상시키는 동시에 일자리를 제공하기 위한 공공사업 프로그램
- 경기 침체로 인해 주정부의 재정이 어려워져서 세금 증액, 예산 삭감 등으로 경기 침체를 가속화하지 않도록 중앙정부가 주정부를 대상으로 직접적인 지원 프로그램 시행

공화당 진영에서는 무분별하게 예산을 낭비한다고 오바마 대통령을 비난하면서 거의 만장일치로 ARRA에 반대했지만, 대부분의 경제학자들은 이 경기 부양책 덕분에 일자리가 살아나고, 성장이 촉진됐으며, 그 결과 2009년 6월 불황을 종식시킬 수 있었음을 인정했다. 균형재정에 대한 제한 요건들이 있는 대부분의 주정부와 지방정부들

○ 경제부양법의 경기 부양 효과

정부는 금융위기 이후 수차례 소규모의 경제부양법 조치를 시행해 6570억 달러를 추가 투입해 경기 부양을 도모했다.

GDP에 대한 경제부양책의 분기별 효과

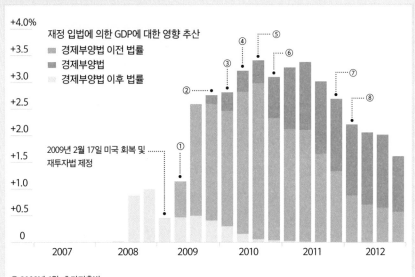

① 2009년 6월 : 추가지출법
② 2009년 11~12월 : 근로자, 주택소유자 및 기업 지원법, 국방예산지출법
③ 2010년 3월 : 임시 실업급여 확대법. 고용률 회복을 위한 고용 인센티브 제공
④ 2010년 4월 : 실업급여 확대법 연장
⑤ 2010년 7~9월 : 실업급여 확대법, FAA 항공운송법, 소상공인 일자리법
⑥ 2010년 12월 : 세금 감면법
⑦ 2011년 11~12월 : VOW법, 일시적 근로소득세 인하 지속법
⑧ 2012년 2월 : 중산층 감세 및 일자리 창출에 대한 법률

출처 : 대통령경제자문위원회, 의회 예산처, 경제분석국
주 : 2012년 경제부양법을 시행한 이후 경제에 활력을 불어넣기 위해 6570억 달러의 예산이 다방면으로 집행됐다.

은 정부의 정책으로 인한 예산 부족을 세금 인상, 지출 삭감, 해고를 통해 상쇄해왔다. 이런 상황에서 새롭게 만들어진 ARRA는 경제를 부양시키는 데 큰 도움이 되었다. 반면, 주요 선진국들은 미국과 다르게 여전히 정부 재정을 긴축 운영하고 있었다.

일반적으로 정부 재정은 나라 살림에 맞게 균형을 이루도록 운영해야 하지만, 경제가 침체돼 민간 수요가 붕괴된 상황에서는 경기를 부양시키기 위해 정부의 지출을 늘리는 적극적인 적자 재정이 필요하다. 적자 재정은 긴축 재정보다는 재정적으로 부담이 크게 마련이다. 그러나 긴축 재정은 정부의 지출을 줄이게 되므로 경기 침체 상황에서는 소비를 위축시키는 결과를 초래한다. 경기 부양책들은 단기적으로 재정 적자를 확대시키지만, 경기 부양책으로 인해 근로자들의 소득이 늘어나고 기업들의 이익이 증가하면서 결국 기업이 내는 법인세가 증가하게 되므로 장기적으로 보면 재정 적자폭이 감소하는 효과를 발휘한다.

미국 정부는 적자 재정을 감당할 정도의 재정적인 여력이 있어서 훨씬 더 큰 규모의 부양책을 쓸 수 있었지만, 8000억 달러 규모의 경기 부양책에 대해 상원은 단지 60표 정도밖에 찬성표를 던지지 않았고, 더 큰 규모의 부양책에 대한 필리버스터를 방지할 대책도 없었다. 여당인 민주당은 법안 내용에서 근로소득세 하향, 실업 지원 확대, 주정부에 대한 더 많은 지원 등 10여 가지 세부 내용을 조정해 조금 덜 적극적인 내용으로 법안을 수정했다. 민주당은 이 수정안으로 조용하게 공화당의 합의를 유도해서 결국 6570억 달러를 실물경제에 투입할 수 있었다.

오바마 행정부는 또한 자동차산업 구제 프로그램에 추가적으로 TARP 기금을 투입했다. 이 공격적인 정책은 금세 논쟁거리로 떠올랐다. 자동차 산업 구제 프로그램을 통해 GM과 크라이슬러를 법정관리업체로 지정했는데, 이는 장기적으로 구조조정이 지지부진해지지 않도록 하기 위한 조처였다. 자동차 산업은 전체적으로 800억 달러 이상의 TARP 기금을 지원받았다. 그러나 최종적으로 납세자들이 낸 비용은 90억 3000만 달러에 불과했다. 투입된 자금의 상당 부분을 상환했기 때문이다. 미국에서 가장 중요한 의미를 지닌 제조업 부문을 구하는 비용 치고는 크지 않은 비용이었다. 2008~2012년 자동 경기 조정 안정화 및 재량적인 부양책을 포함한 연방 재정 확대 규모는 GDP의 3.4퍼센트 정도에 해당한다. 감세와 정부의 이전지출_{Gov-ernment Transfers} 등으로 인해 소득 하위 40퍼센트 가구의 소득 감소 부분을 거의 상쇄할 수 있었다.

또한, 오바마 행정부의 경제관료들과 연준의 팀은 주택시장을 부양시키기 위한 일련의 새로운 프로그램을 공개했다. 이 조치들에는 주택담보 금융기관인 패니메이와 프레디맥의 자본을 확충하는 것과

• 정부가 국민에게 보조금, 실업급여, 국공채 이자, 국민연금 등의 형태로 단순히 돈만 주는 지출.

◉ 경기 회복기 주정부와 지방정부의 부동산 매입 규모

과거의 경기 침체기에는 주정부와 지방정부가 연방정부와 힘을 합쳐 경기를 부양시키는데 도움을 주었으나, 2008년 금융위기 때는 주정부와 지방정부가 연방정부와 달리 지출을 축소해서 어려움이 커졌다. 연방정부의 경기 부양 지원 규모가 증가했음에도 불구하고 주정부와 지방정부가 재정 감축에 나서며 경기 부양 효과가 반감되었다.

1965~2015년, 경기 침체 종료 시점부터 분기별로 지수화

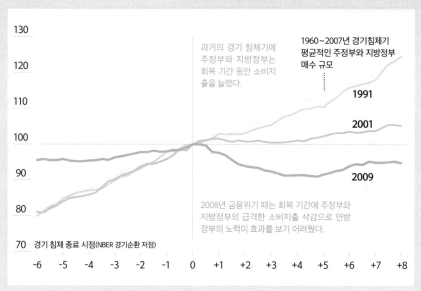

출처 : 경제분석국 자료를 바탕으로 한 저자의 계산

주 : 해당 데이터는 1980년 경제 불황기와 그에 겹친 1981~1982년 불황기는 평균에 포함하지 않았다.

연준의 조치를 통해 모기지 금리를 낮추는 내용이 포함되어 있었다. 경기 부양법이 제정된 다음 날 오바마 대통령은 부동산 시장 대책을 발표했다. 이 대책은 모기지 차환대출 프로그램 HARP, The Home Affordable

◑ 30년물 고정 모기지 금리

금융위기 동안 대출 금리를 낮추고 압류(강제집행)를 줄이는 등 다양한 부동산 프로그램을
시행했으나, 위기가 끝난 2010년까지 부동산 압류건수는 감소하지 않았다.

담보압류 완료건수, 분기 평균으로 연환산

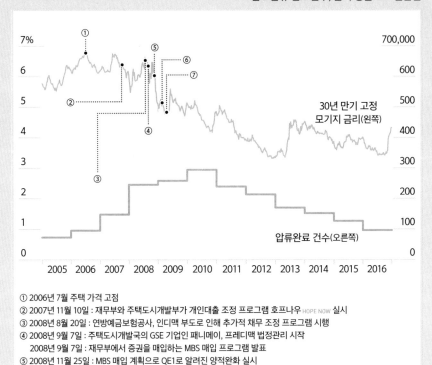

① 2006년 7월 주택 가격 고점
② 2007년 11월 10일 : 재무부와 주택도시개발부가 개인대출 조정 프로그램 호프나우 HOPE NOW 실시
③ 2008년 8월 20일 : 연방예금보험공사, 인디맥 부도로 인해 추가적 채무 조정 프로그램 시행
④ 2008년 9월 7일 : 주택도시개발국의 GSE 기업인 패니메이, 프레디맥 법정관리 시작
　 2008년 9월 7일 : 재무부에서 증권을 매입하는 MBS 매입 프로그램 발표
⑤ 2008년 11월 25일 : MBS 매입 계획으로 QE1로 알려진 양적완화 실시
⑥ 2009년 3월 4일 : HAMP 재무부 프로그램
⑦ 2009년 4월 1일 : HARP 연방주택금융감독청의 대출 상환 지원 프로그램 시작

출처 : 모기지 이자율, 프레디맥과 FRED 데이터

Refinance Program과 모기지 금리 재조정 프로그램HAMP, The Home Affordable Modification Program으로 구성되어 있다. HARP는 주택 가격이 주택담보 대출 수준 아래로 떨어진 주택 소유자들에게 모기지 차환 발행을 도와주는 내용이다. 심지어 현재 주택 가치가 원래 소유할 때 가치 이상인 경우에도 이 프로그램을 적용해주었다. HAMP는 대출이자를 연체한 주택 소유자들에게 월상환금을 조정해주는 내용이다. 행크와 부시 행정부도 민간 부문의 모기지를 조정하려고 다양한 방법을 시도해봤으나, 그 범위는 매우 한정적이었다. 민간 부문의 자발적 참여와 연방정부의 자금 지원이 불가능했기 때문이다.

TARP 기금을 지원 받은 오바마 행정부의 조치들은 분명한 효과를 보였다. 하지만 NBC 생방송 뉴스에서 릭 산텔리Rick Santelli는 공짜로 얻어먹는 집주인들을 위한 긴급구제에 항의하면서 새로운 반정부 티파티 운동을 일으켜야 한다고 열변을 토했다. 반대로 진보 좌파에서는 압류 위기 상황에서 정부의 대응이 늦고 미비하다며, 이는 실물경제에 대한 배신이라고 강하게 비판했다. 일반인들이 그 효과를 체감하기까지는 고통스러울 정도로 오랜 시간이 걸렸다.

HARP는 주택시장이 얼어붙은 이후 300만 가구 이상의 주택 소유자들의 모기지 대출 차환을 도와주었으며, 거의 2500만 가구 이상의 주택 소유자들이 정부의 지원 없이 저금리 혜택을 받게 되었다. HAMP 프로그램을 시행하기 위해서는 잘 작동되지 않는 기존 대출 서비스 산업에 의존해야 했는데, 이 자원 배분 절차는 그야말로 끔찍

○ 채무 조정을 받은 모기지 규모

다양한 형태의 주택담보대출 조건을 완화해줌으로써 주택 소유자들의 담보대출 상환 부담을 줄여 주택 압류건수가 2010년을 정점으로 점점 감소하는 효과가 나타났다. 결과적으로 HAMP를 포함한 대출 상환 조건 조정 프로그램들은 담보 대출로 어려움을 겪는 수백만 주택 소유자에게 도움을 주었다.

2009년 4월 1일~2016년 11월 30일

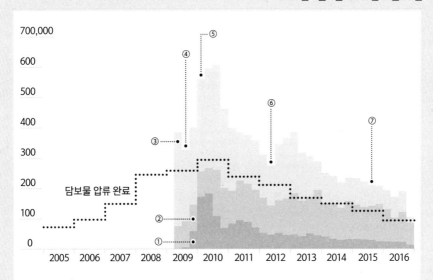

① HAMP의 영구적 경감
② 연방주택청 손실 경감
③ 민간 부문 채무 조정
④ 2009년 8~9월 : 행정 업무 간소화
⑤ 2010년 3월 : HAMP 개정. 원금 손실 상태의 채무자들에게 원금의 일부를 탕감해주고 실직 상태인 채무자들에게 최대 3개월까지 원금 상환을 유예해줬다.
⑥ 2012년 6월 : HAMP 티어Tiers 2개 시. 정부 보증기업GSE 이외 기업에서 차입한 사람들에 대한 채무 조정을 용이하게 했다.
⑦ 2015년 7월 : HAMP를 간소화해 증빙서류가 부족한 심각한 체납자에 대한 조정이 허용됐다.

출처 : 연방주택국, HAMP 조정, 재무부, 호프 나우HOPE NOW를 통한 민간 부문 조정, 압류 완료 물건
주 : 2016년 11월 시점의 조정 결과와 2016년까지 그 밖의 프로그램의 결과

했다. 기존 대출 서비스 산업은 일상적으로 대출 서류들이 없어지고, 전화 회신도 없었으며, 전반적으로 차입자들에게 핑계를 제공하기 바빴다. 재무부 관계자들은 처음에는 자체적인 대출 서비스 프로그램을 만들려고 했으나 시간이 충분하지 않다고 판단했다. 은행들도 채무 재조정에 적합한 모기지인지 판별하고 재조정 절차를 신속하게 진행하기 위해 필요한 인프라인 새로운 대출 서비스 프로그램에 투자하는 것을 꺼렸다.

또한, HAMP는 대출 사기를 막기 위해 부담스러울 만큼 꼼꼼한 컴플라이언스 규정들과 구체적인 적합성 기준들을 가지고 있었다. 이런 이유로 다루기 힘든 과정은 더 어려워졌다. 그리고 이 상황에서 은행들은 불필요한 정부 규정을 준수하면서 정부 지원인 HAMP를 받기보다는 민간 부문에서 자체적으로 수백만 건의 모기지 대출에 대한 채무 조정을 하는 쪽을 선택했다. 결국 HAMP에서 직접적으로 모기지 채무 조정을 지원한 것은 목표치인 300만~400만 건의 일부에 불과했다. 그러나, 정부와 민간 부문이 함께 만든 채무 조정 프로그램은 최종적으로 목표치를 뛰어넘어 800만 명 이상의 주택 소유자들에게 혜택을 제공했다.

HARP와 HAMP를 시행하려는 노력은 많은 관심을 받았지만, 결과적으로 비평가들은 정부의 주택 정책이 실패했다고 단언했다. 주택시장 안정에 가장 큰 영향을 준 연방정부의 조치로 이들은 두 가지를 꼽았다. 첫째는 패니메이와 프레디맥에 4000억 달러의 자금을 제

● HARP를 통한 재대출

어려움을 겪는 주택 소유자들을 돕기 위해 대출 상환 조건을 완화시킨 HAMP와 더불어 HARP는 낮은 이율로 대환대출을 할 수 있도록 도와주고, 대환대출을 장려했으며, 원금 손실을 기록한 주택 소유주들이 압류당하지 않도록 하는 데 기여했다.

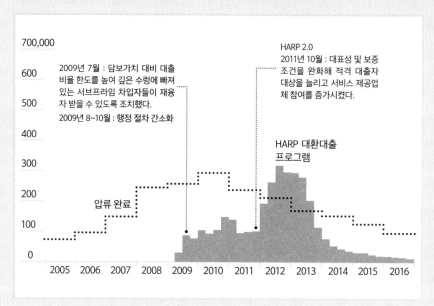

출처 : 대환대출, 연방주택금융감독청, 코어로직 압류 완료 물건 보고서

공한 것이다. 이 조치로 민간 부문이 포기한 모기지 대출 시장의 자금흐름이 원활해졌다. 둘째는 연준이 MBS를 적극 매수한 것이다. 이는 모기지 금리를 낮추고 재융자가 원활해지는 결과를 낳았다.

부동산 시장 붕괴와 심각한 경기 침체가 발생한 상황에서 부동산 압류를 줄이기 위한 프로그램을 만드는 것은 이전보다 훨씬 힘들었다. 정치권은 신뢰할 수 없었고, 재정적으로 어려움을 겪고 있는 집주인들에게만 도움이 되도록 목표를 정하고 프로그램을 설계하는 것은 결코 쉬운 일이 아니었다. 도움이 필요 없는 집주인들이나 정부의 도움이 있어도 집을 소유할 여력이 없는 사람들에게 이 프로그램의 혜택이 돌아가게 되면 세금이 낭비될 것이기 때문이었다.

주택 전문가들이 좀 더 선호하는 주택 문제 해결책은 담보대출 금액 이하 주택 소유자들의 대출 원금을 줄여주는 프로그램이었다. 그러나 정부가 은행에 모기지 대출 채권을 포기하라고 강제할 수는 없었다. 은행들이 자발적으로 나서도록 충분한 인센티브를 제공하는 방법이 있었으나, 이는 세금을 굉장히 비효율적으로 사용하는 방법이었다. 2014년 브루킹스경제연구소의 논문에 따르면, 만약 정부가 7000억 달러를 추가로 투자해 부동산 시장의 모든 부담을 없앴더라도 전체 경제에 거의 영향을 미치지 않았을 것이다. 개인 소비를 0.2퍼센트 이하 증가시키고 한 명의 일자리를 보호하는 데는 150만 달러의 비용이 필요하다. 기금을 지원한 자동차 산업 부문에서 한 명의 일자리를 보호하는 데는 1만 4000달러의 비용이 든다.

오바마 행정부가 연방주택금융감독청에 페니메이와 프레디맥의 대출에 대해 일부 특정한 사례의 원금 삭감을 독려했으나, 연방주택금융감독청은 이에 반대했다. 주택담보대출 원금을 줄여주는 것보다 공공 부문의 채무를 조정하거나 대부분 민간 부문에서 시행되는 월이자 상환금액을 줄여주는 것이 훨씬 더 효과적인 방법이라고 본 것이다.

정부의 부동산 관련 프로그램은 수백만 주택 소유자들을 도와주었다. 그러나 이 프로그램들이 성과를 보이는 데는 상당한 시간이 필요해 주택 압류의 위협을 받는 제한적인 사람들에게만 도움이 되었던 것도 사실이다.

12 백만 달러	특별 재융자 950만 달러	대출 채무조정 820만 달러	기타 대출 지원 530만 달러
10			
8	**프로그램들** HARP 대환대출 완료 FHFA 간소화된 대환대출 FHA 간소화된 대환대출	**프로그램들** HARP : 시험적이 며 항구적인 채무 조정 **호프 나우** HOPE NOW 소유권 조정 GSE : GSE를 통한 비 HARP 채무 조정 FHA : 채무 조정을 통한 추가적 손실 경감	**프로그램들** FHFA 홈세이버 프로 그램 : 재상환 계획, 유 예 계획, 압류 대체재 FHA : 손실 경감을 위 한 개입 **지역을 포함한 전국적 인 주택금융기관 :** 모기지와 금융 단위 HARDEST HIT FUND* 지방 압류 방지
6	2017 (8)	2017 (6)	
4	2012 (6)	2012 (5)	2017 (4)
2			2012 (3)
0			

출처 : Bar 등(2018) 기준

궁극적으로 주택 경기 침체에 대한 정부의 대책은 주택 공급과 모기지 대출 시장을 전반적으로 안정시켰다는 측면에서는 효과적이었다. 만약 패니메이와 프레디맥의 국유화, 연준 및 재무부의 MBS 매입이 없었더라면 집값은 더 크게 하락하고, 수백만 명의 미국인들이 집을 잃게 되었을 것이며, 경기 침체는 훨씬 더 악화되었을 것이다. 또한, 개별 주택 소유자들의 대출을 차환해주거나 대출 상환 일정을 조정해주는 프로그램은 그 대상자가 수백만 명에 이르지만 프로그램 진행 속도가 느려 대상 범위가 제한적일 수밖에 없다. 이런 이유로 의회는 적극적이고 강력한 부동산 대책에 별로 관심이 없었다. 팀과 오바마 행정부는 공정성 이슈가 제기될 수 있는, 제한적인 주택 소유자들만 대상으로 하는 새로운 형태의 프로그램보다는 실업수당, 인프라 계획, 근로소득세 감면, 그리고 주정부들을 도와주는 것 같은 일들에 추가적인 재원을 사용하는 것이 더 가치 있게 비용을 쓰는 방법이라고 판단했다.

경제 위기를 해소하는 것은 주택 위기를 해소하는 데 필수 조건이지만, 그 반대로 부동산 문제를 해결한다고 해서 반드시 경제 위기가 해결되는 것은 아니기 때문이다. 오바마 행정부는 장기적이고 꾸준한 경기 회복이 가장 성공적으로 부동산 문제를 해결하는 방법이라고 본 것이다. 금융위기가 종식된 후에 담보가치에 비해 그 가치가 떨어진 수조 달러 규모의 모기지 증권이 점진적으로 회복되고, 상당한 손실을 입은 수백만 주택 소유자들이 구제되면서 주택 가격은 점점 안정되기 시작했다.

경제가 회복되면서 거의 모든 상황이 좋아졌다. 2009년 미국의 연간 자동차 판매량은 1000만 대까지 급락했지만 2015년에는 위기 이전 수준인 1700만 대까지 회복됐다. 은행들은 우리가 예상했던 것보다 더 오랜 기간 신규 주택 구매자에 대한 대출에 조심스러운 태도를 취했지만, 개인과 기업들의 신용 경색은 분명 종식됐다. 2009년 말

10.0퍼센트까지 치솟았던 실업률은 우리가 이 책을 쓰는 시점에는 3.7퍼센트로 급격하게 낮아졌다. 2009년 초 1개 분기 동안에 200만 개 이상의 일자리가 사라졌으나 97개월 연속 일자리가 증가하면서 기록적으로 1900만 개의 일자리가 새로 만들어졌다. 기업들의 이익은 임금 증가 속도보다 더 빠르게 회복됐고, 아동 빈곤율은 역사상 최저치로 낮아졌다. 다른 주요 나라와 비교하거나 과거 미국의 경기 침체와 비교해봐도 이번 금융위기는 결과적으로 덜 심각하고 회복 속도는 더 빨랐다. 비록 많은 사람이 기대한 것처럼 강력한 회복세를 보이지는 못했지만, 경제 회복은 대단히 안정적으로 진행됐다.

그러나 우리에게 2008년 금융위기는 여전히 엄청난 경제적 고통을 안겨준 기억으로 남아 있다. 사회적 불평등을 가중시키고, 임금이 장기간 상승하지 못했으며, 과거 경기 호황으로 인해 감추어진 채 수십 년간 곪았다가 터진 경제 상황들에 대한 원인으로 2008년의 금융위기가 꼽히면서 때때로 부정확한 비난을 받기도 했지만, 수백만 명의 해고, 수백만 명의 부동산 담보 압류, 그리고 수백만 가구에 여전히 남아 있는 트라우마에 대한 책임은 2008년 금융위기에 있음이 분명하다. 우리는 금융위기를 좀 더 빨리 해결하기를 바랐지만, 미국이 대공황과 견줄 만큼의 경제 대재앙인 2008년 금융위기를 잘 막은 것만으로도 감사할 뿐이다.

그리고 지금, 우리는 여전히 다음 금융위기를 걱정하고 있다.

대화재가 지나간 이후

우리는 다시 금융위기에 맞설 수 있는가? ●●

우리 중 그 누구도 2008년 금융위기 같은 일을 겪어본 사람은 없었다. 벤의 대공황에 대한 전문성, 행크의 금융시장에 대한 감각, 그리고 팀의 해외 금융위기에 대한 경험에도 불구하고 우리 중 그 누구도 무엇이 효과가 있을지, 무엇이 역효과를 낼지, 그리고 금융 시스템이 얼마만큼의 충격을 감당할 수 있을지 알지 못했다. 우리가 가이드로 활용할 만한 표준적인 대응 지침이 없었을 뿐만 아니라 모범사례에 대한 전문가들의 고견도 없었다. 결과에 대한 엄청난 불확실성을 고심하면서도 우리는 때때로 전술을 바꾸고 생각을 변경하면서 안개 속에서 헤매듯 우리가 느끼는 대로 갈 수밖에 없었다. 금융 산업이 실물

경제를 위기에 빠지게 한 원인 제공자임에 불구하고 역설적으로 우리가 한 많은 일들은 금융 산업을 지원해주는 것으로 비쳤다.

많은 시사평론가들이 최악의 상황들을 가정하고 예상하는 경향이 있는데, 이는 충분히 이해할 수 있고, 피할 수 없는 일이기도 하다. 비판론자들은 당시 우리가 취한 조치들이 대규모 환매 사태, 짐바브웨식 초인플레이션, 그리스식 부채 위기, 수조 달러의 구제금융 비용, 구제할 수 없는 좀비 기업들에 영향 받는 일본 금융기관, 심지어 미국 자유시장 자본주의의 소멸을 향한 발판을 마련하는 것이라고 경고했다. 하지만 결과적으로 이들이 예상한 그 어떤 일도 일어나지 않았다. 우리가 시행한 정책들 덕택에 비평가들이 우려한 그 어떤 일도 일어나지 않았다고 생각한다.

의회가 우리의 정책 권한을 확대해준 것은 매우 도움이 됐다. 이렇게 확대된 정책 권한으로 우리는 강력하면서도 효과적으로 정책 대응을 할 수 있었다. 어떤 면에서는 그저 운이 좋았다고도 할 수 있다. 그러나 글로벌 금융위기 이후 지난 10년간 미국과 기타 국가들에서 진행되었던 일들을 되돌아보면, 미국이 직면했던 제약 요건들과 급박한 불확실성들을 감안할 때 미국이 선택한 전략은 기대한 만큼 잘 작동한 것으로 보인다. 주가와 집값 하락, 생산과 고용 감소 등 다양한 측면에서 진행된 2008년 글로벌 금융위기의 스트레스는 어떤 측면에서 보면 대공황 초기보다 훨씬 더 심각했다. 하지만 이번에는 정부가 시장의 공황을 멈추게 하고 금융시장을 안정시키고 회사채 시장의 유동성을 원활하게 하면서 최근까지 지속된 경기 회복을 촉발시켰다. 이번 금융위기에서 미국 경제는 과거 경기 침체들과 비교하면 경제 회복 속도가 매우 빨랐다. 다른 선진국들의 회복 속도와 비교해도 훨씬 빠르게 안정됐다.

비록 금융위기가 더 심각하게 악화되지는 않았지만, 이번 금융위기는 종식된 이후에도 미국과 글로벌 경제에 상당 기간 영향을 주었다. 수백만 명의 미국인이 일자리와 사업체, 예금, 그리고 주택을 잃어버렸다. 2008년 금융위기의 주요한 교훈은 비록 적극적인 정책 대응과 미국 금융시장의 엄청난 힘과 신뢰성의 도움을 받아 해결할 수 있었지만, 금융위기는 매우 파괴적일 수 있다는 것이다. 금융위기를 위한 최선의 전략은 금융위기가 발생하지 않도록 하는 것이다. 만약 금융위기가 발생한다면 손실을 최소화하는 최고의 전략은 금융위기가 발생하기 전에 정책 당국이 위기 상황에 대처하는 데 필요한 모든 정책 도구를 갖추는 것이다.

불행히도 금융위기를 완전히 예방하는 것은 불가능하다. 왜냐하면 금융위기는 감독당국과 정책 입안자들의 필연적인 망각뿐만 아니라 인간의 감정과 인식의 산물이기 때문이다. 금융은 신뢰를 바탕으로 하는데, 신뢰만큼 깨지기 쉬운 것은 없다. 월가의 과도한 레버리지와 위험부담을 억제하는 것이 무엇보다 중요한데, 이러한 과도한 레버리지와 위험부담은 사회 전반에 퍼져 있는 과도한 낙관의 산물일 가능성이 크다. 따라서 감독당국과 정책 입안자들이 이런 광풍에서 자유롭기는 어려운 일이다. 인간은 본질적으로 비이성적인 두려움뿐만 아니라 비이성적인 과열에도 쉽게 영향을 받는다. 따라서 시장이 상승할 때는 과도하게 상승하고 하락할 때는 과도하게 하락하는 경향이 있다. 광풍과 공황은 둘 다 모두 전염성이 있다.

여기에서 금융위기가 발생하기 전의 소극적 태도나 무대응에 대해 이야기하려는 것은 아니다. 금융위기가 영원히 발생하지 않도록 할 묘책은 없지만, 위기 상황에서 금융 시스템의 취약성을 줄이려는 노력은 할 수 있다. 이런 노력들로 금융위기를 덜 발생시키고 통제되지 않는 상황을 줄일 수 있다. 미국 정부는 2008년 당시 금융위기에 대처할 준비가 되어 있지 않았다. 금융위기가 심각하게 확산되고, 금융위기에 대한 해결책으로 제시된 것들은 복잡하기만 했다. 더군다나 그 해결책들이 국민들의 지지를 받지 못한 가장 큰 이유는 금융위기에 대한 사전 준비가 그만큼 되어 있지 않았기 때문이다. 만약에 사전에 충분히 준비가 잘 되어 있었더라면 훨씬 더 좋은 결과가 나타났을 것이다.

금융위기가 나타나기 전에 다음과 같은 준비들이 되어 있었으면 위기 상황이 덜 심각해졌을 것이며 금융위기를 해결하는 과정에서 일관성 있고 좀 더 공정하게 대처할 수 있었을 것이다. 첫째, 금융감독당국의 규제가 좀 더 통합적이고 시중 은행 이외의 일반 금융기관에 대한 통제력을 갖췄어야 했다. 둘째, 금융감독당국이 금융 붕괴를 막기 위해 압도적인 힘을 발휘할 수 있는 권한이 부여되었어야 했다.

마지막으로 초기부터 금융 시스템에서 자체적으로 구제금융을 실시할 수 있도록 보장되는 메커니즘이 정착되어 있었어야 했다.

10년이 지난 이 시점에 반드시 해야 할 질문은 현재 미국이 다음 위기에 대한 준비가 이전보다 더 잘 되어 있는지 여부다. 그 대답은 '그렇다$_{yes}$'이면서 동시에 '아니다$_{no}$'. 공황을 처음부터 막을 수 있는 더 나은 안전장치가 마련되어야 한다. 즉, 보다 적극적인 화재 예방 조치와 더 강력한 내화 건축 법규 같은 금융기관의 재정 확충과 위기 대비책이 마련되어야 한다. 이는 정책 당국의 좀 더 적극적인 금융위기 조치들과 금융위기에 대처할 수 있는 좀 더 강력한 금융기관 내부 지침들이 있어야 한다는 의미다.

그러나 현 상황을 돌아볼 때, 갑작스러운 금융위기 상황이 발생했을 때 이에 대처할 수 있는 금융 당국의 긴급권한들은 어떤 측면에서 보면 글로벌 금융위기 전인 2007년보다 더 취약한 것으로 생각된다. 또한, 경제적 수요 붕괴에 대처하기 위해 정부가 통화 정책과 재정 정책을 활용해 경기 부양을 시도하는 케인스 학파적인 정책 수단도 상당 부분 없어졌다.

요약하면, 오늘날 미국 경제와 금융 시스템은 상대적으로 작은 위기에는 과거보다 잘 대처할 것으로 보이지만, 대규모 금융위기에는 상대적으로 더 취약할 수 있다. 위기 지침들을 개선하고 잘 정비해놓았지만 글로벌 금융위기에는 더 취약할 것이다. 비유하자면, 정책 입안자들이 팬데믹 같은 공중 보건 재앙에 잘 대처하기 위해 예방접종을 확대하고 건강을 위해 충분한 영양 섭취를 권고한 다음 정기적인 검진을 장려하면서 가장 중요한 응급실을 폐쇄한 것이다. 생명을 구하는 수술을 금지해서 더 큰 재앙을 초래하는 것과 같은 논리다.

강력해진 방어책, 금융 규제를 강화하고 규제 범위를 확대하다 ●●

역사를 알아야 미래가 보인다는 말이 있듯, 2008년 금융위기 이전의 금융 시스템이 왜 불안정했는지 살펴볼 이유는 충분하다. 그래야만 더 안전한 길을 찾을 수 있기 때문이다. 2008년 금융위기의 기본적인 문제를 다시 언급해보면, 너무나도 많은 위험한 레버리지, 대규모 환매 사태에 쉽게 노출되는 단기 금융으로 한계를 넘어선 자금 조달, 그리고 규제의 사각 지대에 있는 그림자 금융으로 이미 많이 전이된 금융 위험으로 연준의 비상 안전망에 접근하기 어려웠던 점 등을 꼽을 수 있다.

또한, 많은 주요 기업이 너무 규모가 커지고 서로 긴밀하게 연결되어 있어서 이들 기업 중 한 곳만 파산해도 금융 시스템에 상당한 영향을 미칠 수밖에 없었다. 불투명한 모기지 파생상품시장의 붕괴가 주택시장의 건전성을 악화시켜 시장의 공황을 증폭시키는 매개체 역할을 했다. 한편, 미국 규제 당국의 권한이 여러 기관으로 분산되고 시대에 뒤처져 전반적인 금융 시스템 위험을 언급하고 점검하고 책 임질 감독기관이 없었다.

다음 금융위기가 어떤 형태로 올지는 아무도 모르지만, 과거 역사 를 돌아보면 위기는 과도한 위험자산 투자와 레버리지에 대한 광풍, 공황이 이어지는 패턴이 비슷하게 이어질 것이다. 금융위기 후에 팀 과 벤은 가장 중요한 위기 대처법은 기업들이 대출을 사용하면서 안 게 되는 위험에 대한 한도를 더 엄격하게 관리하는 것이라고 지적했 다. 다시 말해, 기업들에 더 많은 완충자본을 보유할 것을 요구해야 한다. 팀이 제시한 최고의 위기 대응책은 "자본금을 확충하라"였다. 이는 달리 표현하면 부채를 줄이라는 뜻이다. 이는 또한 좀 더 보수 적으로 유동성을 준비하라는 것을 의미한다. 대출자들이 위기 초기 에 대규모 환매가 발생할 수 있는 단기 금융에 대한 의존도를 줄이는

◯ 국제통화기금의 지원

글로벌 금융위기 당시 국제통화기금IMF은 어려움을 겪고 있는 국가들에 1997년 아시아 금융위기 때의 대응을 넘어서는 상당한 규모의 원조를 제공했다.

아시아 금융위기와 글로벌 금융위기 초기의 IMF 대출약정 증가 규모

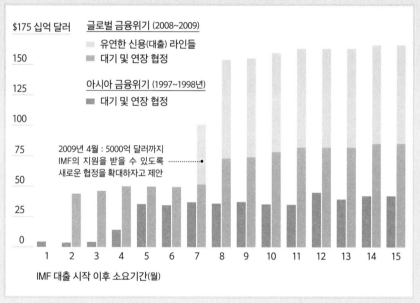

출처 : 국제통화기금IMF

주 : 아시아 금융위기AFC에 대한 국제통화기금IMF의 신규 대출 시작일은 1997년 7월, 글로벌 금융위기GFC는 2008년 9월이다. SDR 데이터는 AFC의 SDR당 1.355820달러(1997년 7월 31일 기준), GFC의 SDR당 1.557220달러(2008년 9월 30일 기준)로 미국 달러로 환산했다.

반면 현금과 유동성 자산을 더 많이 보유해야 한다는 것이다. 이에 따르면, 대기업들에 부도가 나면 경제에 큰 어려움을 미치기 때문에 대기업들은 일반 기업들에 비해 레버리지 비율이나 자금 조달에 더

엄격한 제한을 받게 된다. 가장 중요한 것은 새로운 규칙들이 금융 시스템 전반에 걸쳐 좀 더 광범위하게, 즉 미국뿐만 아니라 글로벌하게 적용되어야 한다는 것이다. 또한, 다가오는 미래에는 새로운 규칙들이 추가적으로 확대될 수 있는 유연성이 필요한데, 이는 감독기관의 규제 범위 밖으로 위험이 퍼지지 않도록 하기 위한 것이다.

오바마 행정부와 연준은 이런 목표를 달성하기 위해 적극적으로 협력했다. 두 기관은 국민을 대상으로 한 2010년 도드-프랭크 금융 개혁 및 소비자 보호법을 의회와 조율했다. 동시에 정부는 주요 선진국들 사이에서 위험자산 투자에 대한 좀 더 엄격한 규제를 도입하는 글로벌 공조를 주도했다. 글로벌 공조를 통해 잠재적인 위기들에 대처하는 훨씬 더 강력한 방어 수단들을 만들어낼 수 있었다. 바젤 III 글로벌 규제 제도는 은행들의 최소자본 요건을 3배로 확대했고, 특히 대형 은행들은 4배로 확대했다. 또한 손실들을 제대로 흡수할 수 있는 더 높은 우량 자본에 규제를 두어 글로벌 금융 시스템에 더 큰 충격이 발생하더라도 잘 이겨낼 수 있는 완충판을 마련했다. 연준이 미국 은행들을 대상으로 만든 기준은 이보다 더 엄격했다. 또한, 금융기관들의 불안정한 초단기 자금에 대한 의존도를 줄이기 위해 전 세계 금융기관에 적용되는 유동성 기준은 더 강화됐다.

금융위기 전에는 전체 금융기관이 자산의 3분 1에 해당하는 규모의 단기 부채를 가지고 있었다. 그러나 오늘날에는 단기 부채 규모가 6분의 1 수준으로 감소했다. 환매조건부채권RP시장이 훨씬 작아지

● 은행의 자본 수준

글로벌 금융위기 이전에는 은행의 자본 비중은 8% 이하 수준이었다. 특히 금융위기 직전에 금융지주사들은 자본금 수준이 5%도 안 됐다. 따라서 위기 상황에 취약할 수밖에 없었다. 그러나 현재는 은행의 자본 규정이 강화되어 자본 수준이 평균 12%에 이르는 등, 위기에 잘 대비하고 있다. 오늘날 금융 시스템은 훨씬 더 많은 자본을 보유하고 있어 심각한 경기 침체가 발생할 경우 손실을 더 잘 견뎌낼 수 있을 것이다.

CET1 및 1단계 공통 자본(위험가중자산의 백분율)

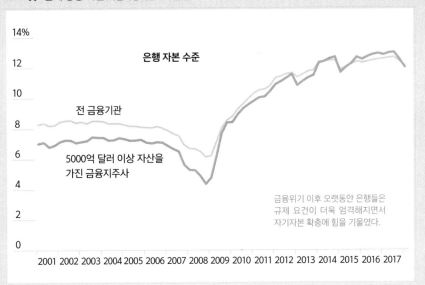

출처 : 연준 뉴욕지사 연구통계팀
주 : 자본비율은 2014년 이전의 1순위 자산과 2015년의 비율을 조합해서 만들었다.

면서 금융기관에서 조달하는 자금은 훨씬 안전해졌다. 그리고 RP 시장에서 가장 위험성 있는 장중 시장 규모도 금융위기 전 최고치에 비해 90퍼센트가량 감소했다.

이렇듯 위험 감수에 대한 규제가 강화되었을 뿐만 아니라 규제 범위도 확대됐다. 새로운 규제는 전통적인 시중 은행뿐만 아니라 감독의 사각지대였던 중개 금융기관들과 기타 비은행권 금융기관에도 적용됐다. 금융위기 전에는 단지 42퍼센트의 기업들에만 상당한 레버리지 규제가 적용됐지만, 현재는 그 수치가 88퍼센트까지 증가했다. 게다가 금융 개혁의 대상이 개별 금융기관들뿐만 아니라 각종 금융 상품과 자금시장까지 확대됐다. 예를 들어, 도드-프랭크 금융 개혁법안은 대부분의 파생상품 거래를 장외거래보다는 장내거래, 즉 거래소를 통해 거래하도록 요구했다. 이렇게 해서 다시 공황을 일으킬 만한 위험에 어떤 기업들이 노출되어 있는지 파악하지 못한 데 따른 불확실성을 줄일 수 있었다.

이 법은 또한 파생상품 거래에 대해 이전보다 더 높은 증거금 비율을 요구하도록 규정했다. 여기에는 파생거래뿐만 아니라 RP 거래를 통한 차입, 유가증권 대출 거래까지 요구 증거금 비율을 높여서 과도한 투기 거래를 억제하고자 했다. 그 결과, 유가증권 대출의 일평균 거래량이 2008~2015년 사이에 2조 5000억 달러에서 1조 달러로 감소했다. 그리고 베어스턴스나 시티그룹 사례에서 볼 수 있었던, 금융기관에 많은 문제를 일으킨 다양한 위험한 자금 조달 수단들은 금융위기 때 사라진 이후 다시 등장하지 않았다.

금융위기 이후의 개혁들은 전체 금융 시스템을 마비시키는 대형 금융기관의 붕괴 위험을 최소화하는 방향으로 진행됐다. 대형 은행

◦ 금융위기 이후 강화된 금융 시스템 규제

리먼브러더스 사태 이전에는 전체 금융기관의 40% 정도만 레버리지 규제를 받고 있어서 상당수의 금융기관이 감독의 사각지대에 놓여 있었다. 이런 이유로 금융위기가 심각해졌으나, 현재는 거의 90% 이상이 레버리지 규제를 받고 있기 때문에 심각한 금융위기가 발생할 가능성이 많이 감소했다. 현재 미국 금융 시스템은 과거보다 훨씬 더 광범위한 부분에서 규제를 받고 있다.

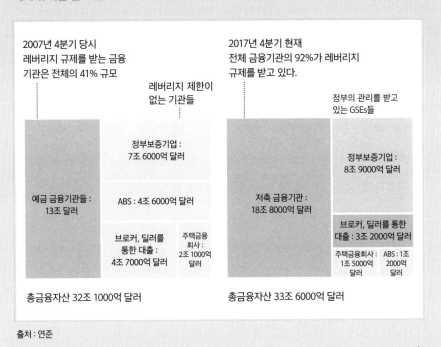

2007년 4분기 당시 레버리지 규제를 받는 금융기관은 전체의 41% 규모

레버리지 제한이 없는 기관들

정부보증기업 : 7조 6000억 달러

예금 금융기관들 : 13조 달러

ABS : 4조 6000억 달러

브로커, 딜러를 통한 대출 : 4조 7000억 달러

주택금융회사 : 2조 1000억 달러

총금융자산 32조 1000억 달러

2017년 4분기 현재 전체 금융기관의 92%가 레버리지 규제를 받고 있다.

정부의 관리를 받고 있는 GSEs들

정부보증기업 : 8조 9000억 달러

저축 금융기관 : 18조 8000억 달러

브로커, 딜러를 통한 대출 : 3조 2000억 달러

주택금융회사 : 1조 5000억 달러

ABS : 1조 2000억 달러

총금융자산 33조 6000억 달러

출처 : 연준

에 대한 "시스템 추가 자본부과제도"를 통해 동일한 위험 규모에 대해 대형 금융기관들은 중소 금융기관이 갖춰야 하는 것보다 더 많은 자본을 보유하도록 했다. 이렇게 해서 대형 금융기관이 레버리지를 활용할 능력을 줄이는 동시에 손실에 대한 완충자본은 증가시켰다. 도드-프랭크 법안은 합병으로 인해 특정 은행에 금융 시스템 전체 부채의 10퍼센트 이상이 집중되지 않도록 합병을 규제했다.

이를 위해 금융 시스템에 심각한 위협이 될 수 있는 대형 은행들을 분할 가능한 권한이 연준에 부여되었다. 이 법안으로 연준이 대형 은행들을 대상으로 매년 스트레스 테스트를 실시해서 해당 은행들이 최악의 경제 상황과 금융위기에 잘 대처할 수 있는지 점검하도록 했다. 2018년 의회에서 초당적인 합의를 거쳐 의무적으로 스트레스 테스트를 받아야 할 금융기관의 기준을 자산 규모 500억 달러에서 2500억 달러 이상으로 상향 조치했으나, 연준은 잠재적 위험에 노출되었다고 판단되는 모든 금융기관을 대상으로 스트레스 테스트를 진행할 수 있는 권한을 가지고 있다.

시간이 흘러가면서 기억이 희미해지면 필연적으로 금융위기 당시에 정해진 엄격한 규제들을 유연하게 바꾸려는 시도가 나타날 수밖에 없는데, 이런 시도가 금융위기 이전 금융 시스템의 취약성을 다시 만들어내지 않게 해야 할 것이다. 지금까지는 사실상 도드-프랭크 금융 개혁법안에서 핵심이 되는 모든 개혁이 그대로 유지되고 있다. 처음에 이 개혁들은 일부 비평가들에게 금융 시스템이 제 기능을 하지 못하게 만드는 과한 처사라고 공격받았지만, 관련 조치를 시행하면서도 금융 시스템은 지속적인 경제 성장에 도움이 될 만큼 충분히 양호한 것으로 판명됐다.

다른 비평가들은 도드-프랭크 개혁법안이 대형 은행의 즉각적인 해체보다 현상 유지를 목적으로 한다고 공격했으며, 상업은행과 투기적인 투자은행을 분리한 대공황 시대의 글래스-스티걸 법을 부활시킨 것에 불과하다고 비난했다. 조금 더 급진적인 내용을 담고 있는

○ 미국 금융 당국의 비상 권한

심각한 경기위기에 효과적으로 대처하기 위한 미국 금융 당국의 비상 권한은 여전히 너무 제한적이다.

금융위기 전 제한 사항들

- 제한적인 금융기관에만 레버리지에 대한 엄격한 한도 적용
- 제한적 예금보험 적용
- 초대형 은행지주회사와 비은행권 금융기관들에 대한 결정적 권한 없음
- 위기 발생 시 자본 투입 권한 없음
- GSE 안정화 권한 없음

금융위기 후 정책도구들

- 더 강력한 자본 요구 조건들
- 더 강력한 유동성 및 자금 조달 요구 조건들
- 사후처리, 파산 및 해결 권한

위기 시 기본적인 권한들

- 연준의 최종 자금 공급자 역할 확대
- 좀 더 광범위한 예금보험공사 채무 및 MMF 보증
- GSE 법정관리
- 금융기관들에 대한 자본 투입

금융위기 후 제한 사항들

- 최종 자금 공급자로서 연준의 역할 제한
- 의회 조치 없이 금융 시장 펀드 보증 또는 연방예금보험공사 채무 보증 권한 없음
- 자본 투입 권한 없음

이런 조치들은 의회에 무거운 짐이 될 게 분명했지만, 그렇다고 우리가 이런 조치들을 취하지 않았던 것은 아니다. 하지만 이런 조치들이 위기의 원인들을 해결하거나 미래에 닥칠 위기를 제한할 수 있을 거라고는 생각하지 않았다.

베어스턴스와 리먼브러더스, 패니메이, 프레디맥, AIG는 모두 글래스-스티걸 법의 영향을 받지 않는 비은행권 금융기관이었고, 와코비아와 워싱턴뮤추얼은 부실 대출을 만들면서 어려움에 봉착한 전형적인 은행들이다. 규모가 크다고 해서 항상 나쁜 것만은 아니다. 이를테면 JP모건, 뱅크오브아메리카, 웰스파고가 문제가 되는 금융 회사들, 즉 베어스턴스, 워싱턴뮤추얼, 컨트리와이드, 메릴린치, 와코비아 등을 인수할 만큼 충분히 크지 않았더라면 금융위기는 훨씬 더 심각해졌을 것이다. 반대로 규모가 작다고 해서 좋은 것도 아니다. 가령 상대적으로 규모가 작은 은행들이 줄도산하면 대공황을 촉발시키는 원인이 되기도 한다.

어쨌든, 도드-프랭크 개혁법안에 따라 법 시행 후 처음 8년간 미국 최대 은행들은 스트레스 테스트를 잘 이행했다. 2018년 연준은 우리가 겪은 2007~2009년 금융위기의 손실보다 더 심각한 글로벌 경기 침체가 발생하면 글로벌 금융위기 전 호황기에 금융기관들이 보유했던 자본금보다 더 큰 규모의 자금이 필요할 것이라고 판단했다. 대마불사가 과거보다 더 심각해졌다고 비판하는 일부 의원들의 요청에 의해 2014년 미국 회계국은 대마불사 관련 조사 보고서를 발표했다.

이 보고서에 따르면 대형 은행들이 소규모 은행들보다 더 낮은 금리로 자금을 조달할 수 없는 것으로 판명되었다. 이제 시장은 더 이상 대마불사를 신뢰하지 않고 있는 것이다.

우리는 낡은 금융 규제 시스템을 좀 더 개혁을 하고 싶었다. 행크가 생각한 개혁의 청사진은 연준이 금융 시스템의 위험들을 모니터링하는 역할을 담당하고, 여러 기관들의 중복된 업무를 통합해 좀 더 일관성 있게 만들고, 관리 책임을 명확히 하는 것이었다. 이 개혁안을 놓고 정치 세력들 간에 엄청난 마찰이 빚어졌다. 이는 필요의 문제가 아니라 선택의 문제였다. 금융위기 이후 연준은 격렬한 반발에 부딪혔지만, 의회는 연준에 새로운 권한을 주는 것에 관심이 없었다.

도드-프랭크 개혁법안에 의해 재무부 장관이 주도하는 금융안정감독위원회FSOC, Financial Stability Oversight Council가 설립됐다. 이는 비록 단일 기관은 아니지만 최소한 하나의 정부기관이 금융 시스템의 전반적인 위험을 판단하고 위험이 확산되지 않게 막는 책임을 맡게끔 했다. FSOC는 인지한 금융 시스템의 위험들을 최소화할 수 있는 자체적 권한을 가지고 있었다. FSOC에는 특정 금융기관을 금융 시스템상 중요한 금융기관으로 지정할 수 있는 권한이 부여되기도 했는데, 지정받은 금융기관은 연준으로부터 보다 엄격한 관리감독을 받게 된다.

도드-프랭크 개혁법안은 저축감독국OTS을 폐지하면서 관리감독 조직을 개편하기 위한 임시조치를 취했다. 폐지된 저축감독국은 그

동안 컨트리와이드, 워싱턴뮤추얼, 그리고 AIG 같은 금융기관을 계속해서 감독해왔었다. 저축감독국을 제외한 모든 감독기관들은 살아남았다. 팀은 처음에는 주식시장 감시 기능을 가진 증권거래위원회 SEC와 파생상품시장 감독기관인 상품거래위원회 CFTC를 합병시키려고 했다. 그러나 두 기관을 감독하는 국회 상임위원회 간에 의견 충돌이 있어 결국 이 아이디어는 정치적으로 재고의 가치가 없는 것이 되었다.

심지어 도드-프랭크 개혁법안으로 어수선한 조직도에 기관이 하나 더 추가되기도 했다. 다름 아닌 소비자금융보호국 CFPB, Consumer Financial Protection Bureau이다. 서로 다른 여러 규제기관의 소비자 보호 부서들을 통폐합해서 하나로 만들고 새로운 강력한 감독자 역할을 수행하게 한 것이다. CFPB를 조직한 것은 여러 기관에 권한이 분산되어 있고 다른 이슈들보다 우선순위가 밀려나 있던 소비자 보호 기능을 단일 기관에서 일괄처리할 수 있도록 만들었다는 데 의의가 있었다. 이로써 소비자 신용 시장에서의 사기 행위에 대해서도 강력한 규제를 할 수 있게 되었다. 이는 일반 소비자들이 자신의 돈을 지키는 데 도움이 될 뿐만 아니라, 모기지 시장에서 많은 문제를 일으켜온 엉성한 인수 계약 및 기타 약탈적인 관행들을 단속함으로써 개인들의 재무적 안전성을 향상시키는 데 도움이 되었다.

동시에 이러한 개혁들은 위기 발생 빈도를 줄였다. 새로운 규칙들은 금융기관, 특히 대규모 금융기관들이 좀 더 많은 양질의 자본을 확충하게 하고, 레버리지 비율을 낮게 만들었으며, 좀 더 안전한 방법으로 은행 스스로 자금을 조달하도록 만들었다. 그리고 매년 스트레스 테스트를 시행해서 최악의 상황에 대비할 수 있게 만들었다. 무법지대였던 서부처럼 방치되어 있던 파생상품시장을 관리감독하기 시작했으며, 소비자 보호 기능이 향상됐다. 결국 전체 금융 시스템의 잠재적 위험들에 대한 모니터링 책임을 가진 정부 기관이 생겨났다.

그러나 아무리 강력한 규율을 만들고 엄격히 감독하더라도 모든 금융위기를 막을 수는 없다. 조금도 방심하지 않는 규제 기관이라도 위험 징후들, 특히 광범위하게 퍼진 신용 붐은 알아차릴 수 있지만 어떤 형태의 호황이 투자 광풍으로 연결될지, 혹은 언제 그런 투자 광풍이 공황의 시장으로 바뀔지는 절대 알 수 없다. 금융시장의 혁신에 발맞춰 새로운 제도들이 만들어지더라도 인간의 심리적 연약함을 없애거나 군중심리를 막을 수는 없다. 장기간 지속되는 지나친 낙관주의와 현 상황에 대한 안이함이 신뢰 위기로 빠져들게 만드는 과잉 반응을 막을 수는 없는 것이다. 정책 입안자들은 전염성을 가진 위험한 신념들을 판별하고 시정할 능력이 있는지 또는 이런 믿음으로 인해 공황이 일어나는 것을 막을 능력이 있는지에 대해 겸손할 필요가 있다. 많은 사람이 생각하는 것처럼 버블을 쉽게 식별할 수 있다면, 투자자들은 절대 이에 휘말리지 않을 것이다.

예상치 못한 어려운 상황에서 최고의 방어책인 충분한 완충자본이 갖춰지더라도 모든 자산을 투매하는 대대적인 환매 사태에 충분히 대응할 수 있는 것은 아니다. 우리가 2008년에 목격한 것처럼 위기가 발생해서 금융기관의 완충자본이 충분치 않다는 것을 갑작스럽게 확인하기 전까지는 안전하다고 생각될 만큼 완충자본이 충분한 것으로 보인다. 위기 후에 조성된 미국 은행의 민간 자본 규모는 위기 동안에 발생한 손실을 모두 감당할 만큼 충분했다. 이는 금융 시스템의 안정성을 위한 바람직한 조치였으나, 만약 정부가 강력하게 밀어붙인 통화 정책과 재정 정책들이 경기를 부양하는 데 실패했더라면 은행들의 손실은 더 확대되었을 것이다.

그런데 2008년 금융위기로 인한 트라우마가 점점 희미해지고 장기간 안정적인 경제 상황이 유지되면서 위기 상황에 대한 안이함이 다시 불거지고 있다. 이런 상황에서 정책 입안자들은 위기 이후의 위험투자에 대한 규제를 완화시키고 싶은 유혹을 느낄 수 있으며, 금융기관들은 상당한 규모의 만기전환자금을 엄격한 감독에서 벗어나 좀 더 편안하게 조달할 수 있다. 2008년 당시 금융기관의 자본 요구 조건이 낮아서 금융위기 전에 비은행권 금융기관들에 레버리지를 통한 위험투자가 얼마나 많이 있었는지 회상해볼 필요가 있다. 과거보다 지금, 규제의 사각지대에 대한 새로운 차익거래 기회를 모색하려는 동기는 더 강해졌으며, 금융시장이 급격하게 진보하면서 규제나 제도들이 금융 변화에 따라가지 못하는 모습을 보이고 있다.

물론 과거보다 금융시장의 충격을 예측하고 예방하는 능력이 개선된 것은 확실한 사실이다. 중앙은행들과 국제기구들은 정교한 "히

트맵Heat maps"으로 설명되는 빅데이터를 활용해 위험징후를 판단하고자 금융 안정성 부문에 상당한 투자를 해왔다. 우리는 이것들이 제 역할을 충분히 하기를 바란다. 그러나 첨단 모니터링 시스템이나 신중한 관리감독도 인간 본성에 내재되어 있는 상상력의 실패와 기억력의 한계로부터 금융 시스템을 완전히 보호할 수는 없다. 결국 위험들은 간과될 것이고, 위기는 발생할 것이다. 뉴욕 연준의 메그 매코널Meg McConnell의 말을 빌리자면, 시스템의 위험을 찾고자 많은 시간을 할애하고 있지만, 역설적으로 우리가 위험을 먼저 찾아내는 것이 아니라 위험이 우리를 먼저 찾아낼 것이다. 바로 이때가 정부 관계자들이 안전망을 필요로 할 때다. 우리는 금융위기 이전보다 지금 현재 미국 금융 시스템에 구멍이 훨씬 많을 것으로 우려하고 있다.

위기 뒤에 마련한 꾸요 대응책들 ◖◗

위기가 왜 발생했는지 설명하려면 위험한 레버리지, 대규모 환매 위험에 쉽게 노출되는 자금 조달 방법, 그림자 금융, 만연한 유동화증권, 시대에 뒤떨어진 규제 등 복잡한 것들에 대해 설명해야 한다. 그러나 2008년 위기가 왜 그렇게 끔찍했는지 설명하는 것은 상대적으로 간단하다. 그것은 위기에 대처할 수 있는, 비상시 사용할 수 있는 정책 수단들이 너무 약하고 시대에 맞지 않았기 때문이다.

팀은 2003년 뉴욕 연준 소속으로 근무하기 시작했을 때, 긴급조치 권한을 사용해야 하는 상황에서 기술된《둠스데이 북Doomsday Book》을 읽어보았으나 당시에는 별 감흥을 느끼지 못했다. 벤도 2006년 연준 의장이 되었을 때 위기에 대응하는 방법들에 대해 브리핑해달라는 요청을 받으면서 비슷한 경험을 했다. 연준은 확실한 담보를 바탕으로 은행들에 대출해줄 수 있는 광범위한 권한을 가지고 있었으나, 비은행권 금융기관들에 대해서는 연방준비법 제13조 3항이 발동되거나 잠재적 대출 필요 기관들이 한계 상황에 이르거나 이를 넘어선 경우에만 대출해줄 수 있었다. 이처럼 연준의 권한은 놀라울 정도로 제한적이었다. 예를 들면, 연준이 매수할 수 있는 자산들은 국채와 페니메이, 프레디맥이 보증한 저위험 증권들로 한정되어 있었다.

반면 다른 주요 나라 중앙은행들은 상황에 따라 좀 더 위험한 주식도 매입할 수 있는 권한이 있었다. 행크가 파악한 바로 재무부는 사실상 위기 상황에 개입할 권한이 없었다. 이는 매우 중요한 문제였다. 왜냐하면 금융 시스템 위기는 자동적으로 소멸되지 않기 때문이다. 심각한 공황 상황을 진정시킬 수 있는 유일한 방법은 정부의 개입뿐이다. 손실의 수준을 시장이 감내할 수 없다고 판단해서 정부가 민간 신용을 국가 신용으로 대체하는 정부 개입을 말하는 것이다. 어떤 민간 기업도 100년간 계속되는 홍수에서 홀로 살아남을 수는 없는 법이다.

금융위기 동안 연준은 시장의 최종 대부자Lender-of-Last-Resort 역할을 하려고 최대한 노력했다. 다양한 조치를 취해 자금난으로 어려움을 겪고 있는 기관들에 유동성을 공급하고 흔들리는 신용시장을 지탱해주면서 매우 효과적으로 대처했다. 그러나 금융 시스템의 위기를 맞은 상황에서는 전통적인 대출과 심지어 비전통적인 대출 프로그램으로도 부실 기업이나 자산의 신뢰를 회복시킬 수 없었다. 또한 연준은 베어스턴스와 AIG의 재앙적 붕괴를 막기 위해 긴급대출권한을 창의적 방법으로 재해석해서 적용했으나, 이런 마지막 구조 방법들로도 금융 시스템의 신뢰를 회복시키지 못했다. 왜냐하면 다른 주요 기업들이 붕괴에 이를 수도 있는 비슷한 상황에 처하지 않을 것이라는 확신을 투자자들과 채권자들에게 주어야 하는 정부에 효과적인 정책 도구가 없었기 때문이다.

19세기 영국 경제학자인 월터 배저트는 왜 중앙은행들이 우량한 담보를 제공하는 생존 가능한 기업들에 대출해주어야 하는지에 대한 효과적인 사례를 제시했다. 이번 금융위기는 배저트의 중앙은행 운영 원칙이 더 이상 효과적이지 않다는 것을 보여주었다.

금융위기가 최고조에 달했을 때 우리는 국회로 가야만 했다. 위험에 처한 기업들에 자본을 확충시켜줄 수 있는 권한을 얻기 위해서였다. 그리고 나서 투자자들이 더 이상 환매할 필요를 느끼지 않도록 시장을 진정시키기 위해 투명한 정책과 시간이 필요했다. 금융위기 전에 우리가 비록 제한적이더라도 그런 권한을 가지고 있었더라면, 금융 시스템에 대한 신뢰를 회복시키기 위해 보다 강력하고 신속하

- 금융 시스템뿐만 아니라 투자은행, 대출시장까지 포함한 광범위한 금융 시장에서 연준리가 시장의 최종 대부자 역할 수행

- 단기대출시장과 금융기관에서 나타나는 다양한 형태의 대규모 환매 사태에 대처하기 위해 확장적인 금융자산 보호 제도 활용

- 두 단계에 걸친 연방예금보험공사의 보장한도 확대를 통해 적극적으로 금융기관의 자본 확충

- 심각한 경기 침체를 막고 경제 성장 동력을 복원하기 위해 통화 정책과 재정 정책을 적극 활용

- 정부기관인 페니메이와 프레디맥의 붕괴를 막고, 주택 가격 하락을 둔화시키고, 주택담보대출 금리를 낮추고, 대출 연장을 원활하게 하기 위해 다양한 부동산 정책 구사

- 국제적 협력과 재정 확대를 통한 케인스 학파 방식의 경기 부양책과 더불어 글로벌 금융 시스템에 대한 달러 유동성 공급 확대

고 좀 더 포괄적으로 시장에 개입할 수 있었을 것이다. 우리는 금융 위기가 진행된 대부분 기간 동안 좀 더 제한적인 유동성 정책들과 임시방편식 구조 대책들에 의존할 수밖에 없었다. 그러나 다행스럽게도 이러한 대책들로도 위기 국면에서 벗어날 수 있었다.

금융위기 이후, 팀과 벤은 우리가 금융 시스템을 안정시키기 위해 도입한 새로운 권한들을 계속 보유하기를 바랐다. 그리고 향후 위기 상황에 금융기관들이 시스템적으로 위험한 상황을 초기에 해결할 수

있도록 추가적인 권한을 확보하고자 했다. 또한, 오바마 행정부는 리먼브러더스 같은 형태의 붕괴가 나타날 가능성을 줄이고 베어스턴스와 AIG 같은 개별 금융기관들에 대한 일회성 구조의 필요성을 줄이기 위해 연방예금보험공사에 대한 더욱 강력한 보장 권한을 제안했다. 그러나 부실자산구제프로그램 TARP 의 시한이 만료되었고, 도드-프랭크 법안의 최종 국회안은 정부의 위기 대처 수단들을 확대하기보다는 축소시켰다.

금융위기 기간에 탁월한 효과를 발휘한 연방예금보험공사의 광범위한 보증 권한이 없어진 것과 마찬가지로 연방준비법 제13조 3항에 따라 비상 권한으로 비은행권 금융기관들에 대출해줄 수 있는 연준의 권한 역시 없어졌다. 연준은 연방준비법 제13조 3항에서 프라이머딜러들에게 그랬듯 광범위한 금융기관들에 대출해줄 수 있고, 기업어음 같은 중요한 자금 조달 시장들을 지탱할 수 있는 권한들은 유지했다. 그럼에도 불구하고 이전보다 위험을 감수하기 위한 연준의 재량과 능력은 줄어들었다. 예를 들어, 의회가 대출이 만족스러운 수준에 도달했는지 판단하기 위한 연준의 재량을 제한했기 때문에 향후 긴급 상황에서 중앙은행은 위험한 담보를 받아들이기가 더 어려워졌다. 또한 향후 구제금융으로 해석될 수 있는 것들에 대한 어떠한 정치적 지원도 없었다.

전반적으로 과거 글로벌 금융위기에서 우리가 사용한 권한과 비교하면 미래에 위기관리당국이 금융 시스템을 지탱하기 위해 취할 조치들은 유연성과 권한이 더 적을 것이다. 의회는 재무부가 외환시장 안정기금ESF, Exchange Stabilization Fund을 활용해 보증해주는 기능을 없애버렸다. 예비기금Reserve Primary Fund이 원금 손실을 보인 이후 MMF 시장이 무너진 상황에서 ESF는 상당수 기업들의 중요한 단기 자금원을 보호하고, 대중의 예금을 보호하는 기능을 했다. 또한 의회는 연준같이 신용위험을 감수할 수 있는 행정부의 기능, 다시 말해 기간부 자산담보대출 유동화 제도TABSLF, Term Asset Backed Securities Loan Facility를 통해 소비자 신용 시장을 지원하는 데 도움이 되었던 행정부의 기능을 축소시켰다. 심지어 도드-프랭크 개혁법안마저도 공시 기능을 추가해서 연준의 최종 대부자 역할을 약화시켰다. 투명성 관점에서 금융기관이 받는 혜택을 모두 공시하는 규정에 따라 연준으로부터 대출 받은 기업들은 이 사실을 반드시 공개하게 되어 있어서 시장에서 부실 기업이라는 낙인을 받을 가능성이 커졌다. 이 같은 공시 규정은 금융위기 상황에서 연준이 금융 시스템에 유동성을 공급하는 것을 어렵게 만들었다.

하지만 도드-프랭크 개혁법안은 굉장히 중요한 금융위기 대처 기능을 하나 만들었는데, 바로 "질서정연한 청산 절차 권한"이다. 이 권한은 연방예금보험공사가 더 작고 단순한 은행들이 붕괴되는 상황에서 이미 시행했던 것과 같은 파산 시스템으로, 위기 관리자가 혼란스러운 붕괴를 촉발시키지 않고 서서히 회사를 정리할 수 있게 해주었다. 우리는 위기 상황에서 이 같은 권한을 사용할 권한이 없었기 때문에 빈번하게 좌절을 맛보아야 했다. 리먼브러더스 사태가 있었던 그 주말에 재앙이 일어난 이유도 바로 여기에 있었다. 연준은 베어스턴스의 골치 아픈 파산을 막기 위해 연준의 대출 권한을 확대해야 했다. 이렇게 대출 권한이 충분치 않은 상황에서 개입만으로 베어스턴스 문제를 해결할 수 있었던 것은 JP모건이 베어스턴스의 채무를 감내할 능력이 있었기 때문이다. 반면, 리먼브러더스 붕괴 상황은 매수 의향이 있는 기업을 찾을 수 없는 상황에서 우리가 도움을 받을 만한 곳도 없었기 때문에 벌어졌다.

위기관리의 최종 목표는 모든 실패를 예방하는 것이 아니라 일반적인 공황 상태에서 시장 전체에 영향을 줄 수 있는 기업들의 무질서한 붕괴를 방지하는 것이어야 한다. 잘 만든 해결 권한은 혼란을 피할 수 있는 명쾌한 방법이 되는 동시에 대마불사하는 금융기관은 없다는 것을 확인시켜줘야 한다.

우리는 이 새로운 해결 권한이 사용되기 전까지는 얼마나 잘 작동하는지 알 수 없었다. 게다가 우리 세 사람은 정책의 효과에 대해서도 이견이 있었다. 그리고 정부가 위기 상황에서 기업들을 잘 정리할 수 있도록 시스템적으로 중요한 기업들이 경기 호황기에 작성해둔 사후 처리 지침 또는 새로운 해결 제도의 중요성을 간과하고 싶지도 않았다. 그러나 우리는 새로운 해결 권한은 다른 금융기관들이 위태롭고 전체 금융 시스템이 공황에 봉착했을 때보다 경제가 안정적일 때 리먼브러더스 같은 기업을 좀 더 효과적으로 처리할 수 있는 방법이라고 판단했다.

전체적으로 보면, 현재 미국은 금융위기가 발생하기 전보다 위기 상황에 대처할 수 있는 안전장치를 더 많이 보유하고 있다. 하지만 위기 상황이 발생했을 때 대처할 수 있는 긴급권환은 더 약화되었다. 현재 위험관리 기관들은 의회의 동의를 받지 않고서 자본을 투입할 권한도, 금융기관의 부채를 보증할 권한도, 자산을 매입할 권한도 부족하다. 또한, 연준은 개별 기업을 구제할 수 있는 권한을 상실했고, 대출 권한에 대한 새로운 제약 사항들에 둘러싸여 있다.

한편 재무부는 어려운 금융기관들을 위해 외환안정기금을 사용해 보증해주는 권한을 상실했다. 이 모든 것은 정부의 구제 조치를 축소하려는 명분에 따라 진행됐다. 그러나 정부의 구제 조치를 피할 수 있는 더 좋은 방법은 위기 초기에 담당하는 기관들을 발목을 잡아두는 것이 아니라 처음부터 위기를 피하는 것이다. 시장 보호 장치를 아무리 훌륭하게 설계해놓더라도 위험은 그 사이를 피해 교묘하게 발생하기 때문에 위기관리 기관에 압도적인 권한을 부여할 필요가 있다. 소방서를 폐쇄하면서 화재가 발생하지 않기를 기대할 수는 없는 법이다.

물론 대규모 금융위기가 발생할 경우, 의회가 위기 대응 기관에 가해진 선제적 조치들에 대한 규제를 취소할 권한을 가지고 있긴 하다. 그러나 대통령제하에서 법을 개정하는 것은 말처럼 쉬운 일이 아니다. 법을 개정하기 위해서는 대통령과 하원의 지지를 얻어야 하며, 상원에서 다수의 지지를 받아야 한다. 위기 대응 당국에 정책 도구가 충분치 않은 상황에서 위기가 발생하면 이들은 필요한 정책 도구들을 획득하기 위해 많은 시간, 에너지, 그리고 정치적 자원들을 쏟아부어야 하는 고통스러운 과정을 거쳐야 할 것이다. 그러는 동안 위기 상황은 더 심화되고 국민과 경제가 떠안아야 할 최종 비용은 증가하게 된다.

게다가 현재 미국의 정치 상황은 지나치게 양극화되어 있다. 이런 상황에서 인기는 없지만 꼭 필요한 조치들에 대해 초당적 합의를 도출할 거라는 확신을 갖기는 어렵다. 위기와 그에 따른 불황이 심각해질수록 연준, 의회, 정책 당국이 함께 대규모 통화 및 재정 부양책을 동원해 경제 수축을 막는 동시에 경기 회복을 도모할 필요성은 커진다. 2008년 금융위기의 또 다른 중요한 교훈은 만약 실물경제가 붕괴되었더라면 금융 시스템을 안정시키기 위한 적극적인 조치들 역시 성공하지 못했을 것이다.

반대로 금융 시스템이 붕괴되었더라면 경기 회복을 위한 공격적인 경제부양책도 성공할 수 없었을 것이다. 즉, 실물경제와 금융 시스템은 서로 불가분의 관계다. 위기 대응책과 거시경제 정책들은 함께 작동해야 하며, 금융위기가 확산되는 것을 제한하는 정부의 능력은 정부가 거시경제 정책을 얼마나 잘 운영하느냐에 달려 있다.

다행히도 우리는 위기 이전에 케인스 학파 방식의 정책, 즉 확대 재정 정책들을 사용할 충분한 여력이 있었다. 연준은 정책금리를 낮추고 기타 확장적인 통화 정책을 추구할 수 있는 정책적 여지가 충분했다. 게다가 정부 부처는 세금 감면과 정부 지출 증가 같은 확장적 재정 정책을 수행할 수 있는 정부 예산을 확보하고 있었다. 현 시점에는 케인스 학파 방식의 정책 도구들이 과거보다 더 제한적인 모습인데, 이는 향후 심각한 위기가 닥치면 그에 대응하는데 상당한 어려움으로 작용할 것이다. 또한 연준은 정책금리를 서서히 올리면서, 이를 통해 지난 금융위기에 사용했던 정책 대응 수단을 다시 활용할 여지를 만들고 있다. 반면, 향후 위기 상황에 대처하기 위해 재정을 충분히 비축해둬야 하는데도 워싱턴 정치권은 재정을 낭비하고 있다.

통화 정책 측면에서 보면, 연준 금리가 제로 수준을 훨씬 상회하는 5.25퍼센트 정도에서 미국은 글로벌 금융위기와 맞닥뜨렸다. 벤은 연준 금리가 제로 수준에 도달하면 경제를 부양시키기 위해 비전통적인 조치들도 취할 용의가 있음을 이미 시사한 바 있다. 연준은 금융위기가 시작된 초기 몇 달 동안에는 지나치게 머뭇거리는 모습을 보였으나, 2008년 초부터는 다른 중앙은행들보다 정책금리를 더 빨리 인하했다. 2008년 가을, 금융위기가 정점에 달한 상황에서 연준은 기준금리를 제로까지 낮추었다. 그리고 그 수준에서 상당 기간 유지됐다. 이후 7년간 시행된 제로 금리 정책은 경기 회복에 큰 보탬이 되었다. 또한, 3차례에 걸친 연준의 양적완화 조치는 경제 성장에 큰 힘이 되었다. 양적완화 정책들로 인해 글로벌 금융위기 이후에도 유럽 재정 위기 등 다양한 부정적인 사건들이 있었으나, 다시 경기 침체에

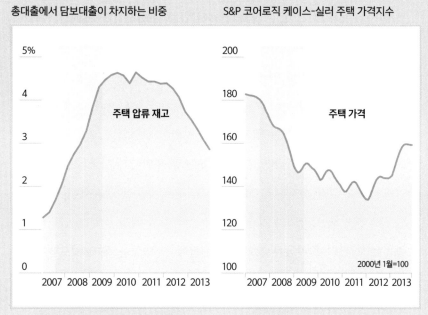

○ 주택시장 회복

낮은 금리로 자금을 조달할 수 있게 되면서 낮은 금리로 대환대출이 이뤄지자 한때 총대출에서 4% 이상 차지하던 주택 압류가 감소하고 주택 가격도 안정되기 시작했다.

총대출에서 담보대출이 차지하는 비중

주택 압류 재고

S&P 코어로직 케이스-실러 주택 가격지수

주택 가격

2000년 1월=100

출처 : 주택 압류 재고 : 모기지은행인협회, 블룸버그,
주택 가격지수 : S&P 코어로직 케이스-실러 주택 가격지수FRED를 통해 계절적으로 조정되지 않음

빠지지 않고 성공적으로 경제 회복을 이루어냈다. 특히 주택담보대출 유동화증권MBS을 매수한 것이 주택시장을 회복시키는데 결정적인 계기를 마련했다.

벤의 후임자인 재닛 옐런Janet Yellen과 제롬 파월Jerome Powell 연준 의

장도 양적완화를 통해서 쌓은 4조 5000억 달러 규모의 연준 대차대조표를 유가증권을 매각하면서 점진적으로 축소했다. 동시에 지금 이 글을 쓰고 있는 순간에도 연준은 금리를 서서히 2퍼센트 이상으로 인상하고 있다. 그러나 통화 정책이 일단 중립적으로 전환되더라도 전반적인 금리 수준은 과거보다 낮을 것으로 보인다. 만약 그렇게 되면 경제가 흔들릴 때 연준이 금리를 인하할 수 있는 정책적 여지는 과거만큼 크지 않게 된다. 다시 말해, 미래의 금융위기나 경기 침체 상황에 맞서 싸울 수 있는 정책 당국의 방법이 제한되는 것이다.

재정적인 측면에서 보면, 지난 2008년 금융위기가 시작되었을 때 연방정부의 재정 적자는 GDP의 약 1퍼센트 수준에 불과했다. 글로벌 금융위기가 시작되자 세수가 적게 걷히면서 재정 적자는 급격히 증가했다. 그러나 미국은 장기적인 예산에 큰 영향을 주지 않으면서도 단기적인 재정 적자를 확대해 경기를 부양시킬 만한 재정적인 여력을 충분히 가지고 있었다.

금융위기 초기에 행크가 주도한 1500억 달러 규모의 감세 조치, 오바마 행정부의 8000억 달러 규모의 경제 회복 법안, 그리고 다소 적은 규모로 행해진 일련의 후속 경기 부양 조치들을 합하면 GDP의 10퍼센트 이상 됐다. 비록 연방정부의 경기 부양책 중 일부는 주州와 지방정부의 예산 삭감 및 세금 인상으로 상쇄되었고, 경기 회복이 시작되면서 너무 빠르게 연방정부의 정책 기조가 긴축으로 선회되기는 했지만, 정부가 재정 적자를 확대해 경제에 활력을 불어 넣는 방식은 치명적인 결과를 초래할 수밖에 없는 금융 시스템의 붕괴를 막는 동시에 실물경제의 침체를 종식시키고 점진적으로 경제가 회복하는 데 도움이 되었다.

금융위기 상황에서 1조 달러 넘게 증가한 재정 적자 규모는 금융위기 상황이 진정되면서 처음에는 감소하는 듯했다. 재정 적자가 감소한 것은 의회가 그동안 낮췄던 세율을 다시 인상하고 정부 지출 증가 속도를 감소시켰기 때문이다. 동시에 금융시장의 비상 상황이 안정되고 사용된 구제금융 자금들이 상환되고 경제가 회복되면서 재정 적자가 줄어들었다.

지금은 다시 연간 재정 적자가 1조 달러 이상으로 증가했다. 재정 지출을 줄이지 않은 상황에서 세수에 영향을 주는 세금 감면만 진행되었기 때문에 재정 적자가 다시 확대된 것이다. 게다가 인구가 고령화되면서 미래 세대가 감당해야 할 채무가 가중되고 있어 장기적으로 보면 미국은 지속 불가능한 재정적자를 맞게 될 것이다. 공공 부문이 보유한 연방 부채는 이미 2001년 GDP의 31퍼센트 수준에서 현재 76퍼센트 수준으로 증가했으며, 이에 대한 이자 규모만 연간 3000억 달러가 넘는다. 다음 위기, 심지어 일반적인 경기 침체가 닥쳤을 때 줄어든 세수와 더 악화된 재정 적자로 인해 정책 입안자들은 정치적으로나 경제적으로 모두 10년 전 글로벌 금융위기 때 사용한 조치에 상응하는 정책을 수행하기 어려울 것이다. 다르게 표현하면, 이런 정책들이 가장 필요한 시점에 제대로 활용하기 어려울 수 있다.

미래에 금융위기가 닥쳤을 때, 그 상황을 해결하는 데 도움이 될 만한 수준으로 거시경제 능력을 회복시키기 위해서는 상당 기간 양호한 경제 상황이 유지되고 좀 더 긴축적인 정책적 선택이 이뤄져야 한다. 지금 현재로선 그다지 심각해 보이지 않는 경기 침체 상황에도

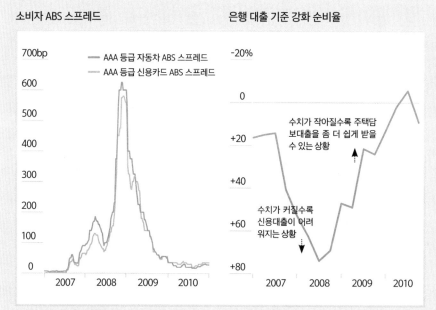

● 은행 대출 안정화 정책

정부와 연준의 다양한 조치로 인해 유가증권 ABS 시장 가산금리가 안정되고 은행들의 대출 금리 조건이 완화되면서 금융 소비자들이 좀 더 원활하게, 좀 더 낮은 금리로 자금을 조달할 수 있게 되었다.

소비자 ABS 스프레드

은행 대출 기준 강화 순비율

출처 : ABS 스프레드: JP모건
대출 표준: 헤이버 애널리틱스, 연방준비위원회
참고 : 주택담보대출 기준에 대한 조사 결과는 헤이버 애널리틱스가 추정.

제대로 대응하기 쉽지 않은 상태가 될 수 있다. 즉, 현재 미국은 금융위기에 대응할 재정 정책의 자유재량이 부족할 뿐만 아니라 인프라를 개선하고 유행성 전염병과 기후 변화 등에 효과적으로 대처하기 어렵다. 사회보장제도를 안정시키고 열심히 일하는 노동자들에게 영구적으로 세금을 감면해줄 만한 여력 또한 없다. 미국은 2008년 금융위기 이전부터 심각해져온 소득 불평등 문제, 중산층 불안 문제, 기타 경제 문제를 해결하려고 노력해왔다. 그러나 금융위기로 인해 이런 문제들은 더 악화됐다. 그리고 지속 불가능한 예산 적자는 그러한 문제들을 해결하기 위한 우리의 능력을 저해했다.

현재의 금융 시스템은 더 튼튼해 보이고, 어떤 면에서는 경제도 더 안정적으로 보인다. 은행들은 더 안전하며 경제가 성장하는데 필요한 신용을 충분히 제공하고 있다. 그러나 세상은 위험으로 가득 차 있다. 비록 극단적인 위기가 발생할 가능성은 낮지만, 언젠가는 오고야 말 것이다. 비록 미국이 시끄러운 교착 상태에 빠져 있는 게 사실이지만, 지금은 2010년 개혁들의 공백을 메우고 최악의 상황에 대비하는 데 도움이 될 준비를 하기에 어느 때보다 좋은 시간이다. 이는 최악의 일이 일어나지 않도록 하기 위한 방법이기도 하다. 중국의 철학자이자 군사전략가인 손자는 다음과 같이 경고했다. "평화를 원한다면 전쟁에 대비하라."

우리에게는 10여 년 전 글로벌 금융위기가 마치 어제 일어난 일처럼 느껴진다. 많은 사람들의 생계와 일상이 엄청난 영향을 받고 피해를 입었던 기억이 생생하다. 그러나 시장은 이런 일을 잊어버린 듯하다. 과거의 역사에서 볼 수 있듯, 시장에 대한 신뢰와 안정이 오래 유지되다 보면 시장에 대한 과도한 자신감과 불안정성이 야기되게 마련이다. 금융위기에 대처하기 위해 필요한 규칙들은 평화로운 시기에는 부담스럽게 느껴질 수밖에 없다.

우리의 가장 큰 적은 망각이다. 현재 수준의 규제는 은행들이 건전하게 이익을 추구하는 것이나 가계와 기업들에 기록적인 규모의 대출을 해주는 데 크게 문제가 되지 않는다. 그런데도 금융 산업은 규제 완화를 강력하게 밀어 붙이고 있다. 추가적인 금융 개혁을 위한 첫 번째 원칙은 히포크라테스의 첫 번째 조항 '해를 끼치지 말라'가 되어야 한다. 위기 이후 개혁 내용을 일부 수정하더라도 위기를 방어하는 데 가장 강력한 효과를 발휘할 조치들을 약화시키지 않도록 주의해야 한다. 경제 상황이 좋을 때는 규제가 약화되는 것의 위험성을 제대로 인식하기 어렵다.

최악의 금융위기가 현실화되면 우리는 큰 비용을 부담할 수밖에 없다. 따라서 위기가 발생했을 때 가능한 한 빨리 위기가 확산되는 것을 막고 위기를 경감시키기 위해 강력한 조치를 취해야 한다. 그러나 큰 위기가 없는 상황에서 정치권을 움직이기란 매우 어려운 일이다. 금융위기 초기에 패니메이와 프레디맥 등 금융기관들의 문제를 해결하기 위해 정치권에 이런저런 방법을 제안하면서 우리는 이를 몸소 깨달았다. 정치권은 중대한 위기가 발생하지 않은 상황에서 미래의 금융위기에 대응하기 위해 중앙은행과 금융 당국에 충분한 권한을 부여하는 것을 매우 꺼린다. 이는 소방서가 존재한다는 것만으로 화재 발생의 원인이 된다는 논리나 다름없다. 금융위기가 발생하기 전에 금융 당국자들에게 필요한 권한을 미리 충분히 주는 편이 훨씬 안전하다.

정치권은 금융위기가 발생하기 전이라도 금융시장의 안정성을 비상 상황으로 취급할 만큼 중요하게 간주해야 한다. 금융위기를 사전에 방지하기 위해서는 신규 자본, 레버리지, 유동성, 신용마진 등에 대한 규정이 글로벌 금융위기 이전 수준보다 훨씬 더 강화되어야 한다. 금융 개혁 담당자들에게 가장 중요한 과제는 위기에 대응하는데 반드시 필요한 규정 내지 규제들을 약화시키려는 압력을 물리치는 것이다.

또 다른 도전 과제는 시장 참여자들이 시간이 지나면서 새로운 규정들에 적응해 관리감독이 느슨한 영역으로 위험을 우회시키는 방법을 발견해내는 것이다. 규제 당국은 이에 대응할 수 있는 재량적 권한이 필요하다. 다른 선진국에 비해 미국에선 시중 은행들이 금융 산업에서 여전히 적은 비중을 차지하고 있다. 위험한 레버리지가 새로운 그림자 금융으로 전이되지 않도록 상시 감독이 필요한 이유다. 다음에 닥쳐올 금융위기는 과거와 똑같은 방식으로 전개되지 않을 것이기 때문에 규제 당국이 새로운 위험들을 감시하고 대응할 수 있도록 충분한 정책의 유연성을 부여해줘야 한다.

감시 기능이 너무 분산되어 있는 금융 규제 시스템도 개혁이 필요하다. 상당수 규제 기관의 관리책임이 중첩되어 있어 규제 기관들 간에 불필요한 힘겨루기가 존재하는 게 사실이다. 이런 비효율성을 해소하는 방식으로 개혁이 이루어져야 한다. 금융 시스템을 개편하는 것은 정치권에 상당한 부담이다. 그러나 보다 합리적이고 효율적인 금융 감독 시스템을 만들어두어야 과거처럼 허술한 감독 규제 때문에 리먼브러더스, AIG, 워싱턴뮤추얼 같은 사태가 발생하는 것을 막을 수 있다. 개편이 이루어진다면 금융위기 예방책으로 상당히 좋은 방안이 될 것이다.

지금까지 계속 강조해온 것처럼 우리는 위기 대응 감독기관들이 위기에 대처할 준비가 잘 되어 있지 않다는 점을 크게 우려하고 있다. 대중이 우리의 후임자들에게 은행 구조를 좀 더 간략화하라고 요구하지는 않겠지만, 금융 감독기관의 힘을 약화시켜서는 금융위기를 예방할 수 없다는 것을 우리는 알고 있다. 이는 단지 구제금융을 지연시키는 것에 불과하며, 결과적으로 구제금융 비용을 증가시키기만 할 뿐이다.

무엇이 되었든 미국 정부는 2008년 금융위기를 종식시키는데 도움이 되었던 각종 비상 조치들을 다시금 도입할 필요가 있다. 예를 들면, 은행들에 자금을 투입하거나 그들의 자산을 매입하고 공황을 진정시키기 위해 정부가 사용할 수 있는 가장 강력한 무기인 은행들의 부채를 보증해주는 권한 등을 감독당국에 부여할 필요가 있다. 연방예금보험공사는 대부분의 시중 은행들을 대상으로 이런 권한을 가지고 있다. 우리는 그 권한들을 만기전환Maturity transformation 업무를 하는 금융기관으로 어떻게 확대시킬 수 있는지 살펴봐야 한다. 또한, 도드-프랭크 금융 개혁법안에 포함된 해결 권한도 강화될 필요가 있다. 여러 가지 문제가 복잡하게 얽혀 있는 대형 은행들이 파산 직전의 상황에 봉착했을 때 연방예금보험공사가 해당 은행의 부채를 완전히 보증해줘 혼란스럽지 않게 해당 금융기관을 정리할 수 있도록 해야 한다. 이런 방식은 단기적으로는 납세자들에게 손실을 입히지만, 위기가 종식된 이후 연방예금보험공사가 금융 산업에서 발생한 손실을 회수하면 결과적으로는 이익이 나게 마련이다.

반대로 금융위기 상황에서 채권자들에게 채무를 탕감하게 하면 금융 산업 전체의 공황이 가속화되고 다른 금융기관들도 붕괴할 것이다. 이는 결과적으로 납세자들의 손실을 훨씬 크게 만들 뿐이다. 위험을 초래한 사람들에게 그 대가를 치르게 하고 싶은 마음은 충분히 이해할 수 있지만, 심각한 금융위기가 발생한 상황에서 감독당국이 문제를 해결하기보다는 이 같은 위기를 초래한 금융기관에 그 대가를 치르라고 요구하는 것은 상황을 더욱 어렵게 만들기만 할 뿐이다.

연방예금보험공사 모델이 제대로 작동하는 이유는 금융위기가 발생하기 전에 금융기관들이 미리 연방예금보험공사에 보험료를 납부하기 때문이다. 그리고 금융 시스템을 안정시키는 대가가 예상한 것보다 더 커지면 금융업계가 그 비용을 부담해야 한다는 것을 명확히 해왔기 때문이다. 우리는 연방예금보험공사와 비슷한 보험 모델이 금융 시스템 전반에 도입되어야 한다고 의회를 설득해왔다. 위기를 극복하는 데 있어 금융기관에 부족한 자금을 지원해줘도 이것이 납세자의 부담으로 남는 게 아니라 위기가 해결된 뒤 결국 금융기관이 상환할 것이라는 확신을 갖게 된다면 위기 관리자들이 공공자금을 사용할 재량권을 좀 더 과감하게 발휘할 수 있을 것이다.

○ 금융위기의 교훈

2008년 금융위기의 피해는 상당히 심각했으나, 비관할 필요는 없었다.

- 그 피해는 관리감독이 취약한 금융 시스템에 얼마나 많은 비용이 발생하는지 보여주는 사례이며, 초기에 공격적인 대응을 위한 기본적인 정책들이 없을 경우 금융위기로 전이되는 비용을 보여준다.

- 경기 회복은 더디고 완만하게 진행됐으며, 섣불리 긴축으로 재정 정책을 변경하는 바람에 더더욱 늦어졌다.

- 금융위기로 인한 직접적인 피해를 복구한 후에도 미국 경제는 여전히 많은 장기적 도전에 직면하고 있다. 그 원인은 우리가 예측하지 못하는 곳에서 나타날 수도 있다.

그러나 이런 시도만으로 금융위기 상황을 관리하는 것과 관련된 정치적 문제가 모두 해결될 것이라고 생각할 만큼 우리는 순진하지 않다. 금융 공황을 진정시키려는 정부의 노력은 무책임한 투기 세력을 위한 부당한 구제금융이라는 공격을 받기 쉽다. 그러나 위기 상황을 해결하기 위해 공급되는 구제비용을 금융업계가 모두 상환해야 한다는 법적 규정이 마련되어 있다면 적어도 이러한 우려를 줄일 수는 있을 것이다. 금융위기 상황에 대한 우리의 접근법은 기본적으로 감독당국이 제공한 구제금융을 금융 시스템에서 상환하게 했다는 점에서 이미 실증된 바 있으나, 만약 이런 원칙이 명확해서 모든 시장 관계자들이 사전에 충분히 이해하고 있었다면 좀 더 나은 결과가 만들어졌을 것이다.

마지막으로 우리는 경제가 양호할 때, 다음번 금융위기가 발생하기 전에 정부가 위기 대응 시스템을 개선하기 바란다. 지금처럼 소비를 부양하는 동시에 세금을 줄여주는 접근법으로는 위기가 닥친 상황에서 재정 부양책을 구사하기 어려울 수밖에 없다. 위기 상황에 원활히 대처하기 위해서는 재정적 책임에 대한 새로운 약속이 필요하다. 또한 우리는 경제와 민주주의의 건전성을 악화시키는 소득의 양극화 등 오랜 시간에 걸쳐 만들어진 구조적 문제를 해결하기 위한 조치를 취해야 한다.

미국의 경제적 성공의 과실을 더 많은 미국인이 누릴 수 있어야 한다. 이는 올바른 일일 뿐만 아니라 모든 계층 사람들에게 더 많은 기회와 번영을 가져다줄 수 있는 더 강한 경제를 만드는 초석이 될 것이다. 또한 금융 충격을 포함해 앞으로 발생할 수 있는 경제적 충격에도 더 잘 대비하게 해줄 것이다.

불행하게도 현재의 정치 시스템은 분열되고 마비되어 선제적으로 판단해 미래에 관한 어려운 결정을 내리기 어려운 상황이다. 10년 전 우리는 민주당과 공화당이 정치와 이데올로기에 관한 견해 차이를 잠시 접어두고 국가를 재앙에서 구해내는 것을 보았다. 그 과정을 지켜보면서 위기에 직면하면 두 당이 정치적 이해득실을 접어두고 초당적 협의에 나서 필요한 일을 처리할 거라는 믿음이 공고해졌다. 그러나 당시에도 그것은 굉장히 어려운 일이었고, 미래의 위기 때는 더 어려울 것이다. 또한 우리는 미래의 위기가 닥치기 전 우리 앞에 놓인 문제들을 해결하는 것이 매우 어려우리라는 것도 잘 알고 있다. 비상시 정책 수단에 대한 현재의 제한 요건들은 미국 경제에 있어 여전히 위험 요인이다. 특히 글로벌 경제에서 미국 금융 시스템과 달러가 차지하는 중요성을 감안한다면 이러한 제한 요건들이 글로벌 경제를 위험에 처하게 만들 수도 있을 것으로 보인다. 그러나 우리는 더 잘할 수 있다. 글로벌 경제에서 미국이 차지하는 위상을 고려할 때, 우리가 조금만 더 잘해도 행복의 관점에서 엄청난 이득을 얻을 수 있을 것이다.

시작하는데 지금만한 때는 없다.

위기는 반복된다

이 책은 1930년대 대공황Great Recession 이후 가장 심각한 경기 침체이자 금융 시스템이 완전히 붕괴되기 직전까지 이른 2008년 미국 금융위기가 발생한 원인부터 해결책에 이르기까지 포괄적인 내용을 담은 자료이자 미래에 발생할 금융위기에 준비할 수 있는 훌륭한 실전 대응 매뉴얼이다.

예상치 못한 코로나 사태로 전세계적으로 경기 침체를 겪으며 금융시장 또한 크나큰 충격에 빠져 있는 현 상황에서 세계 각국, 특히 미국의 위기 대응책을 금융위기 당시의 해법들과 비교해보면 현재의 정책 방향과 대응책을 객관적 시각에서 파악해볼 수 있을 것이다. 그리고 앞으로 어떤 정책이 취해질지 가늠할 수 있는 훌륭한 지침서 역할을 해줄 것이다.

다양하고 풍부한 경험(벤 버냉키는 프린스턴대 교수, 티머시 가이트너는 IMF 등 정부 기관 출신, 그리고 헨리 폴슨은 골드만삭스 CEO)을 가진 세 명의 공저자는 금융위기 당시 위기관리의 최고책임자(벤은 연준 의장, 팀은 오바마 행정부의 재무부 장관, 행크는 부시 행정부의 재무부 장관) 역할을 수행했다. 이런 면에서 저자들의 경험은 어느 누구도 가질 수 없는 귀중한 것으로, 금융위기에 대한 통합적이면서도 통찰력 있는 시각을 공유할 기회를 제공한다고 단언할 수 있다.

저자들은 금융위기에 대한 최선의 대처법은 사전에 금융 당국이 충분한 위기 대응 능력을 갖추는 것이라고 강조한다. 위기가 발생한 이후 금융 당국에 새롭게 위기 대응 권한을 부여하려다 보면 복잡한 정치적 요인들로 인해 신속한 대처가 어려워지게 마련이다. 또 다른 중요한 메시지는 과소 대응 underreacting 보다는 과잉 대응 overreacting 이 위기 대처에 더 효과적이라는 지적이다. 비록 과잉 대처가 종종 도덕적 해이 같은 이슈를 야기하지만, 늦장 대응으로 금융 시스템의 붕괴를 막지 못하는 것보다는 더 나은 선택지다. 충분하게 대처하지 못해 금융위기가 발생하면 더 큰 비용을 지불할 수밖에 없기 때문에 경제적으로도 이익이다.

금융기관들과 투자자들은 금융위기 당시 투자은행 중 가장 충격을 적게 받은 골드만삭스의 사례에서 금융위기의 해법을 찾을 수 있을 것이다. 다른 투자은행들과 달리 골드만삭스는 금융위기에 대비해서 항상 60억 달러 정도의 자금을 보유하고 있었다. 이렇게 비상 유동성을 보유하는 이유는 경기 호황 국면이 영원히 지속되지 않을 것이며, 위기 상황에서는 유동성 Liquidity이 가장 중요하다고 보았기 때문이다. 금융 시스템은 본질적으로 항상 붕괴될 위험을 안고 있게 마련이다. 은행은 만기 전환maturity transformation을 통한 비즈니스, 즉 단기 예금과 장기 대출을 바탕으로 한 비즈니스 모델을 가지고 있기 때문에 갑작스러운 대규모 환매 사태에 맞닥뜨리면 큰 위험에 빠질 수밖에 없다. 또한 금융은 시장의 신뢰를 바탕으로 존재하는데, 투자자들의 신뢰는 시장에 위험한 상황이 발생하면 금세 무너지며, 한번 무너진 신뢰는 쉽게 복원되지 않는 경향이 있다. 따라서 모든 금융기관은 골드만삭스처럼 언제든 위기가 발생할 수 있다는 것을 염두에 두고 경영 계획을 세우고 이를 운영할 필요가 있다. 유동성의 중요함은 금융기관뿐만 아니라 일반 투자자들도 반드시 명심해야 할 사항이다.

금융위기는 인류의 역사가 존재하는 한 계속 발생할 것이다. 경기 호황이 오래 지속되면 금융위기에 대한 경각심이 줄어들어 레버리지 투자를 통해 더 큰 수익을 추구하기 쉽다. 이는 인간의 본성상 당연한 현상으로 이를 바탕으로 경기는 성장을 지속하게 된다. 이런 점을 감안할 때 금융위기의 유일한 해법은 체계적인 위기 대응 매뉴얼 구축이라고 단언할 수 있다.

이번 코로나 팬데믹 위기처럼 위기는 어디서 올지 어느 누구도 정확하게 알 수 없다. 그러나 2008년 금융위기를 겪은 미국 금융당국(연준과 재무부)은 이 책에서 설명하는 금융위기 실전 매뉴얼처럼 선제적인 대책을 취하는 한편 좀비 기업 양산과 도덕적 해이 논란에 과잉 대응하면서 효과적으로 현재의 위기를 극복해 나가고 있다.

역사는 반복되기 마련이다. 이 책에 실려 있는 경험과 교훈들이 우리에게 큰 지침서 역할을 할 것으로 기대한다.

2020년 12월
여의도에서 저무는 한 해를 바라보며
마경환

부록

FIREFIGHTING

차트로 보는 금융위기

전개과정과 해결까지

위기의 징조들

금융위기가 발생하기 전부터 미국 경제는 다양한 측면에서 둔화되고 있었다.

◉ 위기의 징조 : 잠재GDP 성장률 감소

금융위기가 발생하기 10년 전부터 생산성과 노동인구 증가세가 둔화되면서 잠재GDP 성장률이 낮아지고 있었다.

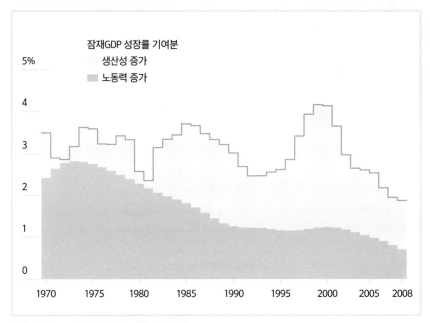

출처 : 의회 예산처, 2018~2028 경제전망 ; 저자 계산

| 역자 해설 |

잠재GDP 성장률은 생산성 증가와 노동인구 증가로 측정하는데, 2000년 초반부터 잠재GDP 성장률의 두 축이 모두 감소세를 보이면서 미국의 성장 잠재력은 지속적으로 감소하는 모습을 보였다.

● 위기의 징조 : 노동시장 참여율 감소

1990년 이후 미국 노동시장에 가장 큰 활력을 제공했던 여성의 노동시장 참여율 증가세가 둔화되고 남성의 노동시장 참여율이 10년간 지속적으로 감소하는 등 주요 연령대의 노동시장 참여율이 전체적으로 감소했다.

25~54세 노동력 참여율, 1990년 1월=100

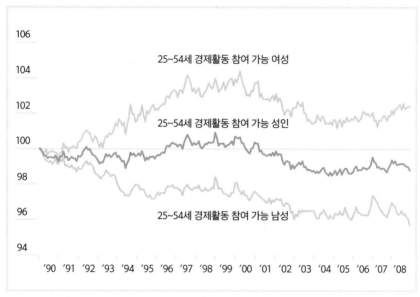

출처 : 헤이버 애널리틱스 데이터를 활용한 노동통계국 분석

| 역자 해설 |

생산성 증가와 함께 잠재GDP 성장률의 한 축인 노동시장 성장이 2000년 이후 지속적으로 둔화되는 등 미국 경제의 활력이 줄어들고 있다.

● 위기의 징조 : 소득 불균형 가속화

가계소득 상위 1%의 소득 증가율이 급격히 높아지면서 1920년대 이후 가장 큰 소득 불균형이 발생했다.

1979년 이후 소득 그룹별, 이전 및 세금 이전(소득분배율) 평균 소득의 누적 증가율

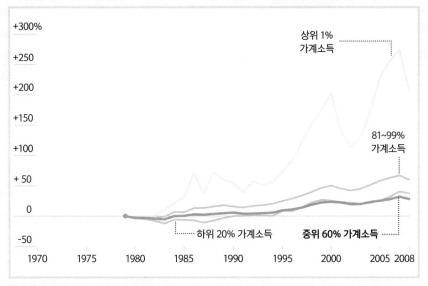

출처 : 의회 예산처, 〈가구소득분포〉, 2014

| 역자 해설 |

소득 양극화 현상은 내수 부진, 고용 구조의 악화로 인한 소득 재분배 기능의 부실, 중소기업의 성장 기반 약화 등으로 장기적으로 볼 때 경제를 악화시키는 요인이다. 이처럼 소득 불균형이 심화되는 것은 미국의 장기적인 성장 모멘텀에 부정적인 영향을 미친다.

위기의 징조들

반면, 금융 시스템은 취약성은 점증했다.

◯ 위기의 징조 : 미국 금융 시스템의 과도한 자신감

은행의 대출 손실이 상대적으로 매우 낮다고 볼 수 있는 "안정적 기간_{quiet period}"이 거의 70년 이상 지속되면서, 미국 경제에 대한 과도한 자신감을 만들었다.

2년차 과거 대출 손실률

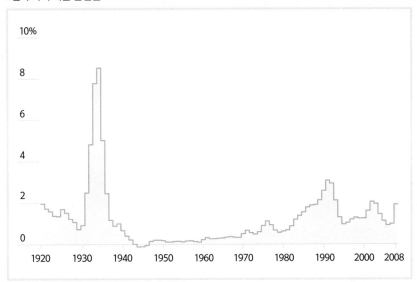

출처 : 연방예금보험공사, 연방준비위원회, 국제통화기금

| 역자 해설 |

금융기관들이 장기간에 걸쳐 매우 낮은 대출 손실을 기록하면서 은행 시스템의 위험관리 체계는 매우 느슨해졌다. 또한, 상업은행들의 대출 손실이 증가세를 보였음에도 불구하고 과거 오랜 기간 큰 문제 없이 해결되었기 때문에 문제의 심각성이 지나치게 과소평가됐다.

● 위기의 징조 : 장기간의 안정적인 경제 성장

과거 20년간 경기 침체는 짧고 심하지 않게 겪고 인플레이션이 안정적으로 유지되는 "장기간 안정적인 성장구간Great Moderation"이 이어지면서 경제에 대한 자만심이 만들어졌다.

분기별 실질 GDP 성장률, 전기 대비 변동폭

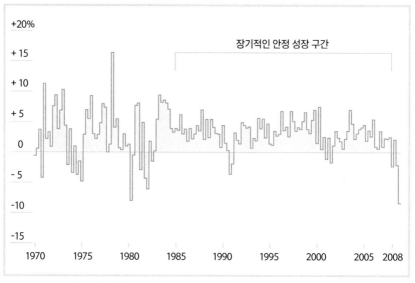

출처 : FRED 자료를 활용한 경제분석국 분석

| 역자 해설 |

1985년부터 2000년대 중반까지 20여 년간 심각한 경기 침체 없이 꾸준히 성장세를 보이면서 경제 주체들이 경제위기에 대한 준비를 제대로 갖추지 못했다.

◐ 위기의 징조 : 장기 국채 금리 하락

인플레이션율 둔화, 노동인구의 노령화, 전 세계적인 저축 증가 등으로 수십년간 장기 국채 금리는 지속적으로 하락했다.

벤치마크 금리, 월간

출처 : 연방준비제도이사회 FRED를 통한 연방준비제도이사회 및 프레디맥 분석

| 역자 해설 |

일반적으로 국채 금리는 인플레이션과 실질경제 성장률로 구성되는데, 인플레이션 둔화와 노동인구의 노령화로 잠재 성장률이 감소해 국채 금리는 감소세를 보였다. 이는 성장 모멘텀이 전반적으로 둔화되고 있다는 신호다.

⬤ 위기의 징조 : 주택 가격 버블

거의 10년간 미국 전역에서 주택 가격이 급상승했다.

실질주택가격지수, 1890년부터 변동률

1970년대 이후 주택 가격은 상승과 하락을 반복하면서 온건한 상승세를 보였으나, 1990년대 후반부터는 별다른 가격 조정 없이 급상승했다.

출처 : 주택 가격 및 관련 데이터, 로버트 실러

| 역자 해설 |

경제는 상승과 하락을 반복하면서 건전한 자체 조정을 거쳐 버블 없는 안정적인 장기 성장을 도모한다. 그런데 미국 주택시장은 1990년대 후반 이후 거의 10년간 특별한 조정 없이 급격하게 상승하면서 상당한 버블을 양산했다.

◑ 위기의 징조 : 가계 부채의 급증

가계 소득 대비 가계 부채가 위험 수준까지 증가했다.

가처분 개인소득 몫으로서의 가계 부채 총액

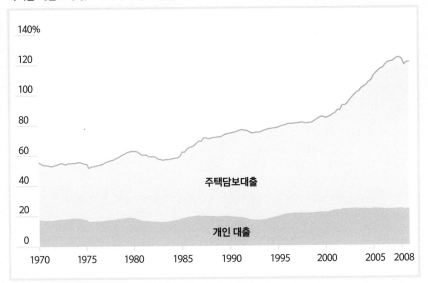

출처 : 연방준비제도이사회 금융계정 기준(2018)

| 역자 해설 |

10년간 형성된 주택 시장 버블의 주된 배경은 주택담보대출 증가에 기인한다. 일반 가계에서 가처분소득 대비 주택담보대출 비중이 급격하게 증가하면서 미국 경제는 부동산 가격 급락에 따른 금융위기에 매우 취약한 상황이 되었다.

○ 위기의 징조 : 비은행권 금융기관의 신용위험 증가

정부의 규제를 받는 은행권 이외의 금융기관으로 신용위험이 전가됐다.

보유 기관별 회사채 규모, 명목GDP 대비 비중

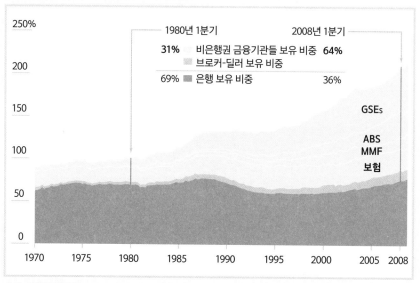

출처 : 연방준비위원회(2018)
GSEs : 정부 보증 기업(패니메이와 프레디맥 포함)
ABS : 자산담보부증권
MMF : 머니 마켓 펀드

| 역자 해설 |

1980년 1분기와 2008년 1분기를 비교해보면 크게 두 가지 문제점을 발견할 수 있다. 첫째, 1980년에는 총부채 규모가 GDP 수준에 머물렀으나, 2008년에는 총부채 규모가 GDP의 2배 이상으로 증가했다. 둘째, 1980년대 전체 부채 중 정부의 규제를 받지 않는 비은행권 금융기관 대출은 31% 수준이었으나, 2008년에는 비은행권 금융기관 대출이 64%로 증가해 미국 금융 당국의 대출 위험관리가 어려워졌다.

○ 위기의 징조 : 초단기 대출의 급증

단기 부채로 조달되는 금융자산 규모가 급격하게 증가하면서 대규모 환매 사태에 취약한
금융 시스템이 되었다.

은행 및 브로커들의 자금 중개기관들의 초단기자금 RP 규모

$2.00 조 달러

2008년 RP 규모는 직전 10년
대비 3배 증가했다.

출처 : 연방준비제도이사회 FRB 금융계정

| 역자 해설 |

기업에서 장기 대출보다 단기 대출이 급증했다는 것은 기업들의 재무 상황이 점진적으로 악화
되고 있다는 반증이다. 금융시장의 입장에서 보면, 단기 대출이 급증하면 금융기관이 대규모
환매 위험에 노출될 가능성이 높아진다.

위기의 전개

◎ 위기의 전개

2008년 금융위기는 여러 국면으로 전개되었다.

은행 CDS 스프레드 및 Libor-OIS 스프레드

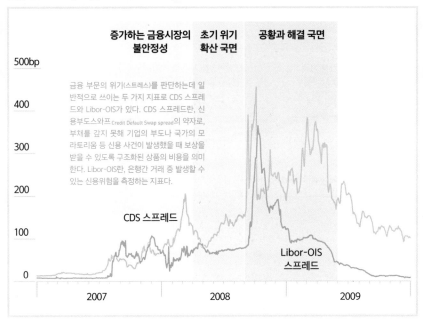

증가하는 금융시장의 불안정성

초기 위기 확산 국면

공황과 해결 국면

금융 부문의 위기(스트레스)를 판단하는데 일반적으로 쓰이는 두 가지 지표로 CDS 스프레드와 Libor-OIS가 있다. CDS 스프레드란, 신용부도스와프 Credit Default Swap spread의 약자로, 부채를 갚지 못해 기업의 부도나 국가의 모라토리움 등 신용 사건이 발생했을 때 보상을 받을 수 있도록 구조화된 상품의 비용을 의미한다. Libor-OIS란, 은행간 거래 중 발생할 수 있는 신용위험을 측정하는 지표다.

CDS 스프레드

Libor-OIS 스프레드

출처 : 블룸버그
주: CDS는 JP모건체이스, 시티그룹, 웰스파고, 뱅크오브아메리카, 모건스탠리, 골드만삭스를 동일 비중으로 평균하여 계산했다.

| 역자 해설 |

은행 CDS 스프레드와 Libor-OIS 스프레드는 금융시장의 위험을 보여주는 지표로, 리먼브러더스 사태가 발생하기 1년 전인 2007년 중반부터 이 두가지 지표는 이미 큰 폭으로 상승했다. 금융위기 징후를 점검할 때 이 두 가지 지표는 매우 중요한 체크 사항이다.

◎ 위기의 전개

주택 가격은 2006년 여름에 정점을 찍고, 이후 급락했다. 8개 주요 도시의 주택 가격은
2008년 3월까지 20% 이상 하락했다.

미국 20개 주요 도시에 대한 S&P/케이스-실러 주택가격지수는 2006년 7월 정점을 기록한 후 변동폭
을 넓혔다.

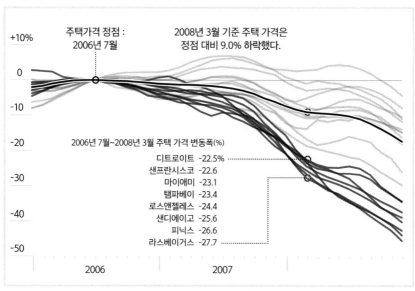

주택가격 정점 :
2006년 7월

2008년 3월 기준 주택 가격은
정점 대비 9.0% 하락했다.

2006년 7월~2008년 3월 주택 가격 변동폭(%)

디트로이트	-22.5%
샌프란시스코	-22.6
마이애미	-23.1
탬파베이	-23.4
로스앤젤레스	-24.4
샌디에이고	-25.6
피닉스	-26.6
라스베이거스	-27.7

출처 : S&P 코어로직 케이스-실러 주택가격지수와 20개 각 도시 인덱스, 주택가격지수 FRED

| 역자 해설 |

2008년 3월 기준으로 주택 가격은 정점 대비 9.0% 하락했다. 특히 주택 버블이 심각한 7개 대
도시는 20% 이상 하락했다. 가계의 가처분소득 대비 부채비율이 매우 높은 상황에서 주택 가
격이 하락하면서 주택담보대출, 즉 모기지 채권을 기초자산을 한 파생상품들에 문제가 발생하
기 시작했다.

○ 위기의 전개

주택담보대출 문제와 경기 침체에 대한 우려가 커지면서 2007년 말과 2008년 초에 걸쳐 금융 시스템의 위기가 찾아왔다.

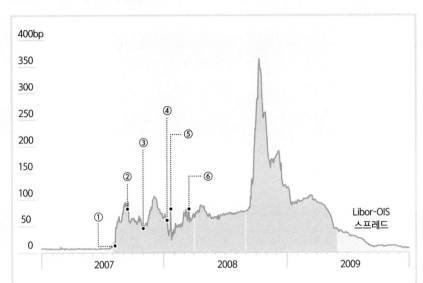

① 2007년 8월 9일 : BNP파리바은행이 유동성이 취약한 자산유동화 기업어음 시장의 3개 펀드 자산을 동결했다.
② 2007년 9월 14일 : 영국중앙은행 BOE이 모기지론으로 위기에 빠진 노던 록 Northern Rock에 긴급자금을 투입했다.
③ 2007년 11월 : 은행과 정부 보증 기업 GSE들이 수조 달러에 달하는 손실 발표하기 시작했다. 이에 배당금 삭감과 추가적인 자본 투입의 필요성이 제기되면서 해당 주식의 가격이 폭락했다.
④ 2008년 1월 11일 : 뱅크오브아메리카는 어려움을 겪고 있는 주택담보대출채권 대부기업인 컨트리 파이낸셜 Country Financials을 인수하겠다고 발표했다.
⑤ 2008년 1월 21일 : 경제 침체에 대한 우려가 커지는 상황에서 주식시장이 큰 폭 하락했다.
⑥ 2008년 3월 14일 : JP모건은 연준 긴급지원의 도움을 받아 어려움에 처한 베어스턴스를 구제했다.

출처 : 블룸버그

| 역자 해설 |

금융시장 경색은 일반적으로 대규모 환매로 시작된다. 갑작스러운 대규모 환매가 발생하면 유동성이 떨어지는 자산과 펀드는 단기간에 자산을 유동화해 환매에 대처할 수밖에 없기 때문에 환매가 중단되고, 이는 투자자들의 심리에 상당한 충격을 준다.
2007년 8월 BNP파리바은행의 3개 자산유동화증권펀드가 환매에 대응하지 못하면서 자산을 동결했는데, 이것이 금융시장의 위기를 본격적으로 고조시키는 계기가 됐다.

◉ 위기의 전개

투자자들은 거대 모기지 기업인 페니메이와 프레디맥이 큰 손실을 기록하면서 주택시장에 심각한 충격을 줄 것을 우려했다.

패니메이와 프레디맥 주가

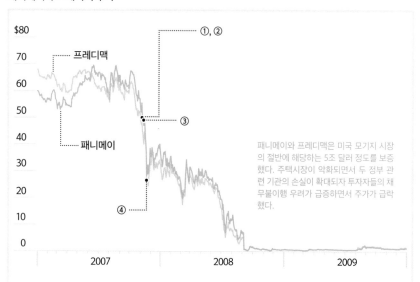

패니메이와 프레디맥은 미국 모기지 시장의 절반에 해당하는 5조 달러 정도를 보증했다. 주택시장이 악화되면서 두 정부 관련 기관의 손실이 확대되자 투자자들의 채무불이행 우려가 급증하면서 주가가 급락했다.

① 2007년 11월 7일 : 뉴욕주 법무 장관이 주택담보부대출 사기 관련 조사를 하기 위해 페니메이와 프레디맥 두 회사를 소환했다.
② 2007년 11월 7일 : 모건스탠리가 서브프라임 모기지 투자로 37억 달러의 손실을 발표했다. 다른 대형 은행들도 모기지 투자로 인한 대규모 상각 위험에 처해 있다고 발표해 경고등이 켜졌다.
③ 2007년 11월 9일 : 주택담보대출 관련 연체율이 악화되는 상황에서 패니메이가 14조 달러의 손실을 발표했다.
④ 2007년 11월 20일 : 프레디맥이 20억 달러의 손손실과 낮은 자본유보금을 발표했다.

출처 : 와튼 리서치 데이터를 활용한 주가연구센터 분석

| 역자 해설 |

패니메이와 프레디맥은 미국 모기지 채권 시장에서 압도적인 위상을 가지고 있어서 주택 가격 하락의 영향에 가장 직접적으로 노출되었다. 2006년 중반부터 주택 가격이 하락하면서 주택담보대출을 가장 많이 가지고 있던 두 회사는 1년 뒤부터 본격적으로 영향을 받기 시작했다. 미국 주택시장을 지탱하던 두 축이 흔들리자 부동산 시장은 2차적인 충격을 받았다.

○ 위기의 전개

공황이 확산되면서 대형 은행들과 투자은행들이 부도 위험에 노출됐다.

S&P 500 금융주 지수, 6대 은행 CDS 스프레드(bp)

① 2008년 9월 15일 : 리먼브러더스 파산 신청. 뱅크오브아메리카의 메릴린치 인수 발표.
② 2008년 9월 16일 : 연준이 AIG에 85억 달러의 구제금융 실시.
③ 2008년 9월 21일 : 골드만삭스와 모건스탠리의 은행지주사 전환 승인.
④ 2008년 9월 25일 : 워싱턴뮤추얼이 문을 닫고 일부 부서는 JP모건에 인수.
⑤ 2008년 12월 2일 : 글로벌 신용평가사인 S&P가 11개 글로벌 은행의 신용등급 하향 조정.

출처 : 블룸버그
주 : CDS는 JP모건체이스, 시티그룹, 웰스파고, 뱅크오브아메리카, 모건스탠리, 골드만삭스 같은 회사를 균등 평균하여 계산

| 역자 해설 |

2007년 중반부터 은행들의 위험지표인 CDS 스프레드가 증가하면서 금융주는 지속적으로 하락했다. CDS 스프레드가 확대되기 시작한 지 1년 후쯤, 대형 모기지 기업들의 문제가 불거진 시점인 2008년 주요 금융기관으로 위기가 확산되기 시작했다.

손실 증가, 추가 손실에 대한 우려, 금융 시스템의 유동성 압력이 금융자산 가격을 하락하게 만들고, 이는 금융 시스템의 지불 능력에 대한 의심을 확대시켰다.

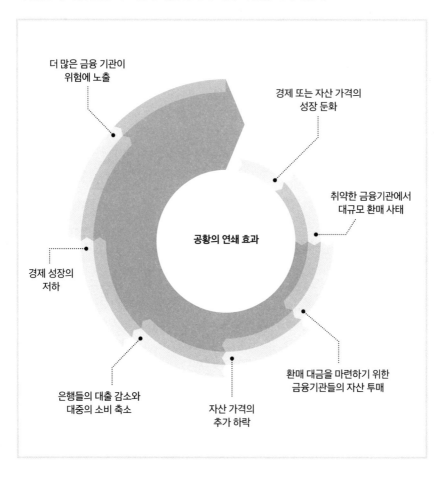

○ 위기의 전개

이런 상황에도 전문가들은 완만하면서 관리 가능한 수준으로 경제 성장이 둔화되고 있다고 전망했다. 결과적으로 그들의 전망은 잘못된 것으로 판명 났다.

실질 GDP, 전분기 대비 변화율, SAAR, 필라델피아 연준 조사

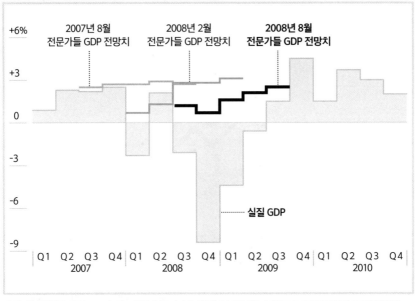

출처 : 경제분석국, FRED(2018년 8월 29일 업데이트 데이터, 필라델피아 연준 전문가 예측 조사 2007년 3분기와 2008년 1,3분기)

| 역자 해설 |

경기가 침체되는 가운데도 전문가들은 계속 긍정적인 전망을 내놓았다. 당시 전문가들은 경제 성장이 둔화되겠지만, 플러스 성장은 유지할 것이라고 전망했다. 그러나 실제로 2008년 4분기 경제성장률은 마이너스 9%를 기록했다. 대다수 전문가가 경제 상황의 심각성을 제대로 인지하지 못한 것이다.

미국의 대응 전략

◉ 미국의 전략

미국의 주요 대응책은 다음과 같다.

- 금융 시스템뿐만 아니라 투자은행, 대출시장까지 포함한 광범위한 금융시장에서 연준리가 시장의 최종 대부자 역할 수행

- 단기대출시장과 금융기관에서 나타나는 다양한 형태의 대규모 환매 사태에 대처하기 위해 확장적인 금융자산 보호 제도 활용

- 두 단계에 걸친 연방예금보험공사 FDIC의 보장한도 확대를 통해 적극적으로 금융기관의 자본 확충

- 심각한 경기 침체를 막고 경제 성장 동력을 복원하기 위해 통화정책과 재정정책을 적극 활용

- 정부기관인 페니메이와 프레디맥의 붕괴를 막고, 주택가격 하락을 둔화시키고, 주택담보대출 금리를 낮추고, 대출 연장을 원활하게 하기 위해 다양한 부동산 정책 믹스를 구사

- 국제적 협력과 재정 확대를 통한 케인스 학파 방식의 경기 부양책과 더불어 글로벌 금융 시스템에 대한 달러 유동성 공급 확대

○ 미국의 전략

위기에 대한 정부의 초기 대응은 점진적으로 이루어졌으며, 정책 도구들은 제한적이고 시대에 뒤떨어졌다. 왜냐하면 모든 정책이 전통적인 은행 위주로 설계되었기 때문이다.

활용 가능한 정책 수단들	권한이 부여되지 않은 정책 수단들
연방예금보험공사 FDIC • 은행에 대한 해결 권한, 시스템 위험에 예외를 둬 좀 더 광범위한 보증 협정을 허용 • 은행의 예금 보호 기능 **연방준비은행** Federal Reserve • 단기 유동성이 필요한 시중은행과 극단적인 상황에 봉착한 기타 금융기관에 대출 • 해외 중앙은행들과 스와프 협정 → 유사시 서로간 유동성을 제공하는 방법	• 비은행권 금융기관의 붕괴를 막기 위해 개입하는 것, 그리고 비은행권 금융기관들의 국유화 • 비은행권 금융기관을 포함한 금융시스템의 광범위한 채무 보증 • 비은행권 금융기관을 포함한 금융시스템에 공적자금 투입 • 연준이 국채, 정부기관 채권, 정부기관 모기지를 제외한 자산 매수 • 정부보증금융기관(GSE, 페니메이와 프레디맥)에 대한 공적자금 투입

기관은 미국 연방기관 또는 정부 보증 금융기관이 발행 또는 보증하는 채무 증권이며, 기관 MBS는 미국 연방기관 또는 정부 보증 금융기관이 발행 또는 보증하는 담보부 증권이다.

| 역자 해설 |

금융위기 초기에 정부에 부여된 권한은 매우 제한적이었다. 사태를 해결할 만한 실질적인 권한이 충분히 부여되지 않았다.

◐ 미국의 전략

그러나 금융위기가 심화되면서 좀 더 강제적이고 포괄적인 정책들이 나오기 시작했다. 또한 의회가 금융당국에 새로운 긴급대책에 대한 권한을 부여해주었다.

Libor-CDS 스프레드

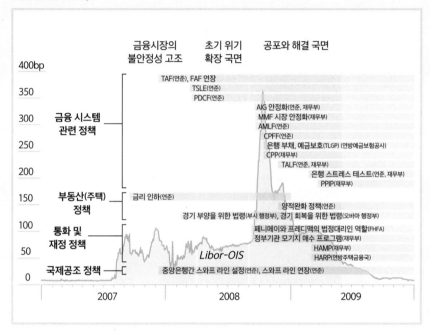

출처 : 블룸버그

| 역자 해설 |

초기 단계의 제한적인 정책들로 위기 확산을 막지 못해 위기가 증폭되면서 전방위적이고 다양한 위기 대책들(금융 시스템, 통화와 재정정책, 부동산 정책, 글로벌 공조 등)이 동원되어 금융위기를 종식시킬 수 있었다.

○ 미국의 전략

정부는 금융기관들과 시장을 안정시키기 위해 다양한 금융 시스템 관련 정책을 동시에 구사했다.

- 유동성 지원 프로그램 : 금융기관들의 기존 사업을 유지하고 소비자와 기업들에 정상적으로 대출 자금이 공급되도록 유동성을 지원하는 프로그램

- 보증 프로그램 : 금융기관들이 중요한 자금을 쉽게 조달하도록 보증해주는 제도

- 자본 확충 전략들 : 중요 금융기관들의 붕괴를 막고 동시에 금융 시스템의 불확실성을 해결하기 위해 민간자금과 공적자금을 활용한 다양한 자본 확충 프로그램 마련

| 역자 해설 |

위기를 극복하기 위한 금융 시스템 안정화 정책은 크게 세 가지로 진행됐다. 첫째는 유동성 대책이며, 둘째는 포괄적인 금융기관 보증 대책이고, 셋째는 금융기관들의 자본 확충 대책이다.

○ 미국의 전략

금융위기가 심화되면서 정부의 유동성 지원 프로그램은 다방면으로 확장됐다.

- 국내 ⇒ 글로벌

- 전통적 접근 방식 ⇒ 혁신적 접근 방식

- 금융기관 ⇒ 시장 위주

| 역자 해설 |

금융위기가 심각해지면서 다양한 방식으로 사태 해결을 모색했다.

1. 사태 해결을 위해 국제적인 유동성 공급
2. 은행 위주의 기존 방식에서 벗어나 비은행권 금융기관까지 유동성 공급
3. 위기 초기 금융기관의 부도 방지 내지 유동성 공급 방식에서 시장에 대한 직접적인 유동성 대책으로 확대

○ 미국의 전략

연준의 초기 대책들은 은행 시스템에 유동성을 공급해주는 전통적인 최종 대부자 역할에 주력했다.

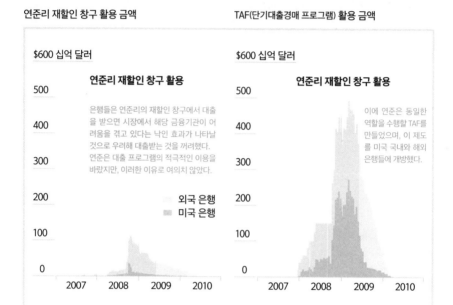

연준리 재할인 창구 활용 금액   TAF(단기대출경매 프로그램) 활용 금액

$600 십억 달러

연준리 재할인 창구 활용

은행들은 연준리의 재할인 창구에서 대출을 받으면 시장에서 해당 금융기관이 어려움을 겪고 있다는 낙인 효과가 나타날 것으로 우려해 대출받는 것을 꺼려했다. 연준은 대출 프로그램의 적극적인 이용을 바랐지만, 이러한 이유로 여의치 않았다.

　외국 은행
　미국 은행

$600 십억 달러

연준리 재할인 창구 활용

이에 연준은 동일한 역할을 수행할 TAF를 만들었으며, 이 제도를 미국 국내와 해외 은행들에 개방했다.

출처 : 연방준비위원회

| 역자 해설 |

리먼브러더스 사태 초기에 어려움을 겪고 있던 은행들이 낙인 효과를 두려워해서 연준을 통한 자금 조달을 꺼리자 TAF 방식을 도입, 낙인 효과에 대한 우려 없이 자금을 조달할 수 있게 해주었다.

○ 미국의 전략

연준은 자금 중개기관과 자금 시장을 지원하기 위한 대책들을 확대했다.

단기채권대여제도로 자금 중개기관에 제공된
대출 규모

프라이머리 딜러에게 제공된 신용 제공 프로그램PDCF
대출 규모

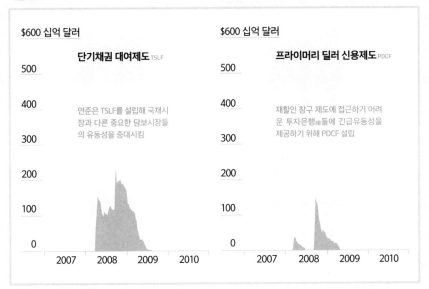

$600 십억 달러

단기채권 대여제도TSLF

500

400   연준은 TSLF를 설립해 국채시
       장과 다른 중요한 담보시장들
300   의 유동성을 증대시킴

200

100

0
    2007   2008   2009   2010

$600 십억 달러

프라이머리 딜러 신용제도PDCF

500

400   재할인 창구 제도에 접근하기 어려
       운 투자은행IB들에 긴급유동성을
300   제공하기 위해 PDCF 설립

200

100

0
    2007   2008   2009   2010

출처 : 연방준비위원회, FRED.
주 : PDCF는 선정된 브로커-딜러들의 대출 연장을 포함한다.

○ 미국의 전략

연준과 재무부는 금융기관과 기업들의 주요 자금 조달 창구인 기업어음 시장의 취약성을
언급하면서 대응책을 도입했다.

기업어음 발행 물량 중 초단기(1일간) 자금 규모

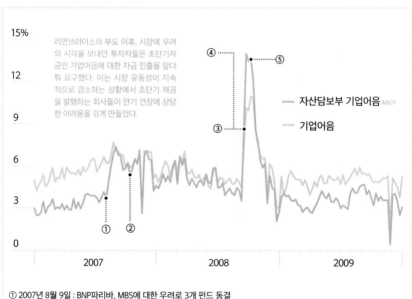

① 2007년 8월 9일 : BNP파리바, MBS에 대한 우려로 3개 펀드 동결

② MLEC Master Fluidity Enhancement Conduit, MLEC
　2007년 10월 15일 : 재무부는 민간 은행들을 위해 ABCP 시장을 지원할 계획을 수립했으나, 실제로 실행되지 않았다.

③ 2008년 9월 15일 : 리먼브러더스 부도

④ 2008년 9월 19일 : AMLF와 MMF 시장 보증. 연준은 ABCP MMF 유동성 지원 프로그램을 설립하고 재무부는 기업어
　음의 주요 구매자인 MMF에 대한 임시 보증 프로그램을 발표했다.

⑤ 2008년 10월 7일 : 기업어음유동성조성기구 CPFF 설립

출처 : 연방준비위원회

○ 미국의 전략

연준과 재무부는 자산담보부증권ABS이 다시 활성화되도록 노력했다. ABS 시장은 신용카드, 자동차 할부, 모기지 대출의 중요한 자금 조달 창구였다.

ABS 발행, TALF 적격 발행, TALF 보증 금액

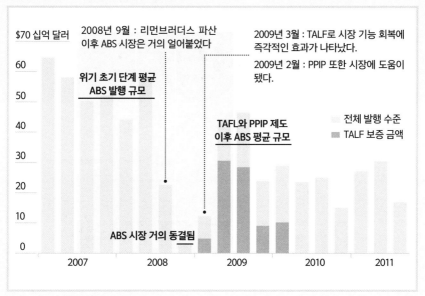

출처 : 전체 발행 수준 : 블룸버그
　　　 TALF 총보증금액 : 연방준비위원회 (2012)

| 역자 해설 |

TALF 제도가 도입되면서 위축된 ABS 시장이 다시 활성화되는데 상당히 기여했다. 이는 금융기관과 기업들의 자금 조달에도 많은 도움이 됐다.

미국의 대응 전략

금융 시스템의 주요 부문이 붕괴되는 것을 막기 위해 정부는 다양한 형태의 보증 정책 믹스를 가동했다.

○ 미국의 전략

재무부는 MMF 시장의 대량 인출 사태를 방지하기 위해 3조 2000억 달러의 초단기금융 자산을 보증해주는 데 동의했다.

일간 MMF 자금 흐름

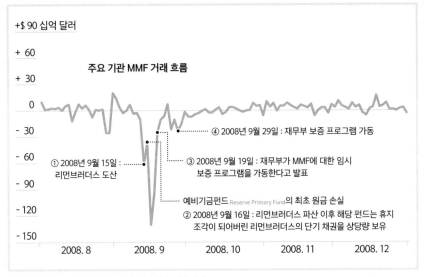

출처 : iMoneyNet; Schmidt 등(2016)을 활용한 한 저자 계산

| 역자 해설 |

리먼브러더스 사태로 MMF에 대한 대량 환매가 시작됐으나, 정부가 MMF를 보증하면서 펀드런 사태가 진정됐다.

○ 미국의 전략

연방예금보험공사 FDIC는 대규모 환매 사태를 막기 위해 개인과 기업 계좌에 대한 예금 보호 한도를 확대했다 .

연방예금보험공사가 보장하는 총예금 규모

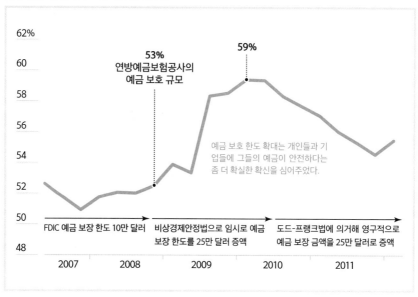

출처 : 재무부, 〈실물경제를 구하기 위한 월가의 재구성〉

○ 미국의 전략

연방예금보험공사 _{FDIC}는 신규 금융 부채(기존에 보호받지 못했던 비은행권 금융기관의 부채)에 대한 보증에 동의함으로써 비은행권 금융기관들이 좀 더 안정적으로 자금을 조달할 수 있게 도왔다.

TLGP 부채 규모   6개 대형 은행의 가중평균 CDS 스프레드

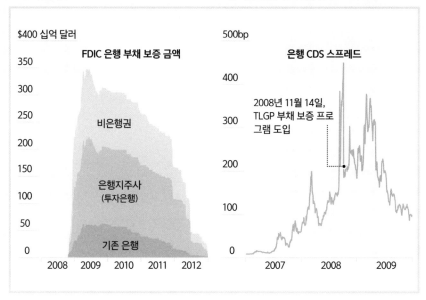

출처 : iMoneyNet; Schmidt 등(2016)을 활용한 한 저자 계산

| 역자 해설 |

연방예금보험공사에서 임시유동성제공프로그램 _{TLGP}을 시행해 비은행권 금융기관들의 부채 자산을 보증해주면서 금융기관들의 위험에 대한 시장의 우려를 진정시키는 데 큰 도움이 됐다.

○ 미국의 전략

금융위기가 심화되면서 정부는 금융 시스템의 자본을 확충하려 노력했으며, 의회는 긴급 권한을 부여했다.

- 금융위기 초기에는 초대형 금융기관들에 민간 자본을 활용한 자본 확충 권장

- 위기가 심화됨에 따라 은행 시스템에 상당한 공적자금을 투입

- 추가적인 자금 지원과 링 펜스ring-fence 보증으로 위기에 처한 대형 은행을 안정시킴

- 금융 시스템의 자본 확충을 마무리하기 위하여 스트레스 테스트를 실행

금융위기 초기에 손실이 더욱 확대되자 정책 당국은 금융기관에 자체적으로 민간 자본 조달을 통한 자본 확충을 촉구했다.

2007년 1월 1일 ~ 2008년 10월 13일 9개 은행이 정부의 초기 투자를 받기 위해 조달한 민간 자본 규모

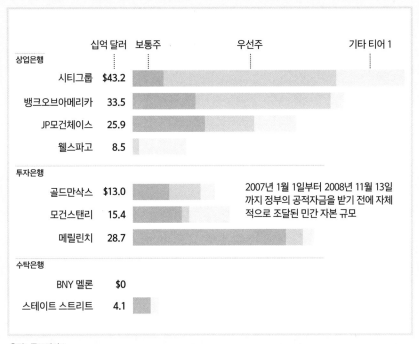

출처 : 골드만삭스

리먼브러더스의 파산에 따른 시장의 공황에 맞서 재무부는 의회로부터 승인 받은 새로운
권한을 이용해 대형 은행들에 대규모 공적자본을 투자했다.

2008년 11월 14일부터 스트레스 테스트 결과가 발표되기 전날인 2009년 5월 6일까지 정부와 기관에
의해 조달된 자본 규모

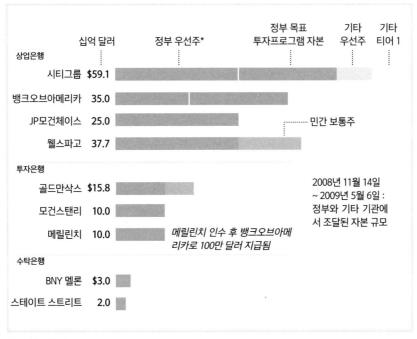

출처 : 골드만삭스
주: 시티그룹은 궁극적으로 580억 달러에 달하는 금액을 조달 받았고, 나머지는 보통주를 통해 조달받음

그리고 추가 자금들을 활용해 수백 개 중소형 은행들에 정부가 직접 투자했다.

정부가 은행에 투자한 원금 규모　　　　　정부의 자본 투자를 받은 참여 은행 구성

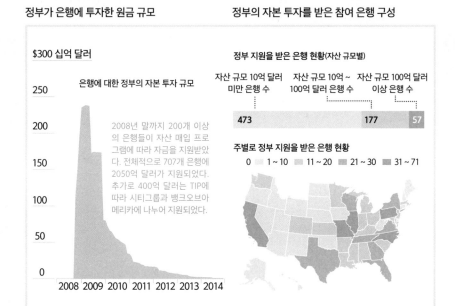

출처 : TARP 총집행금액에 대한 시간순 나열, 자산 규모에 따른 정부 지원을 받은 은행들, 재무부의 '부실자산매입프로그램'
　　　2년 단위 추적

○ 미국의 전략

공적자금 투입 이외에도 정부는 가장 어려움을 겪고 있는 시티그룹과 뱅크오브아메리카에 대해 자산 보증을 이용한 지원을 확대했다.

자산보증프로그램 AGP, 시티그룹 자산 및 "링펜스" 손실 책임 구조(뱅크오브아메리카에 대한 보증 계획은 작성되었지만 이행되지 않음)

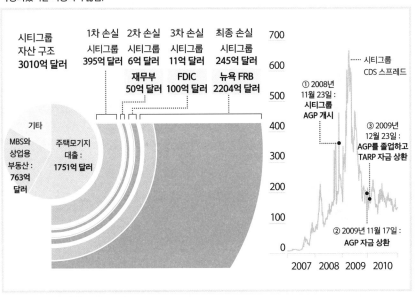

출처 : 자산보증프로그램 조건 ; TARP 집행에 대한 감사
       시티그룹에 투입된 엄청난 규모의 금융 지원
       CDS 스프레드 출처 ; 블룸버그

| 역자 해설 |

AGP는 당시 미국에서 가장 큰 은행인 시티그룹과 뱅크오브아메리카만을 위해 만들어진 재무부 보증프로그램이다.

○ 미국의 전략

금융 시스템에 치명적 영향을 주는 무질서한 부도를 방지하기 위해 정부는 AIG에 긴급 대출, 자본 제공, 보증을 제공했다.

AIG 지원 보증 금액

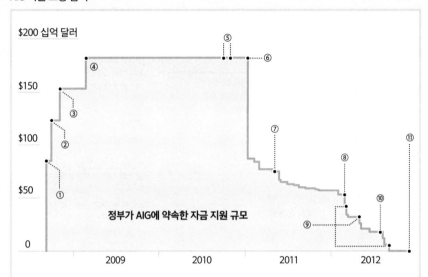

① 2008년 9월 16일 : 연준은 AIG의 지분 79.9%를 인수해 850억 달러의 신용대출기구를 설립했다.

② 2008년 10월 8일 : 연준은 AIG에 378억 달러의 추가 지원을 약속했다.

③ 2008년 11월 10일 : 재무부가 AIG에 400억 달러의 TARP 기금 투자. 메이든 레인Maiden Lane II와 III이 AIG의 모기지 관련 자산을 매입하도록 연준이 승인했다.

④ 재무부가 300억 달러 추가 지원 약속. 연준이 지원 조건을 재조정함. AIG의 해외 생명보험 자회사인 AIA와 ALICO 우선주를 매입하는 조건으로 250억 달러의 대출 한도를 감축.

⑤ 2010년 가을, AIG는 회사를 분사해 205억 달러 규모의 AIA를 상장해 자회사로 전환하고, 매트라이프는 162억 달러에 AIG의 일부인 ALICO를 인수.

⑥ 2011년 1월 14일 : 자본 확충 종료. 연준 대출이 상환되고, AIG의 보통주 92%를 보유한 재무부로 잔여 이자 이관. (메이든 레인 II와 III는 연준과 함께 있음)

⑦ 2011년 5월 : 재무부가 58억 달러 규모의 AIG 주식을 매각하여 지분이 77%로 줄었다.

⑧ 2012년 2월 28일 : 메이든 레인 II에서 마지막으로 AIG 주식 전량 매각.

⑨ 2012년 3 ~ 9월 : 재무부는 여러 차례에 걸쳐 보유중인 AIG 주식을 매각해 지분율을 22%로 낮추었다.

⑩ 2012년 8월 : 메이든 레인 III에서 마지막 AIG 주식을 최종적으로 매각.

⑪ 2012년 12월 : 재무부가 AIG주식을 마지막으로 매각. 정부는 230억 달러의 수익을 거뒀다.

출처 : 재무부

○ 미국의 전략

은행에 대한 신뢰가 더욱 약화되자, 정부는 "스트레스 테스트"를 통해 투명성을 증명해 금융기관의 손실 예측을 감독기관과 투자자들이 신뢰할 수 있게 만들었다.

시중 은행의 2년간 대출 손실률

SCAP 평가 시 자본 부족분,
2009년 5월 7일

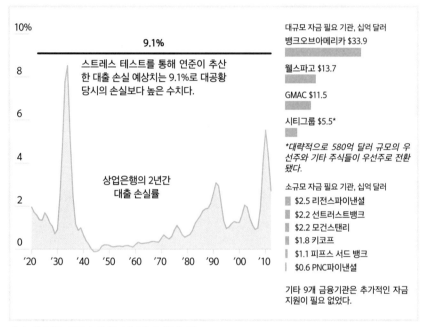

10%

9.1%

스트레스 테스트를 통해 연준이 추산한 대출 손실 예상치는 9.1%로 대공황 당시의 손실보다 높은 수치다.

8

6

4

상업은행의 2년간
대출 손실률

2

0

'20 '30 '40 '50 '60 '70 '80 '90 '00 '10

대규모 자금 필요 기관, 십억 달러
뱅크오브아메리카 $33.9

웰스파고 $13.7

GMAC $11.5

시티그룹 $5.5*

*대략적으로 580억 달러 규모의 우선주와 기타 주식들이 우선주로 전환됐다.

소규모 자금 필요 기관, 십억 달러
■ $2.5 리전스파이낸셜
■ $2.2 선트러스트뱅크
■ $2.2 모건스탠리
▮ $1.8 키코프
▮ $1.1 피프스 서드 뱅크
| $0.6 PNC파이낸셜

기타 9개 금융기관은 추가적인 자금 지원이 필요 없었다.

출처 : 연방예금보험공사, 연방준비위원회, 국제통화기금
주 : 당시의 19개 거대 은행지주사들은 규제자본평가프로그램SCAP의 통제하에 있었다.

| 역자 해설 |

정부는 금융기관들에 대해 스트레스 테스트를 실시해 위기가 발생할 경우의 손실 규모에 대한 투명성을 제고해 투자자의 신뢰를 회복하고자 했다.

○ 미국의 전략

스트레스 테스트를 통한 투명성 제고로 민간 자본의 유입이 가속화됐다.

민간 자본 조달, 2009년 5월 7일~2010년 12월 31일

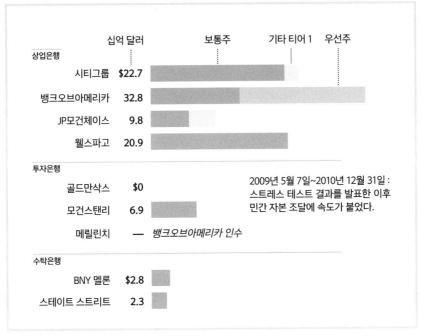

시티그룹 **$22.7**

뱅크오브아메리카 **32.8**

JP모건체이스 **9.8**

웰스파고 **20.9**

골드만삭스 **$0**

모건스탠리 **6.9**

메릴린치 **—** *뱅크오브아메리카 인수*

BNY 멜론 **$2.8**

스테이트 스트리트 **2.3**

2009년 5월 7일~2010년 12월 31일 :
스트레스 테스트 결과를 발표한 이후
민간 자본 조달에 속도가 붙었다.

출처 : 골드만삭스
주 : 스트레스 테스트 결과가 발표되기 이전에 골드만삭스는 문제 자산 프로그램에서 상환을 전제로 한 지원을 받아 58억 달러에 달하는 자본을 증액했다.

| 역자 해설 |

스트레스 테스트로 금융기관의 손실 예상 규모를 신뢰할 수 있게 되면서, 금융기관들은 민간 자금 투자를 유치할 수 있게 되었다.

○ 미국의 전략

미국은 유럽보다 더 빠르고 적극적으로 은행 시스템의 자본을 확충했다.

연도별 자본 증가

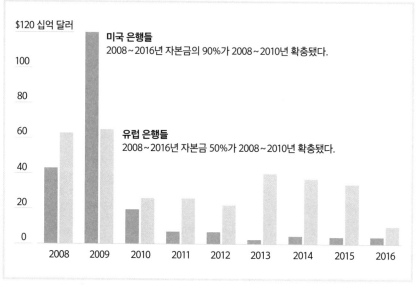

$120 십억 달러

미국 은행들
2008~2016년 자본금의 90%가 2008~2010년 확충됐다.

유럽 은행들
2008~2016년 자본금 50%가 2008~2010년 확충됐다.

100

80

60

40

20

0

2008 2009 2010 2011 2012 2013 2014 2015 2016

출처 : 골드만삭스
주 : 저자가 골드만삭스의 자료를 바탕으로 추산

| 역자 해설 |

금융위기 시 금융 시스템의 자본을 확충하려는 재무부와 연준의 적극적인 노력으로 미국은 유럽보다 신속하게 경기 침체에서 벗어나서 경기 회복을 할 수 있었다.

미국의 대응 전략

연준과 재무부는 금융 시스템 문제를 해결하기 위해 설계된 프로그램들과 함께
통화 정책과 재정 부양책의 강력한 정책 믹스를 시행했다.

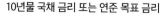

● 미국의 전략

제로 수준의 연준 금리, 양적완화 정책 QE을 통한 대규모 자산 매입으로 장기 금리 하락을 도모했다.

10년물 국채 금리 또는 연준 목표 금리　　　**월별 총자산 매입 규모**

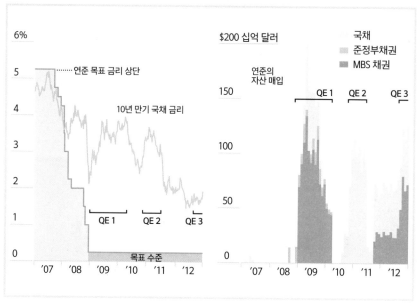

출처 : 연준 목표 금리, 10년물 국채 금리, FRED. 월간 자산 매입 추이 분석, 헤이버 애널리틱스.

| 역자 해설 |

연준리가 국채, 준정부채권, MBS채권을 매입하고 대규모 자산을 매입하는 데 나서며 시중에 통화량을 공급했다. 이는 양적완화 정책으로 장기 금리 하락을 통해 경기를 부양시키는 것을 목적으로 한 조치다.

정부는 위기 초반에 1680억 달러에 이르는 1차 재정 부양책을 통과시켰다. 그러나 이는 상대적으로 적은 규모로, 효과를 보기 위해서는 시간이 필요했다.

GDP 재정부양책의 분기별 효과

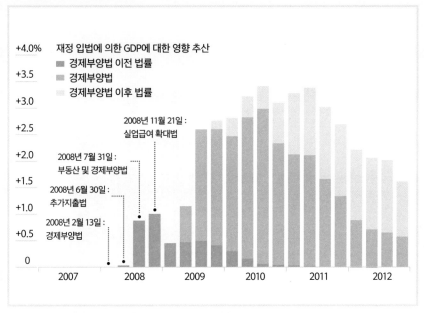

출처 : 대통령경제자문위원회, 의회 예산처, 경제분석부, 제이슨 퍼먼 계산
주 : 1680억 달러에 달하는 자금은 2012년 회복법이 발효되기 이전 경제에 활력을 불어넣기 위해 집행

2009년 경제부양법을 실시하며 일시적 감세와 재정 지출 증가로 7120억 달러 규모의 훨씬 더 큰 부양책이 제공됐으나, 이것으로 GDP 하락을 상쇄하기에는 역부족이었다.

GDP 재정부양책의 분기별 효과

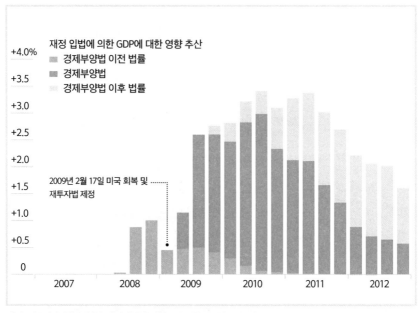

출처 : 대통령경제자문위원회, 의회 예산처, 경제분석국, 제이슨 퍼먼 계산

주 : 2012년 통과된 경제부양법에 의거, 7120억 달러의 막대한 금액이 경제에 활력을 불어넣기 위해 집행됐다.

○ 미국의 전략

위기 이후 수차례 소규모 경제부양법 조치를 시행해 6570억 달러를 추가 투입해 경기 부양을 도모했다.

GDP 재정부양책의 분기별 효과

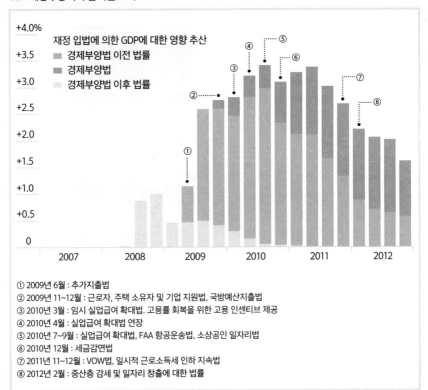

① 2009년 6월 : 추가지출법
② 2009년 11~12월 : 근로자, 주택 소유자 및 기업 지원법, 국방예산지출법
③ 2010년 3월 : 임시 실업급여 확대법. 고용률 회복을 위한 고용 인센티브 제공
④ 2010년 4월 : 실업급여 확대법 연장
⑤ 2010년 7~9월 : 실업급여 확대법, FAA 항공운송법, 소상공인 일자리법
⑥ 2010년 12월 : 세금감면법
⑦ 2011년 11~12월 : VOW법, 일시적 근로소득세 인하 지속법
⑧ 2012년 2월 : 중산층 감세 및 일자리 창출에 대한 법률

출처 : 대통령경제자문위원회, 의회 예산처, 경제분석국
주 : 2012년 경제부양법 이후 경제에 활력을 불어넣기 위해 6570억 달러의 예산이 다방면으로 집행됐다.

연방정부의 경기 부양 지원 규모가 증가했음에도 불구하고 주정부와 지방정부의 재정 감축으로 효과가 반감됐다.

경기 회복 기간 동안 주정부와 지방정부의 부동산 매입 규모, 1965~2015년, 경기 침체 종료 시점부터 분기별로 지수화

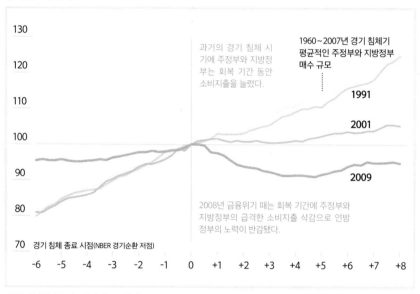

출처 : 경제분석국 자료를 바탕으로 한 저자의 계산
주 : 해당 데이터는 1980년 경제 불황과 그에 겹친 1981~1982년 불황을 평균에 포함하지 않았다.

| 역자 해설 |

과거의 경기 침체 때는 주정부와 지방정부가 연방정부와 힘을 합쳐 경기를 부양시키는 데 도움을 주었으나, 2008년 금융위기 때는 주정부와 지방정부가 연방정부와 달리 지출을 축소해서 어려움이 커졌다.

○ 미국의 전략

정부는 다음과 같은 일련의 부동산 프로그램들을 시행했다.

- 주택담보대출 금리 인하 및 대출 이용 시 편의 도모

- 대출을 상환하지 못하는 어려움에 처한 사람들의 부동산 담보 압류를 줄이도록 노력

- 어려움을 겪는 주택담보대출자들을 대상으로 낮은 금리로 차환

정부의 주택(부동산) 프로그램은 담보 대출 금리를 낮추고 압류(강제집행)를 줄였지만, 피해가 관리될 만큼 충분하지는 않았다.

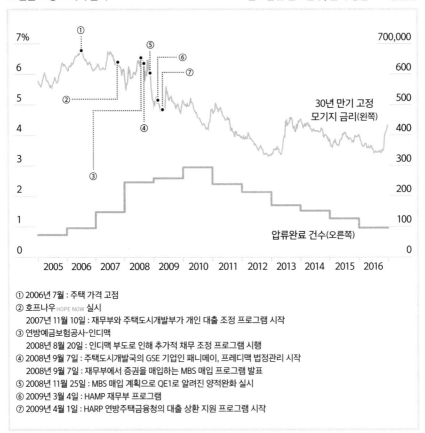

30년물 고정 모기지 금리   담보압류 완료건수, 분기 평균으로 연환산

① 2006년 7월 : 주택 가격 고점
② 호프나우 HOPE NOW 실시
   2007년 11월 10일 : 재무부와 주택도시개발부가 개인 대출 조정 프로그램 시작
③ 연방예금보험공사-인디맥
   2008년 8월 20일 : 인디맥 부도로 인해 추가적 채무 조정 프로그램 시행
④ 2008년 9월 7일 : 주택도시개발국의 GSE 기업인 패니메이, 프레디맥 법정관리 시작
   2008년 9월 7일 : 재무부에서 증권을 매입하는 MBS 매입 프로그램 발표
⑤ 2008년 11월 25일 : MBS 매입 계획으로 QE1로 알려진 양적완화 실시
⑥ 2009년 3월 4일 : HAMP 재무부 프로그램
⑦ 2009년 4월 1일 : HARP 연방주택금융청의 대출 상환 지원 프로그램 시작

출처 : 모기지 이자율, 프레디맥과 FRED 데이터

| 역자 해설 |

금융위기 동안 대출금리를 낮추고 다양한 부동산 프로그램을 시행했으나, 위기가 끝난 2010년까지 부동산 압류건수가 감소하지 않았다.

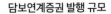

○ 미국의 전략

민간 대출업체들의 공백이 빚어진 상황에서 패니메이와 프레디맥에 대한 정부의 지원은
주택담보대출 시장을 계속 유지하고 주택시장을 안정시켰다.

담보연계증권 발행 규모   국채 대비 준정부기관 MBS채권 가산금리

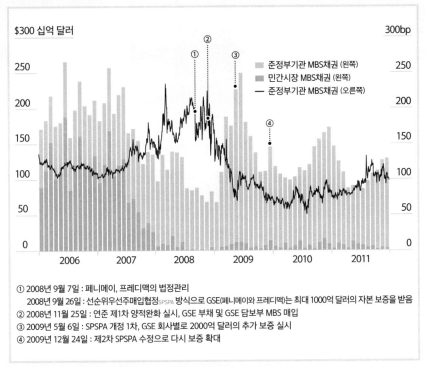

① 2008년 9월 7일 : 페니메이, 프레디맥의 법정관리
　2008년 9월 26일 : 선순위우선주매입협정SPSPA 방식으로 GSE(페니메이와 프레디맥)는 최대 1000억 달러의 자본 보증을 받음
② 2008년 11월 25일 : 연준 제1차 양적완화 실시, GSE 부채 및 GSE 담보부 MBS 매입
③ 2009년 5월 6일 : SPSPA 개정 1차, GSE 회사별로 2000억 달러의 추가 보증 실시
④ 2009년 12월 24일 : 제2차 SPSPA 수정으로 다시 보증 확대

출처 : MBS 발행, 증권산업 금융시장연합, MBS 스프레드, 블룸버그, 저자 계산

| 역자 해설 |

원래 주택대출 시장은 민간 금융기관이 주도했으나, 2008년 금융위기에 봉착하면서 민간 금
융기관의 대출이 거의 멈추자 주택담보대출 시장에서 GSE 기관인 페니메이와 프레디맥은 절
대적인 존재가 됐다. 민간 대출이 사라지면서 2008년 대출가산금리는 급등했다. 따라서 주택
담보대출 시장을 원활히 하기 위한 GSE의 역할이 중요해졌다.

○ 미국의 전략

HAMP를 포함한 대출 상환 조건 조정 프로그램들은 담보 대출로 어려움을 겪는 수백만 주택 소유자에게 도움을 주었다.

2009년 4월 1일~2016년 11월 30일 : 채무 조정 도움을 받은 모기지 규모

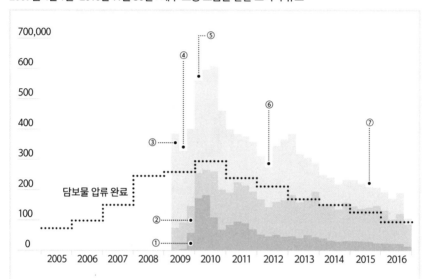

① HAMP의 영구적 경감
② 연방주택청 손실 경감
③ 민간 부문 채무 조정
④ 2009년 8~9월 : 행정 업무 간소화
⑤ 2010년 3월 : HAMP 개정. 원금 손실 상태의 채무자들에게 원금의 일부를 탕감해주고 실직 상태인 채무자들에게 최대 3개월까지 원금 상환을 유예해줬다.
⑥ 2012년 6월 : HAMP 티어Tiers 2 개시. 정부보증기업GSE 이외 기업에서 차입한 사람들에 대한 채무 조정을 용이하게 했다.
⑦ 2015년 7월 : HAMP를 간소화해 증빙서류가 부족한 심각한 체납자에 대한 조정이 허용됐다.

출처 : 연방주택국, HAMP 조정, 재무부, 호프 나우HOPE NOW를 통한 민간 부문 조정, 압류 완료 물건
주 : 2016년 11월 시점의 조정 결과와 2016년까지 그 밖의 프로그램의 결과

| 역자 해설 |

다양한 형태의 주택담보대출 조건을 완화해줌으로써 주택 소유자들의 담보대출 상환 부담을 줄여 주택 압류건수가 2010년을 정점으로 점점 감소하는 효과가 나타났다.

○ 미국의 전략

주택담보대출 대환 프로그램 HARP은 주택담보대출 금리를 낮추고, 대환대출을 장려했으며, 원금 손실을 기록한 주택 소유주들이 압류당하지 않도록 도왔다.

HARP를 통한 재대출

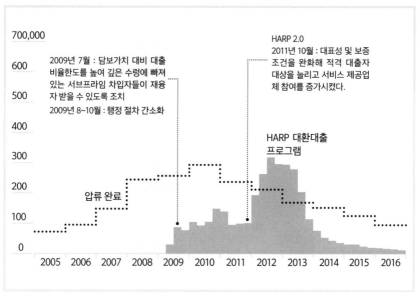

출처 : 대환대출, 연방주택기업감독청, 코어로직 압류 완료 물건 보고서

| 역자 해설 |

어려움을 겪는 주택 소유자들을 돕기 위해 대출 상환 조건을 완화시킨 HAMP와 더불어 HARP 는 낮은 이율로 대환대출을 할 수 있도록 도와주었다.

정부의 부동산 관련 프로그램들은 수백만 주택 소유자들을 도왔다. 그러나 프로그램들이 성과를 보이는데 상당한 시간이 필요해, 주택 압류의 위협을 받는 제한적인 사람들에게만 도움이 되었다.

금융 위기 동안 대출 조정 프로그램과 기타 압류 방지 조치를 통해 도움을 받은 주택 소유자 수

12 백만 달러	특별 재융자 950만 달러	대출 채무조정 820만 달러	기타 대출 지원 530만 달러

프로그램들
HARP 대환대출 완료
FHFA 간소화된 대환대출
FHA 간소화된 대환대출

프로그램들
HARP : 모든 시험적이며 항구적인 채무 조정
호프 나우 HOPE NOW 소유권 조정
GSE : GSE를 통한 비 HARP 채무 조정
FHA : 채무조정을 통한 추가적 손실 경감

프로그램들
FHFA 홈세이버 프로그램
재상환 계획, 유예 계획, 압류 대체재
FHA : 손실 경감을 위한 개입
지역을 포함한 전국적인 주택금융기관 : 모기지와 금융 단위
HARDEST HIT FUND* 지방 압류 방지

출처 : Bar 등(2018) 기준

◑ 미국의 전략

2008년 금융위기는 미국에서 시작되었지만, 그 영향이 전 세계를 강타했다. 따라서 효과적인 대처를 위해 미국 정책 입안자들은 전세계 정책 입안자들과 긴밀하게 협력해야 했다.

- 달러 유동성 부족 문제를 해결하기 위한 중앙은행들간 스와프 라인 구축

- 금융시장들에 강력한 메시지를 보내기 위한 국가간 통화 정책 조정

- 글로벌 금융위기로 인해 타격을 받은 신흥국에 국제통화기금 IMF을 통한 지원 조율

| 역자 해설 |

글로벌 금융시장은 매우 밀접한 관계를 가지고 있기 때문에 금융위기에 효과적으로 대처하기 위해서는 주요 국가들의 정책 공조와 협력이 절대적으로 필요했다.

연준리는 글로벌 시장에서 달러 유동성이 부족해 자금 조달이 어려워지는 것을 막기 위해 12개 이상 외국 중앙은행들과 스와프 라인을 구축했다.

중앙은행 유동성 스와프 규모

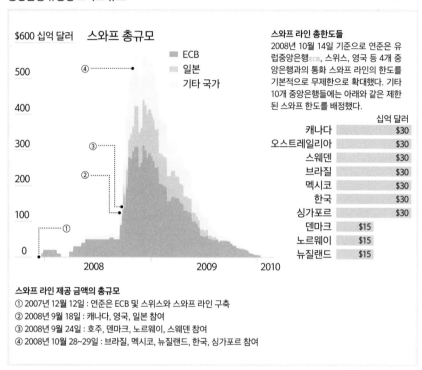

스와프 라인 총한도들

2008년 10월 14일 기준으로 연준은 유럽중앙은행ECB, 스위스, 영국 등 4개 중앙은행과의 통화 스와프 라인의 한도를 기본적으로 무제한으로 확대했다. 기타 10개 중앙은행들에는 아래와 같은 제한된 스와프 한도를 배정했다.

	십억 달러
캐나다	$30
오스트레일리아	$30
스웨덴	$30
브라질	$30
멕시코	$30
한국	$30
싱가포르	$30
덴마크	$15
노르웨이	$15
뉴질랜드	$15

스와프 라인 제공 금액의 총규모
① 2007년 12월 12일 : 연준은 ECB 및 스위스와 스와프 라인 구축
② 2008년 9월 18일 : 캐나다, 영국, 일본 참여
③ 2008년 9월 24일 : 호주, 덴마크, 노르웨이, 스웨덴 참여
④ 2008년 10월 28~29일 : 브라질, 멕시코, 뉴질랜드, 한국, 싱가포르 참여

출처 : 총규모 : 연방준비제도이사회, 저자의 계산
　　　최대 약정 : 골드버그 외(2010)

○ 미국의 전략

연준과 글로벌 주요 중앙은행들은 상호 조율해가며 금리를 인하했다.

각국별 중앙은행 목표금리(월말)

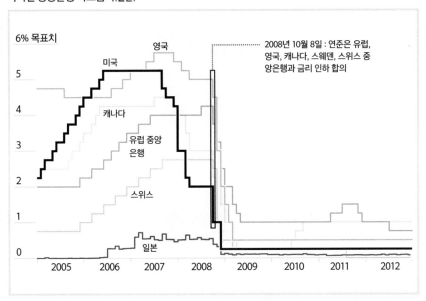

출처 : 블룸버그

| 역자 해설 |

통화 정책의 효과를 극대화하기 위해서는 국제공조가 필수적이다. 이에 따라 미국이 선제적으로 금리를 인하한 후 주요 국가들이 금리 인하에 동참했다.

○ 미국의 전략

글로벌 금융위기 당시 국제통화기금 IMF은 어려움을 겪고 있는 국가들에 1997년 아시아 금융위기 때의 대응을 넘어서는 상당한 규모의 원조를 제공했다.

아시아 금융위기와 글로벌 금융위기 초기부터 IMF 대출약정 증가 규모

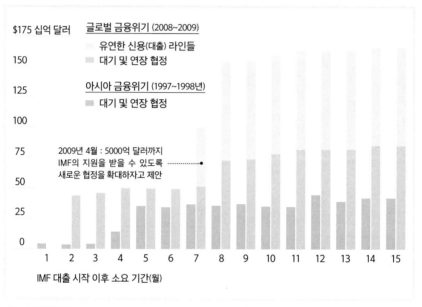

출처 : 국제통화기금
주 : 아시아 금융위기 AFC에 대한 IMF 신규 대출 시작일은 1997년 7월, 글로벌 금융위기 GFC는 2008년 9월이다. SDR 데이터
   는 AFC의 SDR당 1.355820달러(1997년 7월 31일 기준), GFC의 SDR당 1.557220달러(2008년 9월 30일 기준), 미국 달러로
   환산.

위기 대응 결과

○ 위기 대응 결과

2008년 금융위기는 어떤 면에서 대공황 때보다 상황이 더 심각했다.

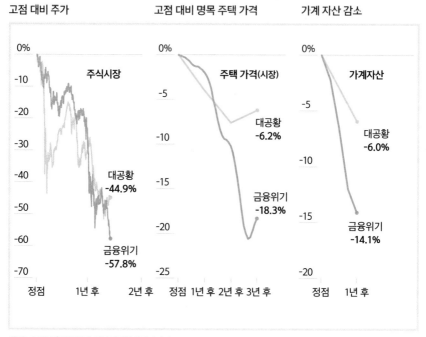

고점 대비 주가

고점 대비 명목 주택 가격

가계 자산 감소

출처 : 주식가격연구센터, 와튼리서치데이터서비스

| 역자 해설 |

2008년 금융위기는 1930년대 대공황보다 주식시장, 주택 가격, 그리고 가계의 자산 감소가 훨씬 더 심각했다.

○ 위기 대응 결과

미국 정부의 적절한 대응 조치로 금융 시스템의 공황 상태가 진정되고 안정되었다.

은행 CDS 스프레드와 Libor-OIS 스프레드

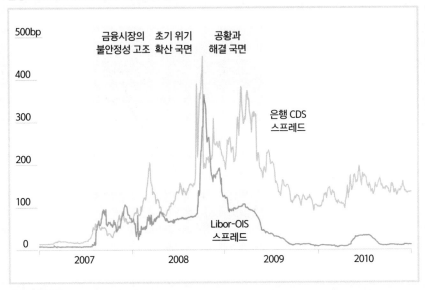

출처 : 블룸버그
주 : CDS는 JP모건체이스, 시티그룹, 웰스파고, 뱅크오브아메리카, 모건스탠리, 골드만삭스 같은 회사를 균등가중평균하여
　　계산

| 역자 해설 |

Libor-OIS 스프레드는 거래 상대방의 신용위험이 커질수록, 달러의 유동성이 부족해질수록 그
폭이 커지므로 달러 자금 시장의 신용 경색을 나타내는 지표이며, 은행 CDS 스프레드는 부도
위험을 보여주는 지표이다. 두 지표 모두 2008년 말 최고치를 기록했으나 정부와 연준에서 일
련의 대응 조치가 진행되면서 2009년 중반 이후 급격히 안정되는 모습을 보였다.

○ 위기 대응 결과

경제가 깊은 불황에서 서서히 탈출하기 시작했다.

재무부, 연준 및 FDIC 보증금액   실질GDP 및 고용, 연도별 백분율 변화(매달)

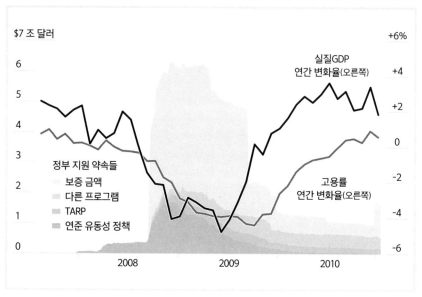

출처 : 량 외 연구진(2018년)
미국 정부 보증금액 기준 : 연준리를 통한 의회 감시 패널, "TARP 및 관련 프로그램의 보증 및 우발적 지급". 루이스, 연방예
금보험공사, 연준리, 연방주택기업감독청, 재무부
고용 : 노동통계국
실질GDP : 헤이버 애널리틱스를 통한 거시경제 자문가

| 역자 해설 |

2008년 하반기에 실시한 집중적인 정부의 유동성 대응 조치로 2009년 하반기부터 실질GDP
와 고용이 개선되기 시작했다.

○ 위기 대응 결과

다양한 위기 대응책들로 인해 신용 시장과 은행 대출을 다시 할 수 있도록 되었다. 이는 다시 더 낮은 금리로 쉽게 자금을 조달할 수 있도록 만들었다.

소비자 ABS 스프레드

은행 대출 기준 강화 순비율

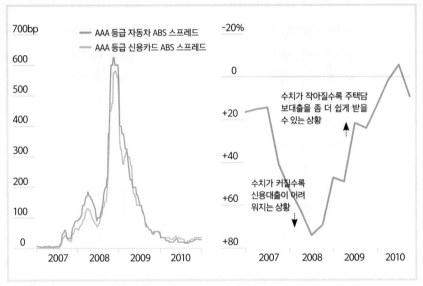

출처 : ABS 스프레드: JP모건
대출 표준: 헤이버 애널리틱스, 연방준비위원회
참고 : 주택 담보 대출 기준에 대한 조사 결과는 헤이버 애널리틱스가 추정.

| 역자 해설 |

정부와 연준의 다양한 조치로 인해 유가증권ABS 시장 가산금리가 안정화되고 은행들의 대출 금리 조건이 완화되어 금융 소비자들이 좀 더 원활하게 나은 금리로 자금을 조달할 수 있도록 만들었다.

○ 위기 대응 결과

급증하던 주택 압류가 둔화되다가 감소하기 시작했다. 그리고 주택 가격은 결국 회복되기 시작했다.

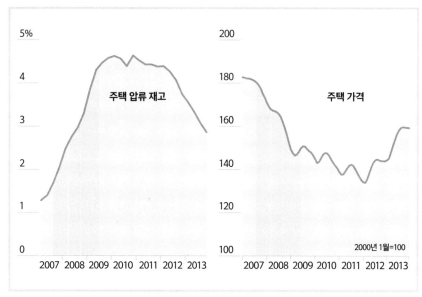

총대출에서 담보대출이 차지하는 비중

주택 압류 재고

S&P 코어로직 케이스-실러 주택가격지수

주택 가격

2000년 1월=100

출처 : 주택 압류 재고 : 모기지은행인협회, 블룸버그
주택가격지수 : S&P 코어로직 케이스-실러 주택가격지수 FRED를 통해 계절적으로 조정되지 않음

| 역자 해설 |

낮은 금리로 자금을 조달할 수 있게 되면서 낮은 금리로 대환대출이 이뤄지자 한때 총대출에서 4% 이상 차지하던 주택 압류가 감소하고 주택 가격도 안정됐다.

○ 위기 대응 결과

일반적으로 심각한 금융위기 이후 경기는 매우 천천히 회복된다. 미국 경제도 역시 매우 느리게 회복됐다.

정점 대비 실제 GDP의 백분율 변화

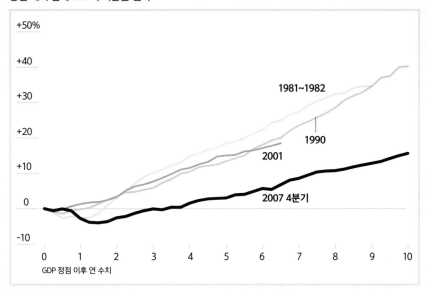

출처 : 경제분석국, FRED 데이터

| 역자 해설 |

과거 경기 침체가 나타난 후 경기가 회복되기까지 대개 1.5년 정도 소요됐으나, 2008년 금융위기 때는 거의 3.5년 이상 소요되는 등 경제가 매우 느리게 회복됐다. 즉 2008년 금융위기는 매우 심각한 위기였다는 반증이다.

○ 위기 대응 결과

그럼에도 불구하고 미국의 경제 회복 속도는 대다수 유럽 국가들보다는 상대적으로 빨랐다.

실질GDP, 2007년 4분기 대비 비율 변화

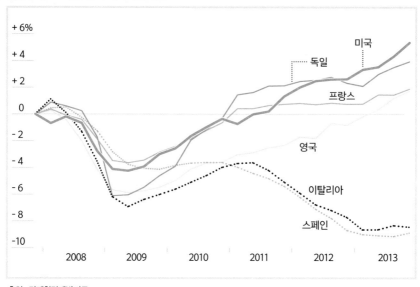

출처 : 경제협력개발기구

| 역자 해설 |

금융위기 상황에서 미국 경제는 과거의 경기 침체와 비교하면 매우 느리게 회복했지만, 상대적으로 적극적인 정책 대응을 보인 덕분에 유럽 대다수의 국가보다는 빠른 회복 속도를 보였다. 즉, 유럽 국가들은 금융위기 대응 조치가 미흡해 미국에 비해 매우 느리게 경제가 회복됐다.

○ 위기 대응 결과

금융위기 시 경기가 회복되는 데는 상당한 비용과 시간이 소요되지만, 미국의 대응 전략은 과거 위기들과 비교하면 피해가 제한적이었다.

GDP가 얼마나 감소했는가?
고점 대비 생산량 감소폭
(1인당 실질 GDP)

경기 침체는 얼마나 지속되었는가?
경기 침체 기간

얼마나 빠르게 회복되었는가?
이전 고점으로 복귀

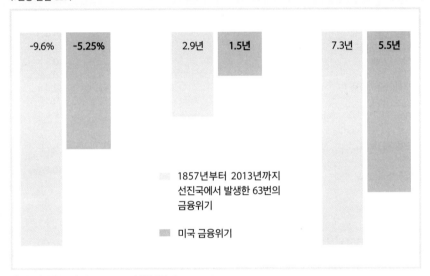

-9.6% -5.25% 2.9년 1.5년 7.3년 5.5년

1857년부터 2013년까지
선진국에서 발생한 63번의
금융위기

미국 금융위기

출처 : 라인하르트와 라고프(2009), 경제분석국, FRED

| 역자 해설 |

적절한 위기 대응 조치들로 인해 미국은 과거 선진국에서 발생한 경기 침체에 비해 충격을 덜 받고 빠르게 회복됐다.

○ 위기 대응 결과

구제금융으로 지출된 자금은 최종적으로 미국 납세자들에게 이익으로 돌아왔다.

금융 안정 프로그램의 수익과 비용

자본 투자들	십억 달러		유동성/신용시장	십억 달러
GSEs	+$88.2		GSE 부채매입	+$17.6
AIG	22.7		CPFF	6.1
CPP	21.9		TAF	4.1
시티그룹	6.6		PPIP	3.9
뱅크오브아메리카	3.1		TALF	2.3
GMAC/Ally	2.4		TSLF	0.8
CDCI	0.0		메이든 레인	0.8
크라이슬러금융	0.0		PDCF	0.6
크라이슬러	-1.2		AMLF	0.5
GM	-10.5		섹션 7A	0.0

연방예금보험 공사 FDIC 조치	십억 달러		보증 프로그램	십억 달러
누적수익 (2008 - 10)	+$45.4		DGP	+$10.2
			MMF 보증	1.2
DIF 손실 (2008 - 10)	-60.0		TAGP	-0.3

출처 : 연방예금보험공사, 연방주택금융공사
주 : 모든 수치는 명목 기준으로 보고됐다. 2017년 12월 31일 기준 GSE 채무 매입 데이터

| 역자 해설 |

정부와 연준의 구제책으로 투입된 유동성 관련 프로그램은 국민의 세금으로 자금이 충당되었기에 투입 당시에는 논란이 많았으나, 경기가 회복되면서 대다수 조치들이 정부에 상당한 수익을 안겨주었다.

● 위기 대응 결과

오늘날 금융 시스템은 훨씬 더 많은 자본을 보유하고 있어 심각한 경기 침체가 발생할 경우 손실을 더 잘 견뎌낼 수 있을 것이다.

CET1 및 1단계 공통 자본(위험가중자산의 백분율)

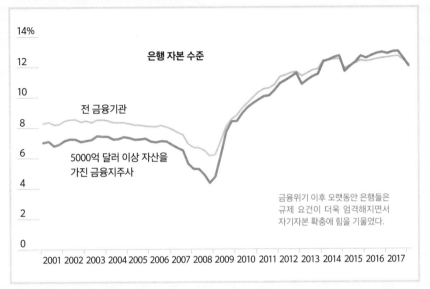

출처 : 연준 뉴욕지사 연구통계팀
주 : 자본비율이란 2014년 이전의 1순위 자산과 2015년의 비율을 조합해서 만든 것

| 역자 해설 |

글로벌 금융위기 이전에는 은행의 자본 비중이 8% 이하 수준이었다. 특히 금융위기 직전에 금융지주사들은 자본금 수준이 5%도 안 됐다. 따라서 위기 상황에 취약할 수밖에 없었다. 그러나 현재는 은행의 자본 규정이 강화되어 자본 수준이 평균 12%에 이르는 등, 위기에 잘 대비하고 있다.

○ 위기 대응 결과

자본에 대한 더 강력한 규제는 미국 금융 시스템의 훨씬 더 광범위한 부분에 적용되고 있다.

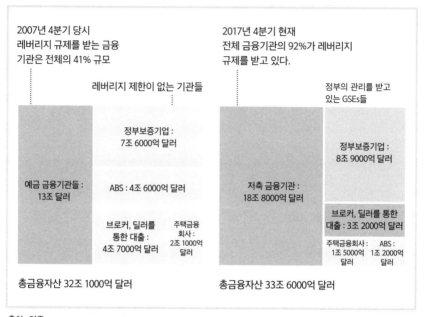

2007년 4분기 당시 레버리지 규제를 받는 금융 기관은 전체의 41% 규모

레버리지 제한이 없는 기관들

정부보증기업 : 7조 6000억 달러

예금 금융기관들 : 13조 달러

ABS : 4조 6000억 달러

브로커, 딜러를 통한 대출 : 4조 7000억 달러

주택금융 회사 : 2조 1000억 달러

총금융자산 32조 1000억 달러

2017년 4분기 현재 전체 금융기관의 92%가 레버리지 규제를 받고 있다.

정부의 관리를 받고 있는 GSEs들

정부보증기업 : 8조 9000억 달러

저축 금융기관 : 18조 8000억 달러

브로커, 딜러를 통한 대출 : 3조 2000억 달러

주택금융회사 : 1조 5000억 달러

ABS : 1조 2000억 달러

총금융자산 33조 6000억 달러

출처 : 연준

| 역자 해설 |

리먼브러더스 사태 이전에는 전체 금융기관의 40% 정도만 레버리지 규제를 받고 있어 상당수 금융기관이 감독의 사각지대에 놓여 있는 바람에 금융위기를 심화시켰으나, 현재는 거의 90% 이상이 레버리지 규제를 받고 있기 때문에 심각한 금융위기가 발생할 가능성이 많이 감소했다.

○ 위기 대응 결과

심각한 경제위기에 효과적으로 대처하기 위한 미국 금융 당국의 비상 권한은 여전히 너무 제한적이다.

금융위기 전 제한 사항들

- 제한적인 금융기관에만 레버리지에 대한 엄격한 한도 적용
- 제한적 예금보험 적용
- 초대형 은행지주회사와 비은행권 금융기관에 대한 결정적 권한이 없음
- 위기 발생 시 자본 투입 권한 없음
- GSE 안정화 권한 없음

금융위기 후 정책도구들

- 더 강력한 자본 요구 조건들
- 더 강력한 유동성 및 자금 조달 요구 조건들
- 사후처리, 파산 및 해결 권한

위기 시 기본적인 권한들

- 연준의 최종 자금 공급자 역할 확대
- 좀 더 광범위한 연방예금보험공사FDIC 채무 및 MMF 보증
- GSE 법정관리
- 금융기관들에 대한 자본 투입

금융위기 후 제한 사항들

- 최종 자금 공급자로서 연준의 역할 제한
- 의회 조치 없이 금융 시장 펀드 보증 또는 연방예금보험공사 채무 보증 권한 없음
- 자본 투입 권한 없음

⦿ 위기 대응 결과

2008년 금융위기의 피해는 상당히 심각했으나, 비관할 필요는 없었다.

- 그 피해는 관리감독이 취약한 금융 시스템에 얼마나 많은 비용이 발생하는지 보여주는 사례이며, 초기에 공격적인 대응을 위한 기본적인 정책들이 없을 경우 금융위기로 전이되는 비용을 보여준다.

- 경기 회복은 더디고 연약하게 진행됐으며, 섣불리 긴축으로 재정정책을 변경하는 바람에 더더욱 늦어졌다.

- 금융위기로 인한 직접적인 피해를 복구한 후에도 미국 경제는 여전히 많은 장기적 도전에 직면하고 있다. 그 원인은 우리가 예측하지 못하는 곳에서 나타날 수도 있다.

ABCP **Asset-Backed Commercial Paper : 자산담보부기업어음**

자산담보부증권 $_{ABS}$의 한 형태로 유동화 전문회사인 특수목적회사 $_{SPC}$가 매출채권, 부동산 관련 자산 등 만기가 비교적 짧은 자산을 기초로 기업어음 $_{CP}$을 발행하는 것이다. 기업 입장에선 장단기 금리차 때문에 ABS를 발행하는 것보다 자금 조달 비용을 줄일 수 있어 유리하다. ABS의 조달 금리가 평균 연 9.5~10.5%라면 ABCP의 조달 금리는 평균 연 8.5~9%다. 투자자 입장에선 담보가 비교적 안정적인 자산을 근거로 발행되는 데다 3개월~1년 이내의 단기 상품이기 때문에 안정성과 유동성을 동시에 확보할 수 있다.

ABS **Asset Backed Securities : 자산담보부증권**

ABS는 기업이나 은행이 보유한 자산 $_{Asset}$을 근거로 $_{Backed}$ 발행하는 증권 $_{Securities}$이다. 일반적으로 ABS는 자산 보유자와 별도로 분리된 특수목적회사가 발행하는데, 유동성이 떨어지는 부실 채권이나 직접 매각하기 어려운 부동산 등을 보유한 기업이나 금융기관이 이를 담보로 맡기고 ABS를 발행해 쪼개서 판다. 통상 투신, 증권 등이 함께 설립하는 자산담보부 전문회사는 투기등급 채권을 넘겨받은 뒤 이를 담보로 ABS를 발행해 시장에 유통시키는 역할을 하며 ABS 상환이 끝나면 해산한다.

AMLF **Asset-Backed Commercial Paper Money Market Mutual Fund Liquidity Facility: 자산담보부 기업어음 MMF 유동성 지원 프로그램**

2008~2009년 금융위기 때 미국 금융기관에 새로운 자금을 제공하기 위해 연방준비이사회가 만든 대출 프로그램으로, AMLF는 금융기관이 투자자의 상환 불이행을 막기 위해 MMF에서 ABCP를 구입할 수 있도록 자금을 제공했다. 총 1800억 달러가 대출되었고, 원금과 이자 상환이 이루어진 이후 2010년 2월 1일 종료하였다.

CAP **Capital Assistance Program : 자본 지원 프로그램**

2008년 긴급 경제 안정법 Emergency Economic Stabilization Act의 일환으로 재무부가 금융기관을 안정시키고 대출을 장려하기 위해 마련한 자금 지원 프로그램. 9%의 배당을 지급하는 우선주와 교환하는 형태로 자금이 지원되었으며, 버락 오바마 대통령과 티머시 가이트너 재무부 장관에 의해 2009년 2월 10일 발표되었다.

CDCI **Community Development Capital Initiative : 지역사회개발금융협의회**

CDCI는 2010년 부실자산구제프로그램 TARP, Troubleled Asset Relief Program의 일환으로 소규모 은행 및 신용조합에 5억 5000만 달러를 투자했다. 적격 기관은 지역사회개발금융기관 CDFI으로 지정되어 재정 활성화가 필요한 지역사회의 개인 대출 및 사업 개발 노력에 중점을 둔 민간 부문 금융기관이다.

CDS **Credit Default Swap : 신용부도스와프**

CDS는 투자자가 자신의 신용 리스크를 다른 투자자의 신용 리스크와 '교환'하거나 상쇄할 수 있는 금융 파생 상품 계약이다. 예를 들어, 차용인의 대출에 대한 채무 불이행 리스크를 대출기관은 CDS를 사용하여 상쇄하거나 바꿀 수 있다. 채무 불이행의 위험을 바꾸기 위해 대출기관은 차용인의 채무 불이행의 경우, 대출기관에 상환하기로 동의한 다른 투자자로부터 CDS를 구매한다. 대부분의 CDS는 계약을 유지하기 위해 보험료 같은 지속적인 비용 Premium 지불이 필요하다.

CET1 **Common Equity Tier 1 : 보통주 자본비율**

CET1은 은행의 자본 건전성을 측정하는 핵심 척도. 글로벌 금융위기를 계기로 바젤은행감독위원회 BCBS는 은행의 자본 확충 기준을 기존 바젤 II에서는 은행의 국제결제은행 BIS 자기자본비율은 8% 이상, 이 중 보통주 자본비율은 2% 이상, 기본자본 Tier 1비율은 4% 이상으로 하던 것을 바젤 III에서는 BIS 비율 기준은 그대로 두되, 보통주 자본비율은 4.5% 이상, 기본자본비율은 6% 이상으로 강화하였다. 은행들은 2013년부터 2019년까지 단계적으로 새로 마련된 자본 건전성 기준을 충족시켜야 했다.

CPFF　　　Commercial Paper Funding Facility : 기업어음 유동성 제공 프로그램

CPFF는 2008년 글로벌 금융위기 동안 연방준비위원회가 단기 자금 조달 시장의 유동성을 개선하기 위해 만든 것으로, ABCP를 구매한 특수목적회사에 자금을 지원하였다. 2008년 10월 27일에 설립, 운영되어 종료되기 전까지 7700억 달러를 대출하였으며, 2010년 2월 1일에 만료되었다.

CPP　　　Capital Purchase Program : 자본 매입 프로그램

CPP는 TARP의 일환으로 금융기관의 우선주 및 주식 인수권을 매입하는 프로그램이다.

DGP　　　Debt Guarantee Program : 채무 보증 프로그램

연방예금보험공사에서 승인한 임시 유동성 보증 프로그램으로, TLGP의 구성 요소다. 이 프로그램은 2008년 10월 14일 이후 자격을 갖춘 기관이 발행한 선순위 무담보 채무에 대해 연방예금보험공사의 보증을 제공했다. 채무 보증 프로그램에 참여할 수 있는 기관에는 보험 예탁 기관, 은행 보유 회사, 특정 저축 및 대출 보유 회사 및 기타 계열사가 포함되었다.

DIF　　　Deposit Insurance Fund : 예금보험기금

DIF는 연방예금보험공사가 금융기관의 파산으로 인해 손실된 개인의 예금을 보장하기 위해 설립되었으며, 은행이 지불하는 보험료로 자금을 조달했다.(국내의 예금보험공사의 예금자 보호제도와 유사)

EESA　　　Emergency Economic Stabilization Act of 2008 : 비상경제안정법

EESA는 2007~2008년 금융위기로 인한 피해를 복구하기 위해 2008년 의회가 취한 구제 조치 중 하나로, 재무부 장관에게 금융시장의 유동성을 회복하기 위해 최대 700억 달러의 문제가 있는 비우량자산을 구매할 권한을 부여했다.

FDIC　　　Federal Deposit Insurance Corporation : 연방예금보험공사

FDIC는 은행의 예금을 보증하는 독립 연방기관으로, 고객의 신뢰를 유지하고 금융 시스템의 안정성을 제고하기 위해 1933년 설립되었다. FDIC의 주요 목적은 대공황 동안 많은 은행을 붕괴시킨 대규모 환매 시나리오를 방

지하는 것으로, 예금보험기금으로 한 은행당 당좌예금 및 저축예금 계좌, CD, 머니마켓 계좌, 개인 퇴직 계좌 IRA, 신탁 계좌 등에 대해 최대 25만 달러의 예금을 보장한다.

FHA   **Federal Housing Administration : 연방주택관리국**

FHA는 FHA의 승인을 받은 대출기관의 주택담보대출에 대한 보험을 제공하는 기관이다. 모기지론 보험으로 모기지 채무 불이행으로 인한 대출기관의 손실을 보호한다. 대출자가 채무 불이행을 기각하는 경우, FHA는 대출기관에 지정된 청구 금액을 지불한다. 주택 건설과 인수에 대한 표준을 설정해 기준과 조건을 개선하고, 대출기관에 보험을 제공함으로써 모기지 시장을 안정시키는 역할을 한다.

FHFA   **Federal Housing Finance Agency : 연방주택금융감독청**

FHFA는 2008년 연방주택 금융규제 개혁법으로 2008년 7월 30일 조지 W. 부시 대통령이 서명한 2008년 대규모 주택 및 경제 회복법에 의거하여 설립된 독립 연방기관이다. FHFA는 규제기관으로서, 패니메이와 프레디맥 및 11개 연방주택융자 FHL 은행 감독이 포함됐다. FHFA는 금융위기 후 미국 주택 금융 시스템을 강화하기 위해 만들어졌다.

GDP   **Gross Domestic product : 국내총생산**

GDP는 한 나라의 영역 내에서 가계, 기업, 정부 등 모든 경제주체가 일정 기간 동안 생산한 재화 및 서비스의 부가가치를 시장가격으로 평가해 합산한 것으로, 여기에는 비거주자가 제공한 노동, 자본 등 생산 요소에 의해 창출된 것도 포함된다.

GSEs   **Government-Sponsored Enterprises : 정부보증기업**

GSEs는 농업, 주택 금융 및 교육 등에 대한 신용흐름을 강화하기 위해 설립된 준정부기관이다. 의회의 의해 설립된 이 기관들은 비록 개인 소유이지만, 공공 금융 서비스를 제공한다. GSEs는 주로 주택 및 농업 분야의 대출기관과 대출기관을 지원하기 위해 금융 중개자 역할을 하며, 학생에서 농부, 주택 소유자에 이르기까지 모든 종류의 개인을 위한 대출을 용이하게 한다. 가장 유명한 GSEs인 패니메이와 프레디맥은 주택담보부채권을 구입해 보증, 채권 및 증권화를 통해 2차 대출 시장을 조성했다. 이를 통해 1차 시장의 채권 발행자들이 대출 규모를 늘리고 개별 대출과 관련된 위험을 줄일 수 있게 해주었고, 투자자에게는 표준화된 수단(담보물의 증권화)을 제공했다.

HAMP

Home Affordable Modification Program : 모기지 금리 재조정 프로그램

HAMP는 2008년 금융위기에 대한 대응책으로 창설되었으며, 재정적으로 어려움을 겪고 있는 주택 소유자가 현재 차용자에게 합리적인 수준으로 대출을 수정함으로써 차압을 피할 수 있도록 설계되었다. 금리 인하 또는 금리 고정, 원금의 할인 혹은 기간 연장으로 이루어져 있다. 이 프로그램은 명확하고 일관된 대출 수정 지침을 제공하고 대출자, 서비스 제공 업체 및 투자자를 위한 인센티브를 포함한다.

HARP

Home Affordable Refinance Program : 모기지 차환대출 프로그램

HARP는 연방주택관리국이 대출 잔액보다 가치가 낮은 주택을 소유한 주택 소유자에게 제공하는 프로그램이다. 특히 저금리 혜택을 받을 수 있는 대출자들을 위해 마련됐다.

HUD

U.S. Department of Housing and Urban Development : 주택도시개발부

HUD는 지역사회 개발 및 주택 소유를 지원하기 위해 1965년 설립된 정부 기관이다. 저렴한 주택 소유 기회를 제공하고, 안전하고 저렴한 임대 옵션을 늘려서 만성적인 노숙자를 줄이고, 임대 및 구매 시장에서 동등한 기회를 보장하는 것을 목적으로 한다. 공정주택법 Fair Housing Act을 시행하고 저소득층 및 불우한 미국인의 주택 요구를 지원하기 위한 지역사회 개발 보조금, 주택 구입 지원 프로그램 및 기타 프로그램을 감독한다.

Libor-OIS

London Inter-Bank Offered Rate - Overnight Indexed Swap Spread : Libor 금리와 OIS 금리 스프레드

Libor 금리는 런던에 소재한 글로벌 은행간 무담보 달러 조달 시 적용되는 금리며, OIS 금리 Overnight Index Swap Rate는 금융기관간 1일물 변동금리(달러의 경우 연준 기준금리)와 교환하는 고정금리다. Libor의 경우, 달러 원금을 직접 상대방에게 대여해주어야 하는 금리인 데 반해, OIS는 원금이 아닌 이자

율에 대해서만 교환하므로 원금이 아닌 이자에 대해서만 거래 상대방의 신용위험에 노출되므로 리스크가 제한적으로 반영된다. 그렇기 때문에 Libor 금리가 OIS 금리보다 높게 형성된다. 즉, Libor-OIS 스프레드는 거래 상대방의 신용위험이 커질수록, 달러의 유동성이 부족해질수록 그 폭이 커지므로 달러 자금 시장의 신용 경색을 나타내는 지표로 활용된다.

※ Ted Spread : 3개월 미국 국채 금리와 Libor 금리의 차이

MBS — Mortgage Backed Securities : 주택담보대출유동화증권

MBS는 금융기관이 주택을 담보로 만기 20년 또는 30년짜리 장기 대출을 해준 주택저당채권을 대상 자산으로 하여 발행한 증권으로, ABS의 일종이다.

MLEC — Master Liquidity Enhancement Conduit : 마스터유동성촉진펀드

MLEC는 2007년 10월 미국에 본사를 둔 세 개의 주요 은행이 발표한 계획이다. 서브프라임 금융위기 당시 시티그룹, JP모건체이스 및 뱅크오브아메리카는 재정적 피해를 막기 위한 계획을 세웠는데, 신용시장의 강화로 인해 주요 은행 기관의 지원을 받는 구조화투자펀드 SIV가 공개시장에서 단기 자금을 확보할 수 없게 되자 SIV가 필요로 하는 단기 재융자를 촉진하여 ABS 시장에서 자체적으로 하락하는 위험을 피하기 위해 만들어졌다. 슈퍼 SIV Super-SIV라고도 한다.

※ SIV Structured Investment Vehicle는 신용등급이 AAA와 BBB 사이인 장기 자산에 투자하기 위해 기업어음을 발행해 단기적으로 빌리는 특수목적의 펀드다.

MMF — Money Market Fund : 단기금융펀드

만기 1년 이내의 단기금융상품(CP, CD, 콜론 등)에 집중투자해 단기 금리의 등락이 펀드 수익률에 신속히 반영될 수 있도록 한 초단기 공사채형 금융상품이다.

NBER — National Bureau of Economic Research : 경제조사국

NBER는 공공 정책의 입안자, 비즈니스 전문가 및 학술 커뮤니티 간의 편견 없는 경제 연구를 수행하고 전파하기 위해 노력하는 민간 비영리 연구 조직으로, 경기 침체의 시작 및 종료 날짜를 명시하는 것으로 잘 알려져 있다.

PDCF

Primary Dealer Credit Facility : 1차 딜러 신용제공 기금

2008년 3월 17일, 서브프라임 모기지 위기와 베어스턴스의 붕괴에 대응해 연준은 새로운 대출 시설인 PDCF의 설립을 발표했다. 적격 차용자에는 1차 딜러로 등재된 모든 금융기관이 포함되며, 대출 기간은 재구매 계약 또는 '레포 repo' 대출이었다. 이로 인해 브로커 딜러는 연준의 할인 기간 동안 제공하는 자금의 대가로 증권을 판매했다. 해당 유가증권은 담보 역할을 하며 연방준비은행은 금리를 청구했다.

PDCF 설립은 연방준비은행 역사상 처음으로 연준이 투자은행에 직접 빌려준 것이며, 벤 버냉키 연방준비제도이사회 의장이 금융위기의 심각성을 인지했음을 보여준다. 기존 투자은행 같은 비은행권 금융기관은 연준의 규제 권한 밖에 존재했기 때문이다.

PPIP

Public-Private Investment Program : 민관 투자 프로그램

정부와 민간이 공동으로 출연하는 투자펀드를 통해 은행의 부실자산을 최대 1조 달러까지 매입하는 프로그램으로 재무부에 조성된 부실자산구제계획 TARP 잔여금에서 750억~1000억 달러를 출연하기로 했다. 재무부가 제공하는 자금의 절반은 FDIC가 감독하는 '부실 모기지(주택담보대출) 매입 프로그램'에, 나머지는 '부실 모기지 관련 증권 매입 프로그램'에 투입됐다. '부실 모기지 매입 프로그램'은 FDIC가 매입 자금의 85%를 조달할 수 있도록 보증하고, 나머지 15%는 재무부와 민간 투자자가 각각 절반씩 부담했다.

QE

Quantitative Easing : 양적 완화

금리 인하를 통한 경기 부양 효과가 한계에 봉착했을 때, 중앙은행이 국채 매입 등을 통해 시중에 유동성을 직접 공급함으로써 신용 경색을 해소하고 경기를 부양시키는 통화 정책을 말한다. 한 나라의 양적 완화는 다른 나라 경제에도 영향을 미칠 수 있다. 예를 들면, 미국에서 양적 완화가 시행되어 달러 통화량이 증가하면 달러 가치는 하락해 미국 상품의 수출 경쟁력이 커진다. 또한 원자재 가격이 상승하면 물가 상승하고, 달러 가치와 반대로 원화 가치(평가절상, 환율 하락)는 상승한다. 한편, 양적 완화 정책을 점진적으로 축소하는 것을 테이퍼링 tapering이라고 한다.

SAAR   Seasonally Adjusted Annual Rate : 계절 조정 연간요율

SAAR는 데이터의 판매량, 고용수치 등 데이터의 계절 변동을 제거하기 위해 적용하는 요율로, 시간에 따른 계절적 요인을 제거하고 순수한 데이터를 비교 가능하도록 한다.

SBA 7(a)   Small Business Administration 7(a) Securities Purchase Program : SBA 7(a) 증권 매입 프로그램

SBA 7(a) 대출은 중소기업청 $_{SBA}$이 지원하는 비즈니스 대출로, 재무부는 2008년 금융위기 이후 중소기업 지원 노력의 일환으로 SBA 7(a) 증권 매입 프로그램을 시작했다. 일자리 창출이라는 중요한 역할을 가진 중소기업의 대출을 위한 2차 시장의 복구를 위해 SBA 7(a) 대출의 보장된 부분으로 된 증권을 매입했고, 재무부가 구매한 이후 SBA 7(a) 시장이 회복되어 대출 규모가 위기 이전 수준으로 회복되었다.

SCAP   Supervisory Capital Assessment Program : 규제자본평가프로그램

SCAP는 2008~2009년 금융위기 속에서 연방준비제도이사회가 한 번만 실시한 대형 은행의 금융 스트레스 테스트다. 자산 규모 1000억 달러 이상인 미국 19대 금융기관의 보통주자본비율 $_{CET1}$과 가용현금준비를 측정해 금융시장의 붕괴를 견딜 만큼 충분한 자본이 있는지 테스트했고, 19대 기관 중 10개 기관이 6개월 이내 자본을 조달하라는 요청을 받았다.

SDR   Special Drawing Right : 특별인출권한

SDR는 1969년 국제통화기금 $_{IMF}$이 창설한 국제통화예비통화로 회원국들의 기존 외환 보유액을 보완 운용하는 것을 말한다. 금과 달러의 한계에 대한 우려에 대응해 국제계좌를 결제하는 유일한 수단으로, SDR는 표준예비통화를 보완함으로써 국제적인 유동성을 증대시킨다.

SPSPAs   Senior Preferred Stock Purchase Agreements : 선순위 우선주 매입 협정

2008년 9월 6일 GSEs인 패니메이와 프레디맥의 법정관리 선언으로 재무부가 주택시장 및 대출시장 안정을 위해 두 회사에 대해 실시한 재정 지원 협정이다. 2008년 9월 26일 최대 1000억 달러의 자본 보증을 시작으로 2009년 5월 6일 1차 수정(GSEs 부채 및 담보부 MBS 매입 시작, 2000억 달러로 보

증 증가), 2009년 12월 24일 2차 수정(2000억 달러 약정을 새로운 공식 약정으로 대체하여 보증 확대), 2012년 8월 17일 3차 수정(분기 배당금 및 자산 처분에 대한 요구 사항 수정)을 진행했다.

TAF **Term Auction Facility : 단기대출경매프로그램**

TAF는 신용시장의 유동성을 높이기 위해 연방준비은행이 만든 통화 정책 프로그램이다. TAF는 연방준비제도이사회가 재무 상태가 양호하다고 판단되는 8000여 개 예금기관(저축은행, 시중은행, 저축은행, 대부조합, 신용조합)에 대해 담보대출의 일정 금액을 경매할 수 있도록 한다.

TAGP **Transaction Account Guarantee Program : 거래계좌 보증 프로그램**

TAGP는 무이자 거래계좌 NIBTA, Noninterest-bearing transaction accounts의 FDIC 보험예탁기관에서 보유한 자금에 대해 일시적으로 보증한 프로그램이다.

TALF **Term Asset-Backed Securities Loan Facility : 기간부 자산담보대출 유동화 제도**

TALF는 소비자 신용대출을 촉진하기 위해 연방준비제도이사회가 만든 프로그램으로, 2008년 11월 25일 발표되었으며 학자금 대출, 자동차 대출, 신용카드 대출, 주택담보 대출 및 중소기업청 SBA이 보증하는 대출로 담보된 ABS 발행을 지원하기 위한 목적으로 만들어졌다. TALF 대출을 관리하기 위해 뉴욕 연준은 자산을 매입할 SPV를 설립하였고, 2008년 재무부는 비상경제안정법의 부실자산구제계획 TARP에 따라 뉴욕 연준이 200억 달러의 신용보증을 제공하여 SPV에서 부채를 매입함으로써 자금을 조달했다.

TARP **Troubled Assets Relief Program : 부실자산 구제 프로그램**

2008년 금융위기 이후 재무부가 만들어 운영한 TARP는 정부가 담보부증권과 은행주를 사 들이도록 함으로써 금융 시스템을 안정시키기 위한 노력이다. 금융위기 상황이 완전히 걷잡을 수 없이 번지는 것을 막기 위해 헨리 폴슨 재무부 장관이 제안했고, 2008년 10월 3일 조지 W. 부시 대통령에 의해 비상경제안정법 EESA 통과로 법률로 제정되었다.

TLGP   **Temporary Liquidity Guarantee Program : 임시 유동성 제공 보증 프로그램**

2008년 10월 14일, 금융 시스템 붕괴와 신용시장 붕괴에 대한 정부의 조정된 대응의 일환으로 FDIC는 TLGP를 시행했다. TLGP는 시장에 대한 두려움을 완화하고 대출을 장려함으로써 금융위기 동안 금융시장과 은행 산업의 안정성을 도모했다. TLGP는 FDIC 보증인 거래 계좌 보증 프로그램_{TAGP}과 새로 발행된 선순위 무담보 부채에 대한 FDIC 보증인 채무 보증 프로그램_{DGP}으로 구성되었다.

TSLF   **Term Securities Lending Facility : 단기채권대여제도**

TSLF는 2008년 3월 11일 발표되어 3월 27일 처음 실시된 이후 2010년 2월 1일 마감했다. 연준이 관리하며 20여 개의 1차 딜러(페니메이, 프레디맥 및 주요 은행을 포함)들을 입찰에 참여하도록 하여 공개시장조작대상대권 _{ie,} _{Treasury bills, notes, bonds and inflation-indexed} 및 투자적격채권을 1개월 단위로 담보로 제공해 금융시장의 유동성을 높이고자 했다. TSLF는 현금을 직접적으로 공급하여 연방기금 금리와 달러가치에 부정적인 영향이 생기는 TAF를 보완하고 대상을 증권사 및 브로커 등으로까지 확대했다.

금융위기는 반드시 다시 온다!

위기의 징조들

초판 1쇄 발행 2021년 03월 08일
초판 5쇄 발행 2024년 05월 10일

지은이 벤 버냉키, 티머시 가이트너, 헨리 폴슨 주니어
옮긴이 · 감수 마경환

펴낸곳 (주)이레미디어
전화 031-908-8516(편집부), 031-919-8511(주문 및 관리) │ **팩스** 0303-0515-8907
주소 경기도 파주시 문예로 21, 2층
홈페이지 www.iremedia.co.kr │ **이메일** mango@mangou.co.kr
등록 제396-2004-35호

편집 허지혜, 심미정, 정슬기 │ **디자인** 늦봄 │ **마케팅** 김하경
재무총괄 이종미 │ **경영지원** 김지선

ISBN 979-11-91328-04-2 (03320)

• 가격은 뒤표지에 있습니다.
• 잘못된 책은 구입하신 서점에서 교환해드립니다.

당신의 소중한 원고를 기다립니다. mango@mangou.co.kr